制度自信与制度之治

包心鉴/著

山东城市出版传媒集团·济南出版社

图书在版编目(CIP)数据

制度自信与制度之治 / 包心鉴著. —济南：济南
出版社,2021.1
　　ISBN 978 - 7 - 5488 - 4603 - 1

　　Ⅰ.①制… 　Ⅱ.①包… 　Ⅲ.①中国特色社会主义—社
会主义制度 - 研究 　Ⅳ.①D621

　　中国版本图书馆 CIP 数据核字(2021)第 008894 号

责任编辑 　张　静　戴　月
封面设计 　李　一　　刘梦诗

出版发行 　济南出版社
地　　址 　济南市二环南路 1 号
邮　　编 　250002
编辑电话 　0531 - 86131720
发行电话 　0531 - 67817923 　86131717 　86131701
印　　刷 　济南新科印务有限公司
版　　次 　2021 年 1 月第 1 版
印　　次 　2021 年 2 月第 1 次印刷
开　　本 　170mm×240mm 　1/16
印　　张 　16.25
字　　数 　220 千
定　　价 　68.00 元

(济南版图书,如有印装错误,请与出版社联系调换。联系电话:0531 - 86131736)

进一步坚定制度自信

党的十九届四中全会通过的《中共中央关于坚持和完善中国特色社会主义制度、推进国家治理体系和治理能力现代化若干重大问题的决定》（以下简称党的十九届四中全会《决定》）是坚持和完善我国国家制度和国家治理体系的纲领性文献，彰显了当代中国共产党人的制度自信。我们要深入学习贯彻党的十九届四中全会精神，进一步坚定制度自信，使我国国家制度和国家治理体系多方面的显著优势更加充分地发挥出来。

一、 制度自信来自对历史经验的深刻总结

在《关于〈中共中央关于坚持和完善中国特色社会主义制度、推进国家治理体系和治理能力现代化若干重大问题的决定〉的说明》中，习近平总书记站在党和国家事业发展全局的高度，系统梳理、深刻总结改革开放以来我们党在制度自觉和制度自信上的理论认识和实践创造。1980 年邓小平同志在总结"文化大革命"的教训时指出："领导制度、

组织制度问题更带有根本性、全局性、稳定性和长期性。"1992 年邓小平同志在南方讲话中指出："恐怕再有三十年的时间，我们才会在各方面形成一整套更加成熟、更加定型的制度。"党的十四大提出："在九十年代，我们要初步建立起新的经济体制，实现达到小康水平的第二步发展目标。再经过二十年的努力，到建党一百周年的时候，我们将在各方面形成一整套更加成熟更加定型的制度。"2013 年党的十八届三中全会首次提出"推进国家治理体系和治理能力现代化"这个重大命题，把"完善和发展中国特色社会主义制度、推进国家治理体系和治理能力现代化"确定为全面深化改革的总目标。

综观改革开放史，从提出"制度改革"任务并全面推进，到提出要"形成一整套更加成熟更加定型的制度"，再到提出"完善和发展中国特色社会主义制度、推进国家治理体系和治理能力现代化"，一直到党的十九届四中全会提出坚持和完善中国特色社会主义制度、推进国家治理体系和治理能力现代化的总体目标，我们党对我国国家制度建设和国家治理的规律性认识不断深化。

党的十九届四中全会《决定》第一次系统描绘中国特色社会主义制度的"图谱"，对制度建设进行总体谋划、系统安排，是坚持和完善中国特色社会主义制度、推进国家治理体系和治理能力现代化的政治宣言和行动纲领。这在坚持和发展中国特色社会主义的历程中具有里程碑意义，体现了以习近平同志为核心的党中央高瞻远瞩的战略眼光和强烈的历史担当。

回望极不平凡的历程，我们比任何时候、任何阶段都更加需要坚定制度自信，不断开辟"中国之治"新境界，为逐梦新征程凝聚强大力量。

二、 制度自信来自对重大现实问题的科学应对

习近平总书记指出："改革是由问题倒逼而产生，又在不断解决问题中而深化""在认识世界和改造世界的过程中，旧的问题解决了，新的问题又会产生，制度总是需要不断完善，因而改革既不可能一蹴而就、也不可能一劳永逸"。我们党带领人民在不断解决问题中取得辉煌发展成就，这是我们坚定制度自信的实践基础。

党的十八大以来，以习近平同志为核心的党中央以强烈的历史担当将制度建设问题摆在更加突出的位置，不失时机深化重要领域改革，坚决破除一切妨碍科学发展的思想观念和体制机制弊端，着力构建系统完备、科学规范、运行有效的制度体系。党的十八届三中全会推出 15 个领域、336 项重大改革举措。经过 6 年多的不懈努力，重要领域和关键环节改革成效显著，主要领域基础性制度体系基本形成。同时要看到，我们已经啃下不少硬骨头，但还有许多硬骨头要啃；攻克了不少难关，但还有许多难关要攻克。随着改革进入攻坚期和深水区，遇到的阻力越来越大，发展中的问题和发展起来后的问题、一般矛盾和深层次矛盾交织叠加、错综复杂。习近平总书记指出，新时代改革开放具有许多新的内涵和特点，其中很重要的一点就是制度建设分量更重。这是由新时代改革开放的新形势新任务新要求决定的。新时代谋划全面深化改革，对改革顶层设计的要求更高，对改革的系统性、整体性、协同性要求更强，相应的建章立制、构建体系的任务更重。

"天下之势不盛则衰，天下之治不进则退。"党的十九届四中全会《决定》指出："当今世界正经历百年未有之大变局，我国正处于实现中华民族伟大复兴关键时期。顺应时代潮流，适应我国社会主要矛盾变化，

统揽伟大斗争、伟大工程、伟大事业、伟大梦想，不断满足人民对美好生活新期待，战胜前进道路上的各种风险挑战，必须在坚持和完善中国特色社会主义制度、推进国家治理体系和治理能力现代化上下更大功夫。"当前国际形势复杂多变，改革发展稳定、内政外交国防、治党治国治军各方面任务之繁重前所未有，我们面临的风险挑战之严峻前所未有。例如，2020 年的新冠肺炎疫情是新中国成立以来在我国发生的传播速度最快、感染范围最广、防控难度最大的一次重大突发公共卫生事件。对我们来说，这是一次危机，也是一次大考。在党中央坚强领导下，在全国上下和广大人民群众共同努力下，疫情防控形势持续向好、生产生活秩序加快恢复的态势不断巩固和拓展，统筹推进疫情防控和经济社会发展工作取得积极成效。这充分彰显了中国共产党领导和中国特色社会主义制度的显著优势，进一步坚定了我们的制度自信。同时也让我们更加清醒地认识到，国际国内形势发展变化对党和国家的全局工作提出了新的更高要求，必须以坚持和完善中国特色社会主义制度、推进国家治理体系和治理能力现代化为主轴来谋划全面深化改革，在推进新时代改革开放的伟大实践中进一步坚定制度自信。

三、 在坚定制度自信的基础上推进国家治理体系和治理能力现代化

制度建设既是我国社会主义现代化建设的重要内容，又是推进社会主义现代化建设的根本保障。党的十九届四中全会《决定》全面回答了在我国国家制度和国家治理体系上应该"坚持和巩固什么、完善和发展什么"这个重大政治问题，既阐明了必须牢牢坚持的重大制度和原则，又部署了推进制度建设的重大任务和举措，坚持根本制度、基本制度、

重要制度相衔接，统筹顶层设计和分层对接，统筹制度改革和制度运行，体现了总结历史和面向未来的统一、保持定力和改革创新的统一、问题导向和目标导向的统一，必将对进一步坚定制度自信、推动各方面制度更加成熟更加定型、把我国制度优势更好转化为国家治理效能产生重大而深远的影响。

党的十九大在作出到21世纪中叶把我国建成富强民主文明和谐美丽的社会主义现代化强国这一战略安排时指出：到2035年，各方面制度更加完善，国家治理体系和治理能力现代化基本实现；到本世纪中叶，实现国家治理体系和治理能力现代化。党的十九届四中全会根据党的十九大确定的任务，完整提出了新时代坚持和完善中国特色社会主义制度、推进国家治理体系和治理能力现代化的总体目标：到我们党成立100年时，在各方面制度更加成熟更加定型上取得明显成效；到2035年，各方面制度更加完善，基本实现国家治理体系和治理能力现代化；到新中国成立100年时，全面实现国家治理体系和治理能力现代化，使中国特色社会主义制度更加巩固、优越性充分展现。这是一个与国家现代化总体进程相协调的总体目标，旨在构建系统完备、科学规范、运行有效的制度体系，把我国制度优势更好转化为国家治理效能，实现党、国家、社会各项事务治理制度化、规范化、程序化，为实现"两个一百年"奋斗目标、实现中华民族伟大复兴的中国梦提供有力保证。

党的领导是中国特色社会主义最本质的特征，是中国特色社会主义制度的最大优势，也是坚持和完善中国特色社会主义制度、推进国家治理体系和治理能力现代化最根本的政治保证。坚持和完善中国特色社会主义制度、推进国家治理体系和治理能力现代化是一项战略工程、系统工程，必须在党中央集中统一领导下进行。我们要进一步坚定制度自信，在党中央集中统一领导下，科学谋划、精心组织，远近结合、整体推进；要抓好坚持和巩固、完善和发展、遵守和执行三个方面，毫不动摇坚持中国特色社会主义制度，与时俱进完善中国特色社会主义制度和国家治理体系，把我国制度优势更好转化为国家治理效能，确保我们党关于坚持和完善中国特色社会主义制度、推动国家治理体系和治理能力现代化的各项目标任务全面落实到位。

（原载于 2020 年 3 月 26 日《人民日报》，编入时略有改动）

目　录

第一讲

中国治理现代化中的
制度之"重"和制度之"治"

当代中国正处于"两个一百年"历史交汇的重要发展时期。全面建成小康社会奋斗目标的胜利实现,全面建成社会主义现代化强国新征程的胜利开启,对全面推进国家治理现代化提出了更高要求。新时代新征程上的国家治理现代化,具有丰富的内涵和内在的逻辑。从治理类型来说,包括政党治理、政府治理、社会治理等方面的治理;从治理内容来说,包括政治治理、经济治理、文化治理、社会治理、生态环境治理,以及国防、外交、安全等领域的治理;从治理关键来说,则更加凸显中国特色社会主义制度体系在治理现代化中的主导作用。

一、 中国治理现代化关键要素是制度现代化

关于制度建设的重要性及其在国家治理中的重要作用,我们党经历了一个曲折的认识深化过程。中国共产党人不忘初心、牢记使命,浴血奋战、艰苦奋斗,根本目的就是要建立和巩固能够保证人民当家作主、

给人民带来幸福生活的社会主义制度。早在延安时期，毛泽东就开始思考革命胜利之后如何用健全的民主制度跳出"其兴也勃焉、其亡也忽焉"的"周期率"问题，确保党不脱离人民群众、不重蹈"李自成式"的历史覆辙。新中国建立前后，以毛泽东为代表的共和国缔造者们就以极大的精力和智慧探索社会主义制度建设，先后建立起体现中国共产党领导的以工农联盟为基础的人民民主专政国家性质的人民政协制度和人民代表大会制度，确保了社会主义新生政权的巩固和社会主义改造与建设的顺利推进。**新中国 70 多年的历史，从根本意义上说就是一部社会主义制度建立巩固和不断完善发展的历史。**当然在制度建设问题上，我们党也曾经历过严重的挫折和深刻的教训，正如邓小平在总结党和国家领导制度建设的教训时鞭辟入里指出，"我们过去发生的各种错误，固然与某些领导人的思想、作风有关，但是组织制度、工作制度方面的问题更重要"。"斯大林严重破坏社会主义法制，毛泽东同志就说过，这样的事件在英、法、美这样的西方国家不可能发生。他虽然认识到这一点，但是由于没有在实际上解决领导制度问题以及其他一些原因，仍然导致了'文化大革命'的十年浩劫。这个教训是极其深刻的。不是说个人没有责任，而是说领导制度、组织制度问题更带有根本性、全局性、稳定性和长期性。这种制度问题，关系到党和国家是否改变颜色，必须引起全党的高度重视。"[①]

具有划时代意义的党的十一届三中全会，是我们党在社会主义道路选择上的一次伟大觉醒，也是我们党在社会主义制度建设的一次伟大觉醒。从此，我们党领导人民开始了深化社会主义制度改革、创新中国特色社会主义制度的伟大实践。"改革开放 40 年的实践启示我们：制度是关系党和国家事业发展的根本性、全局性、稳定性、长期性问题。"[②] 改

---

① 邓小平：《党和国家领导制度的改革》，载《邓小平文选》第 2 卷，人民出版社，1994，第 332—333 页。

② 习近平：《在庆祝改革开放 40 周年大会上的讲话》，人民出版社，2018，第 28—29 页。

革开放以来，我们党在中国特色社会主义制度建设上，经历了由制度自觉到制度自信、由制度改革到制度定型、由制度封闭到制度开放的伟大历程。党的十九届四中全会通过的《中共中央关于坚持和完善中国特色社会主义制度、推进国家治理体系和治理能力现代化若干重大问题的决定》（以下简称党的十九届四中全会《决定》），深刻阐明了中国治理现代化中的制度之"重"，深刻指明了中国治理现代化中的制度之"治"，堪称新时代彰显制度之"重"、推进制度之"治"的重要纲领。习近平总书记在党的十九届四中全会上的重要讲话中，站在历史的高度，大跨度地梳理和总结了改革开放以来我们党在制度自觉和制度自信上的理论认识和实践创造，其中具有纲领性和标志性意义的是四个历史节点：一是 1980 年 8 月 18 日邓小平在中央工作会议上发表《党和国家领导制度的改革》的重要讲话，着重从党和国家制度层面总结"文化大革命"的教训，提出了著名的**"制度决定论"**："领导制度、组织制度问题更带有根本性、全局性、稳定性和长期性。""制度好可以使坏人无法任意横行，制度不好可以使好人无法充分做好事，甚至会走向反面。"[1] 二是 1992 年春邓小平在视察南方时发表重要讲话，提出了著名的**"制度定型论"**："恐怕再有三十年的时间，我们才会在各方面形成一整套更加成熟、更加定型的制度。在这个制度下的方针、政策，也将更加定型化"[2]。三是 2013 年党的十八届三中全会，首次提出了**"国家治理现代化论"**，把"完善和发展中国特色社会主义制度，推进国家治理体系和治理能力现代化"作为全面深化改革的"总目标"，[3] 由此开启了系统整体设计全面深化改革的新时代。四是 2019 年 10 月党的十九届四中全会，首次提出了**"制度治理效能论"**，突出强调"坚持和完善支撑中国特色社会主义制度

---

① 邓小平：《党和国家领导制度的改革》，载《邓小平文选》第 2 卷，人民出版社，1994，第 333 页。

② 邓小平：《在武昌、深圳、珠海、上海等地的谈话要点》，载《邓小平文选》第 3 卷，人民出版社，1993，第 372 页。

③ 《中共中央关于全面深化改革若干重大问题的决定》，人民出版社，2013，第 3 页。

的根本制度、基本制度、重要制度，着力固根基、扬优势、补短板、强弱项，构建系统完备、科学规范、运行有效的制度体系，加强系统治理、依法治理、综合治理、源头治理，把我国制度优势更好转化为国家治理效能，为实现'两个一百年'奋斗目标、实现中华民族伟大复兴的中国梦提供有力保证"[1]。

从邓小平"8·18"重要讲话到十九届四中全会，40 年关于制度改革和制度创新的伟大历程，40 年关于中国特色社会主义制度的理论探索和实践创造，雄辩说明，中国特色社会主义制度，是中国共产党领导人民在长期实践探索中形成的科学制度体系，"是以马克思主义为指导、植根中国大地、具有深厚中华文化根基、深得人民拥护的制度和治理体系，是具有强大生命力和巨大优越性的制度和治理体系，是能够持续推动拥有近十四亿人口的大国进步和发展、确保拥有五千多年文明史的中华民族实现'两个一百年'奋斗目标进而实现伟大复兴的制度和治理体系"[2]。

深刻认识中国治理现代化中的制度之"重"，需要牢牢把握以下三点基本要义：

（一）制度现代化是国家治理现代化的关键要素

世界现代化历史进程表明，小治治事、中治治人、大治治制，"治理国家，制度是起根本性、全局性、长远性作用的"[3]。制度现代化，是现代国家建设和国家治理的最核心内容，也是经济社会现代化的最重要支撑。社会主义现代化的关键在于制度现代化。"经国序民，正其制度。"制度是一种以规则或运作模式为主体的系统结构，包括政治制度、经济

---

① 《中共中央关于坚持和完善中国特色社会主义制度、推进国家治理体系和治理能力现代化若干重大问题的决定》，人民出版社，2019，第 5 页。

② 同上书，第 3 页。

③ 习近平：《在省部级主要领导干部学习贯彻十八届三中全会精神全面深化改革专题研讨班上的讲话》，载《习近平关于全面深化改革论述摘编》，中央文献出版社，2014，第 28 页。

制度、文化制度、社会制度、生态制度在内的制度体系以及各种类型的具体体制和运行机制，是国家治理职能及其行为的最重要载体，也是最根本体现，对国家建设和国家运行发挥根本性的支撑和保障作用。

党的十九届四中全会紧紧抓住制度现代化这一国家治理现代化的关键要素，把制度体系与国家治理体系融为一体，把制度执行力与国家治理能力融为一体，强调把我国制度优势更好转化为国家治理效能，明确提出了在国家现代化进程中制度建设"新三步走"的"总体目标"：到中国共产党成立 100 年时，在各方面制度更加成熟更加定型上取得明显成效；到 2035 年基本实现现代化时，各方面制度更加完善，基本实现国家治理体系和治理能力现代化；到中华人民共和国成立 100 年时，全面实现国家治理体系和治理能力现代化，使中国特色社会主义制度更加巩固、优越性充分发挥。[①] 这一制度现代化的宏伟目标，深刻体现了总结历史和面向未来的有机统一、保持定力和改革创新的有机统一、问题导向和目标导向的有机统一，深刻彰显了当代中国共产党人的制度自觉和制度自信，深蕴着"制度"与"治理"相互融合、相得益彰的现代化发展规律。

（二）制度体系是国家治理体系的核心内容

马克思主义国家学说指明，国家从本质上说是一种社会"秩序"，而"秩序"的最权威体现就是"制度"。恩格斯揭示："国家是社会在一定发展阶段上的产物；国家是承认：这个社会陷入了不可解决的自我矛盾，分裂为不可调和的对立面而又无力摆脱这些对立面。而为了使这些对立面，这些经济利益互相冲突的阶级不致在无谓的斗争中把自己和社会消灭，就需要有一种表面上凌驾于社会之上的力量"，这种力量的最大效能

---

① 《中共中央关于坚持和完善中国特色社会主义制度、推进国家治理体系和治理能力现代化若干重大问题的决定》，人民出版社，2019，第5—6页。

就是"缓和冲突，把冲突保持在'秩序'的范围之内"。① 在一切剥削阶级社会，国家维护社会"秩序"的根本力量是专制和暴力；而在人民当家作主的社会主义社会，国家维护社会"秩序"的根本力量则是"民主的国家制度"。② 马克思指出，在社会主义社会，人民是制度与法律的主体，"不是国家制度创造人民，而是人民创造国家制度"；"不是人为法律而存在，而是法律为人而存在"；"人民是否有权来为自己建立新的国家制度呢? 对这个问题的回答应该是绝对肯定的，因为国家制度如果不再真正表现人民的意志，那它就变成有名无实的东西了"。③

中国特色社会主义制度，正是这样本质性地体现和彰显维护社会"秩序"、保障人民权利的国家治理功能。在新中国 70 多年国家发展史上，尤其在改革开放 40 多年国家改革和国家建设的辉煌历程中，逐步形成了深刻体现中华人民共和国国体性质、代表全国各族人民根本利益的中国特色社会主义制度体系。这一制度体系，既包括中国共产党领导制度、人民代表大会制度、马克思主义在意识形态领域指导地位制度、党对人民军队的绝对领导制度等一系列根本制度，又包括中国共产党领导的多党合作和政治协商制度、民族区域自治制度、基层群众自治制度、社会主义基本经济制度等一系列基本制度，同时还包括中国特色社会主义法治体系、中国特色社会主义行政体制、中国特色社会主义文化制度、统筹城乡的民生保障制度、共建共治共享的社会治理制度、促进人与自然和谐共生的生态文明制度、推进祖国和平统一的"一国两制"制度、独立自主和平外交的外事工作制度、强化对公共权力运行制约和监督的制度等一系列重要制度。这些根本制度、基本制度、重要制度以及与之

① 恩格斯：《家庭、私有制和国家的起源》，载《马克思恩格斯文集》第 4 卷，人民出版社，2009，第 189 页。

② 恩格斯：《共产主义原理》，载《马克思恩格斯文集》第 1 卷，人民出版社，2009，第 685 页。

③ 马克思：《黑格尔法哲学批判》，载《马克思恩格斯全集》第 1 卷，人民出版社，1956，第 281 页、第 316 页。

相适应的体制和机制，相互依存、相互作用、同向发力、相得益彰，共同构成系统完备、科学规范、运行有效的中国特色社会主义制度体系，共同铸成国家治理现代化的强大制度支撑。在新的历史条件下进一步推进国家治理现代化，从根本意义上说就是要通过进一步深化制度改革和制度创新，使中国特色社会主义制度体系的各个方面更加成熟更加定型，更加释放制度优势，更加彰显制度体系的国家治理效能。无论是从中国现代化的宏伟目标来看，还是从中国现代化所要突破的主要问题来看，制度体系的创新与完善，始终都是国家治理体系的核心内容。因此在这个意义上可以说，制度体系现代化也就是国家治理现代化，深入推进国家治理体系现代化，必须牢牢抓住制度体系在改革中创新优化这一根本环节。

（三）制度执行力是国家治理能力的集中体现

制度作为国家职能的载体，其生命力在于执行。恩格斯说："一切政府，甚至是最专制的政府，归根到底都不过是本国状况的经济必然性的执行者。"[①] 问题的关键在于，制度是"按照合乎规律的经济发展的精神和方向发生作用"，从而促进经济快速发展和社会全面进步，还是违反经济社会发展规律而发生作用，从而阻碍经济发展甚至"在经济发展的压力下陷于崩溃"。[②] 制度执行力及其效果的优劣，不啻是衡量是优良的制度还是劣质的制度、是完善的制度还是有缺陷的制度的根本标准。

中国特色社会主义制度的本质特征和独特优势，正是在"执行"中得以充分彰显。从形成逻辑来看，中国特色社会主义制度逐步形成和不断完善的过程，也正是这一制度在付诸"执行"过程中不断促进经济快速发展和社会全面进步的过程。党的十八大以来，以习近平同志为核心

第一讲　中国治理现代化中的制度之「重」和制度之「治」

---

① 恩格斯：《致尼古拉·弗拉策维奇·丹尼尔逊》，载《马克思恩格斯文集》第10卷，人民出版社，2009，第626页。

② 恩格斯：《反杜林论》，载《马克思恩格斯文集》第9卷，人民出版社，2009，第190页。

的党中央把制度建设摆到更加突出的位置，把实现制度现代化作为推进国家治理现代化的核心要素和关键动力，从而使中国特色社会主义制度的执行力得到充分彰显。党的集中统一领导制度作用的切实加强，有力确保了社会主义事业发展的正确方向；人民代表大会制度作用的充分发挥，有力确保了人民在国家和社会发展中的主人位置；社会主义协商民主制度作用的愈益彰显，有力确保了中国式民主的前进步伐；全面依法治国制度作用的空前推进，有力确保了社会公平正义和人民权利；社会主义基本经济制度作用的持续发力，有力确保了社会主义市场经济繁荣发展；坚持以人民为中心制度作用的不断巩固，有力确保了社会发展的生机活力；德才兼备、选贤任能人才制度作用的深入实施，有力确保了党和国家事业的蓬勃发展……如此等等制度效能和制度优势，深刻表明，只有坚定不移增强中国特色社会主义制度的执行力和影响力，才能把制度优势更好转化为国家治理效能，也才能更加坚定中国特色社会主义制度自信，为全面推进中国治理现代化聚集起更强大的制度力量。

二、 巩固和完善为人民执政、 靠人民执政的党的领导制度体系

中国共产党是中国特色社会主义的核心领导力量，"党政军民学，东西南北中，党是领导一切的"。① 坚持和加强中国共产党领导，既是中国特色社会主义的最本质特征，又是中国特色社会主义制度的最大优势。无论是从我们党面临的严峻挑战和承担的重大任务来说，还是从国家治理现代化的长远目标和关键要素来说，党的领导制度体系建设都是中国制度之"重"中的最重要因素、是中国制度之"治"中的最关键部位。党的十九届四中全会《决定》把"坚持和完善党的领导制度体系，提高党科学执政、民主执政、依法执政水平"摆在十三个方面制度建设任务

---

① 习近平：《决胜全面建成小康社会、夺取新时代中国特色社会主义伟大胜利——在中国共产党第十九次全国代表大会上的报告》，人民出版社，2017，第20页。

的首要位置，深刻彰显了党的领导制度体系建设在整个国家制度体系建设中的统领地位，深刻坚持了"党是领导一切的"，必须从制度层面"把党的领导落实到国家治理各领域各方面各环节"的中国治理的基本规律。① 突出坚持和完善党的领导制度，准确把握住了"我国国家制度和国家治理体系的演进方向和规律"，"抓住了国家治理的关键和根本"。②

中国共产党是在近代以后中华民族陷入内忧外患的历史背景中应时而生的，是在中国人民争取民族解放的伟大斗争中锤炼成长的。中国共产党一经成立，就与中国人民和中华民族的命运不可分割地联系在一起，既成为中国无产阶级的先锋队，又成为中国人民和中华民族的先锋队。**中国共产党近百年的成长历史尤其是 70 多年的执政经历，不断证明着一个铁的真理：人民永远是党的力量的根本源泉，是党长期执政的根本基础。**在中国特色社会主义进入新时代，在推进国家治理体系和治理能力现代化新征程中，只有始终坚持以人民为基础，始终遵循为中国人民谋幸福、为中华民族谋复兴的初心和使命，才能有力推进党的领导制度体系建设，充分发挥"总揽全局、协调各方的党的领导制度体系"在中国制度之"治"中的核心引领作用。

无论是党领导国家治理现代化的新的使命，抑或是党在新的历史条件下面临的新的考验，都深刻表明，在当前决胜全面小康社会和全面开启现代化强国建设的关键时期，坚持和完善党的领导制度体系，必须遵循新时代党的建设总体要求，正确把握好三个方面的制度统一：**一是坚持党的全面领导制度与坚持全面从严治党制度的有机统一；二是坚持为人民执政、靠人民执政制度与保证人民当家作主制度的有机统一；三是坚持不忘初心、牢记使命的制度与提高党的执政能力和领导水平制度的有机统一。**坚持这三个有机统一，不啻是坚持以人民为基础加强党的领

---

① 《中共中央关于坚持和完善中国特色社会主义制度、推进国家治理体系和治理能力现代化若干重大问题的决定》，人民出版社，2019，第 6 页。

② 习近平：《关于〈中共中央关于坚持和完善中国特色社会主义制度、推进国家治理体系和治理能力现代化若干重大问题的决定〉的说明》，《人民日报》2019 年 11 月 6 日。

导制度体系建设的关键环节；是把党的领导制度优势更好转化为国家治理效能的决定性因素。

（一）坚持党的全面领导制度与坚持全面从严治党制度的有机统一

健全党的全面领导制度，是新时代中国特色社会主义全面发展的内在要求，是胜利实现"第一个百年"奋斗目标、全面开启"第二个百年"奋斗征程的根本保证，是用制度威力应对国际国内各种风险挑战的关键之举。实践反复表明，只有以健全的制度把党的领导落实到国家机构运行和社会发展的一切方面，确保党在各种组织中发挥核心领导作用，国家才能长治久安，才能以强大的制度威力应对各种风险挑战；只有以健全的制度把党的领导渗透到统筹推进"五位一体"总体布局和协调推进"四个全面"战略布局的各个方面，社会才能全面进步，才能以健全的制度体制促进社会协调发展全面进步；只有以健全的制度把党的全面领导贯彻到党和国家所有机构履行职责的全部过程，才能以坚定的制度自信推动各方面协调行动、增强合力。总之，健全党的全面领导制度，是巩固党的核心领导地位、实现党的核心领导作用的最基本的制度建设。

打铁必须自身硬。加强党的全面领导，必须坚持全面从严治党。**党的全面领导制度建设与全面从严治党制度建设相互作用、有机统一，是党的十八大以来以习近平同志为核心的党中央以制度建设为主线推进党的建设新的伟大工程的一个鲜明特点，是把伟大社会革命与伟大自我革命有机统一起来的一条基本经验，也是在新的历史条件下坚持和完善党的领导制度体系、把党的领导制度优势更好转化为国家治理效能的一大关键节点。**党的十八大以来，正是由于我们党以前所未有的勇气和踏石留印、抓铁有痕的定力坚定不移全面从严治党，才不断赢得了人民对党的领导的自觉认同，有力增强了党在各个方面的全面领导力量；正是由于我们党以伟大自我革命引领伟大社会变革的高度自觉，深化党的建设制度改革，不断完善全面从严治党、全面管理干部的制度机制，才有力扭转了管党治党失之于宽、失之于松、失之于软的状况，使党成为中国特色社会主义的坚强领导核心；正是由于我们党以壮士断腕的坚决和刮骨疗毒的坚韧惩治腐败、纠正不正之风，坚决清除影响党的先进性和纯洁性的各种消极因素，不断健全为人民执政、靠人民执政的各项制度，才有力激发了全国各族人民的主人翁责任感和自觉担当精神，成为实现党的全面领导、保证党长期执政和中国特色社会主义顺利发展的磅礴力量。历史无可辩驳地表明，没有党自觉的自我革命，就没有党领导的伟大社会革命；没有全面从严治党，加强党的全面领导就无从谈起。

全面推进中国治理现代化的新的历史使命，要求我们党必须更好地把健全党的全面领导制度与全面从严治党制度结合起来，以更加严格的制度力量和更加坚定的制度导向，清除一切有碍于实现党的全面领导的体制性弊端和制度性障碍，把各级领导干部和广大共产党员干事创业的手脚从形式主义、官僚主义的桎梏中解放出来，以更加求真务实的作风和更加清正廉洁的形象凝聚民心、激励民志，形成万众一心、勠力同心决胜全面小康、决战精准脱贫、全面推进现代化建设的强大力量。这样一种力量，无疑是加强和实现党的全面领导的最坚固基石。

（二）坚持为人民执政、靠人民执政制度与人民当家作主制度的有机统一

当代中国治理现代化，从根本意义上说就是谋求中国共产党执政现代化——怎样才能长期执政、怎样才能执好政。**无论是从党的核心领导地位来说，还是从党治国理政的性质任务来说，都迫切要求健全与完善为人民执政、靠人民执政的各项制度，从而确保党的执政行为和执政效果。这是党的领导制度体系建设中至关重要的内容。**党的十九届四中全会《决定》把"健全为人民执政、靠人民执政各项制度"作为党的领导制度体系建设的重要内容，可谓抓住了根本。从党执政的出发点来说，就是要坚持立党为公、执政为民，通过完善的制度和健全的机制保持党

同人民群众的血肉联系，把尊重民意、汇集民智、凝聚民力、改善民生贯穿党治国理政一切过程和全部工作之中；从党执政的依靠力量来说，就是要通过完善的制度和健全的机制巩固党执政的阶级基础，厚植党执政的群众基础，调动人民群众参与国家和社会治理的主动性和积极性；从党执政的工作方法来说，就是要坚持贯彻党的群众路线，从群众中来、到群众中去，真心实意地相信群众、一心一意地依靠群众、全心全意地服务群众，尤其要健全干部联系群众制度，创新互联网时代群众工作机制，完善联系广泛、服务到位的党的群团工作关系，把人民群众紧紧团结在党的周围；从党执政的根本目的来说，就是要密切适应人民群众不断增长的美好生活需要，深入解决人民群众关心的难点、热点问题和影响人民群众利益的痛点、堵点问题，不断增强人民群众的获得感、幸福感、安全感。在如此等等怎样执政、怎样执好政的重大问题上，我们党既在以往的执政实践中积累了成功的经验，又在新的执政环境和执政任务中面临着新的考验，必须进一步加大执政制度改革力度，用完善的制度体系确保党的各级组织和广大党员干部真正做到为人民执政、靠人民执政。

为人民执政、靠人民执政的制度体系建设，既是由我们党的立党宗旨和执政使命所决定的，也是由人民当家作主的国家性质和制度本质所决定的。我们党是社会主义大国的执政党，党的执政行为与国家的各项建设不可分割地融合在一起。因此，切实解决好为人民执政、靠人民执政的制度体系问题，不仅要紧紧围绕"立党为公、执政为民"这一党的建设的根本问题不断进行自我革命，时刻保持高度的为民执政自觉，而且要紧紧围绕"用制度体系保证人民当家作主"这一国家发展的根本问题不断进行社会革命，不断发展社会主义民主政治。从治国理政和国家治理现代化这个大逻辑、大过程来说，"立党为公、执政为民"的自我革命和"用制度体系保证人民当家作主"的社会革命是有机统一的。只有始终坚持"我国是工人阶级领导的、以工农联盟为基础的人民民主专政的社会主义国家"这一国体性质，始终坚持"国家的一切权力属于人民"

这一治国原则，才能把体现人民当家作主的根本制度、基本制度和一系列重要制度建设有机地融入党治国理政、长期执政的各个方面，通过党的执政行为和执政效果，更好体现人民意志、保障人民权益、激发人民创造，确保人民依法通过各种途径和形式管理国家事务、管理经济文化事业、管理社会事务，把党的执政制度优势更好转化为国家治理效能。

（三）坚持不忘初心、牢记使命制度与提高党的执政能力和领导水平制度的有机统一

为中国人民谋幸福、为中华民族谋复兴，是中国共产党人的初心和使命。**这一初心和使命，既是党在百年发展历史中一贯坚守的性质和宗旨，又是党在新时代新征途上面对新的形势和新的任务需要进一步建立的制度和体制。**党的十九届四中全会《决定》明确提出"建立不忘初心、牢记使命的制度"，强调"把不忘初心、牢记使命作为加强党的建设的永恒课题和全体党员、干部的终身课题，形成长效机制"，① 对于确保全党遵守党章、恪守党规，践行党的性质和宗旨，锤炼党员、干部忠诚干净担当的政治品格，使党的建设和党所领导的一切工作顺应时代潮流、符合发展规律、体现人民愿望，确保党始终走在时代前列，始终得到人民衷心拥护，具有极其重大的意义。历史和现实反复表明，党的性质与宗旨，不仅要建立在全党道义坚定与道德自觉基础之上，而且要建立在完善的制度体系基础之上。只有坚定不移加强不忘初心、牢记使命的制度建设，用严谨的制度和机制规范党内政治生活和组织生活，把优良制度转化为党员尤其是各级领导干部的行为，从而形成日常习惯，我们党才能真正做到初心不变、使命不殆，永葆中国人民和中华民族先锋队的本色。

中国共产党是执政党，肩负着 14 亿中国人民的重托和中华民族伟大

---

① 《中共中央关于坚持和完善中国特色社会主义制度、推进国家治理体系和治理能力现代化若干重大问题的决定》，人民出版社，2019，第6—7页。

复兴的希望。党的初心和使命不仅仅是一种宣言、一种承诺，而且是必须实实在在地转化为党的执政行为和执政效果。把不忘初心、牢记使命的制度优势更好转化为党的执政效能和国家治理效能，就必须着力提升党的执政能力和领导水平，不断健全提高执政能力和领导水平的制度。**不忘初心、牢记使命制度同提升党的执政能力和领导水平制度，这两大制度建设是一个问题的两个方面，在党的领导制度体系建设过程中相辅相成、融为一体。**没有健全的制度确保全党永恒的初心和使命，很难做到用健全的制度确保党科学执政、民主执政、依法执政；没有坚强的执政能力和领导水平制度建设，不忘初心、牢记使命也很难做到制度化、常态化、永恒化。面对决胜全面小康社会的艰巨任务，面对全面开启现代化的新的征程，面对错综复杂的世界百年未有之大变局，迫切要求我们党必须高度重视提高执政能力和领导水平的制度建设，用健全完善的领导制度、组织制度、工作制度确保发展党内民主和实行正确集中的有机统一，不断提高全党把方向、谋大局、定政策、促改革的能力；确保科学决策和执行效能的有机统一，不断提高各级党员领导干部重大决策的调查研究、科学论证、风险评估和正确决策的能力；确保干事创业和廉洁自律的有机统一，不断提高全体党员干部想干事、会干事、能干事、干成事而又不出事的能力；确保领导行为和领导本领的有机统一，不断提高政治领导本领、改革创新本领、科学发展本领、依法执政本领、群众工作本领、驾驭风险本领、化解问题本领、狠抓落实本领，用坚强的领导能力确保在人民群众中的领导威信。

三、 巩固和完善为人民服务、 对人民负责的政府治理制度体系

政府治理制度体系是国家治理体系的重要组成部分，是坚持和完善中国特色社会主义制度、推进国家治理体系和治理能力现代化的重要行政载体和行政实现形式。党的十九届四中全会《决定》把"构建职责明

确、依法行政的政府治理体系"作为中国特色社会主义制度体系建设的一项重要制度内容，明确指出："必须坚持一切行政机关为人民服务、对人民负责、受人民监督，创新行政方式，提高行政效能，建设人民满意的服务型政府"。① 这一基本要求，**其核心要义是坚持以人民为中心的行政体制改革方向，其核心价值是坚持以人民为中心不断推进政府治理体系和治理能力现代化，从国家行政机构及其运行的角度把我国制度优势更好转化为国家治理效能，为全面实现社会主义现代化、实现中华民族伟大复兴的中国梦提供坚固的行政制度支撑和强大的行政运行动力。**

我国各级政府是人民的政府，承担着按照党和国家决策部署推动经济发展、管理社会事务、服务人民群众的重大职能，彰显着党的领导制度体系和人民当家作主制度体系在国家行政管理中的显著优势。因此，在全面推进中国治理现代化过程中，进一步深化行政体制改革，巩固和完善中国特色社会主义行政体制，最重要最关键的，就是要一切从广大人民的根本利益出发，把坚持以人民为中心作为构建和完善政府治理制度体系的根本目标导向和核心价值导向。

无论是新时期行政体制改革的历史经验，抑或是新时代行政体制运行面临的突出问题，都深刻表明，在决胜全面小康社会和全面推进现代化的关键时期，坚持以人民为中心完善政府治理制度体系，必须适应社会主义市场经济改革深入发展的需要、适应社会结构多样化和社会全面发展的需要，**进一步厘清政府和市场的关系，不断完善宏观调控有力、市场监管有效的政府治理制度体系；进一步厘清政府和社会的关系，不断完善社会治理精到、公共服务精细的政府治理制度体系；进一步厘清中央和地方的关系，不断完善权责界限清晰、运行渠道顺畅的政府治理制度体系。**厘清这三个方面的关系，不啻是进一步推进政府治理制度体系现代化的关键之举和重中之重。

---

① 《中共中央关于坚持和完善中国特色社会主义制度、推进国家治理体系和治理能力现代化若干重大问题的决定》，人民出版社，第 16 页。

（一）厘清政府和市场的关系，完善宏观调控有力、市场监管有效的政府治理制度体系

政府和市场的关系问题，是始终贯穿我国经济体制改革和行政体制改革各个方面和全部过程的一个核心问题。党的十八大以来，以习近平同志为核心的党中央深入总结社会主义制度和现代市场经济有机结合的成功经验，紧紧抓住社会主义市场经济改革面临的突出问题和制度性障碍，明确作出"使市场在资源配置中起决定性作用和更好发挥政府作用"的重大论断和重大决策。党的十八届三中全会《中共中央关于全面深化改革若干重大问题的决定》明确指出："市场决定资源配置是市场经济的一般规律，健全社会主义市场经济体制必须遵循这条规律，着力解决市场体系不完善、政府干预过多和监管不到位问题"。①

随着"第一个百年"奋斗目标即全面建成小康社会目标的胜利实现，我国将进入高质量发展新阶段。在这一新发展阶段，既要进一步加快市场化改革步伐，发展"有效市场"，又要进一步加强政府宏观调控，建设"有为政府"，把"有效市场"和"有为政府"有机地统一起来。实践表明，在当前我国市场化改革向着更高目标推进和谋求高质量发展过程中，在一些领域和部门，**仍然既存在着市场体系不完善、公平竞争制度不健全等"市场运作失灵"的问题，也存在着政府干预过多、监管不到位等"政府管理失灵"的问题。**"市场运作失灵"，既突出表现为一些企业尤其是国有企业市场化改革不到位，市场机制未能充分发挥配置资源的"决定性"作用，又突出表现为一些领域由于部门利益或私人利益的驱动而导致对公平竞争制度的干扰和对市场经济秩序的破坏；"政府管理失灵"，既突出表现为一些政府部门和行政执法人员对市场和企业干预过多，又突出表现为一些政府部门和行政执法人员从乱作为到假作为和不作为、从庸政到懒政和怠政等背离政府公共性的现象。这两个方面的现

---

① 《中共中央关于全面深化改革若干重大问题的决定》，人民出版社，2013，第5—6页。

实问题，可以说是当前市场经济改革进程中的制度性短板，是实现经济高质量发展的制度性障碍，必须加以深入解决，推动我国经济朝着"加快完善社会主义市场经济体制"的制度优化方向顺利推进。

积极稳妥地从广度和深度上推进市场化改革，充分发挥社会主义市场经济体制作为社会主义基本经济制度推动经济高质量发展的重要功能，必须进一步深化行政体制改革，深入推进简政放权、放管结合、优化服务，为市场经济发展尤其是企业市场化运行创造良好的营商环境，激发各类市场主体活力，尤其激发各类企业勇敢参与市场竞争，在国内和国际市场竞争中奋力拼搏，在市场竞争中提高经济效益和社会效益、扩大社会影响力。**在发展社会主义市场经济中，政府的职能和作用主要表现在：完善宏观调控，保持宏观经济稳定；加强市场监管，维护市场公平竞争秩序；优化公共服务，为人民群众提供优质公共产品；推动社会可持续发展，弥补市场竞争之外的社会群体福利。**确保这些职责和作用的实现，需要健全的体制和制度，需要充分释放中国特色社会主义行政体制的制度优势，这无疑是当前进一步深化行政体制改革、完善政府治理制度体系的重点和方向。

（二）厘清政府和社会的关系，完善社会治理精到、公共服务精细的政府治理制度体系

作为社会公共管理机构，政府的根本职能是为社会发展和人民群众提供优质公共服务。恩格斯说："政治统治到处都是以执行某种社会职能为基础，而且政治统治只有在它执行了它的这种社会职能时才能持续下去。"[①] 我国政府是人民的政府，尤其要把履行好社会治理职能和社会服务职能、促进以人民为主体的社会协调可持续发展作为自己的根本职能，适应社会发展和人民群众的需要，改进行政作风、创新行政方式、提高

---

① 恩格斯：《反杜林论》，载《马克思恩格斯文集》第 9 卷，人民出版社，2009，第 187 页。

行政效能、不断改善民生，建设人民满意的服务型政府。

中国特色社会主义进入新时代，社会矛盾发生了新变化。**人民日益增长的美好生活需要和不平衡不充分的发展之间的矛盾，既是推进经济高质量和可持续发展的根本依据，也是深化行政体制改革、完善政府治理制度体系的根本依据。**当前，随着总体小康水平的提高，人民美好生活需要日益广泛，不仅对物质文化生活提出了更高要求，而且在民主、法治、公平、正义、安全、环境等方面的要求日益增长。这就愈益要求，必须切实加强和改进各级政府的社会治理职能和公共服务职能，加强"精到化"的社会治理和"精细化"的公共服务，以充分发挥中国特色社会主义行政体制和政府治理制度体系在全面建成小康社会和全面推进社会主义现代化中的制度优势和制度作用。

1. 加强"精到化"社会治理，是完善政府治理制度体系、强化政府社会治理职能的关键环节。所谓"精到化"社会治理，就是要切实摒弃"控制型"的社会管理体制和"粗放型"的社会管理手段，切实克服行政管理中的官僚主义和形式主义，深入社会机体内部，激发社会主体活力，主要依靠大众参与的力量和民主协商的手段化解社会矛盾、解决社会问题，建设人人有责、人人尽责、人人享有的社会治理共同体。全面小康社会不仅是经济更加发展、人民生活更加富裕、从总体上消除贫困的社会，而且是民主更加健全、科教更加进步、文化更加繁荣、社会更加和谐、人民生活更加丰富多彩的社会。适应决胜全面建成小康社会阶段社会多元发展和全面发展的需要，政府对社会的治理必须实现一系列从制度到手段、从方式到作风的重大转变。必须加强系统治理，既发挥党委领导、政府主导的重要作用，又充分激励和支持各方面力量积极参与，社会的事情尽量交由社会去协调处理，实现政府治理和社会自我调节良性互动、"网格化"管理和居民自治良性互动；必须加强依法治理，不断提高社会发展法律和法规建设水平，加强法治保障，增强全民守法的自觉性，运用法治思维和法治方式化解社会矛盾；必须加强综合治理，坚持法治与德治相互支持、相辅相成，强化社会主义道德约束，运用公共道德规范社会行为、调节利益关系、化解社会矛盾；必须加强源头治理，注重掌握社会发展动态和社会问题苗头，标本兼治、重在治本，构建"有事好商量、众人的事情由众人商量"的"商量"平台与机制，充分发挥基层民主协商在表达人民利益需求、解决社会问题与矛盾中的制度化作用。

2. 加强"精细化"公共服务，是完善政府治理制度体系、强化政府社会治理职能的根本基础。建设人民满意的公共政府，归根到底在于政府要服务于民、取信于民。人民受益不受益、人民满意不满意、人民高兴不高兴，归根到底是衡量行政体制改革成效、判断政府治理制度体系优劣的根本标准。在总体生活水平达到全面小康的新阶段，面对人民群众美好生活需要的日益广泛性和多层次性，加强政府公共服务尤其要在"精细化"上下功夫。所谓"精细化"公共服务，就是要紧紧抓住民生发展的薄弱环节和制度短板，紧紧抓住影响人民生活改善的热点、难点和堵点问题，尽力而为、量力而行，注重加强普惠性、基础性、兜底性民生建设，既保障人民群众的基本生活，又满足人民群众多层次多样化需求，既加快健全"幼有所育、学有所教、劳有所得、病有所医、老有所养、住有所居、弱有所扶"的国家基本公共服务制度体系，又不断创造条件向着"幼有善育、学有优教、劳有厚得、病有良医、老有颐养、住有宜居、弱有众扶"的高质量民生目标迈进。

（三）厘清中央和地方的关系，完善权责界限清晰、运行渠道顺畅的政府治理制度体系

正确处理中央和地方的关系，充分发挥中央和地方两个积极性，是毛泽东精辟总结的"十大关系"中的一个重要关系，是调动一切积极因素为社会主义事业服务的重要环节。我国社会主义建设历史经验表明，**两个积极性总比一个积极性好，既有利于在中央集中统一领导下充分发**

挥社会主义制度集中力量办大事的制度优势，又有利于形成充分激发各个地方积极性的制度活力，形成全国一盘棋、统筹兼顾各方利益的良好局面。党的十九届四中全会《决定》强调，要"健全充分发挥中央和地方两个积极性体制机制"，"构建从中央到地方权责清晰、运行顺畅、充满活力的工作体系"。① 这是进一步深化行政体制改革、完善政府治理体系的一项重要的制度化建设。

1. 厘清中央和地方的关系，首先要维护中央权威，加强中央对国家发展的宏观管理，维护国家法制统一、政令统一、市场统一。当今世界正经历百年未有之大变局，我国改革正处于攻坚阶段、发展正处于关键时期，国际形势复杂多变，改革发展稳定、内政外交国防、治党治国治军各方面任务之繁重前所未有，来自各方面的风险挑战之严峻前所未有。在这样重要发展时期，尤其要进一步维护以习近平同志为核心的党中央权威，充分发挥党统领全局、协调各方的重大作用。实践反复表明，维护和加强中央权威，是运用制度威力应对各种风险挑战的最重要因素和最根本保障。中央政府在党中央直接领导下工作，是体现党的全面领导、贯彻党的大政方针、发挥党的领导制度优势的重要行政力量。当前尤其要适当加强中央政府在知识产权保护、养老保险、跨地区生态环境治理等方面事权，充分发挥中央政府在加强宏观调控、确保经济高质量发展和社会全面进步中的重要作用。

2. 强化中央权威，绝不是要削弱和取代地方积极性。地方政府尤其是基层政府，是国家行政行为和政府治理的基础，离人民群众最近，直接肩负着推进经济发展、协调社会治理、服务人民群众的重任，政府职能履行得如何，政府工作人员的精神状态和工作作风如何，直接影响着经济社会发展和人民群众利益。没有各级地方政府和基层政府的积极性和主动担当精神，中央大政方针和战略部署就很难得到落实，人民群众

① 《中共中央关于坚持和完善中国特色社会主义制度、推进国家治理体系和治理能力现代化若干重大问题的决定》，人民出版社，2019，第17—18页。

的许多实际问题就很难得到解决。当前，全面建成小康社会的奋斗目标、精准脱贫实现共同富裕的光荣使命、深化改革开放的攻坚克难、实现经济高质量发展的艰巨任务，尤其需要进一步调动地方积极性，勠力同心奋勇前行。不可否认，一些地方和基层，积极性还未能得到充分发挥，还存在着许多值得注意的倾向。在一些党员、干部和行政执法人员中，不愿担当、不敢担当、不会担当的问题还不同程度存在。有的做"老好人""太平官""墙头草"，顾虑"洗碗越多，摔碗越多"，信奉"多栽花少种刺，遇到困难不伸手"，"为了不出事，宁可不干事"，"只想争功不想揽过，只想出彩不想出力"；有的是"庙里的泥菩萨，经不起风雨"，遇到矛盾惊慌失措，遇见斗争直打摆子。① 习近平总书记在"不忘初心、牢记使命"主题教育总结大会上讲话中尖锐指出的这种种现象，无疑是当前深化地方行政体制改革、完善地方政府治理制度体系要着重解决的问题。**制度的生命力在于执行，执行制度的动力在于干部。**只有充分激励广大国家行政人员牢记初心使命、振奋担当精神，以人民的利益作为"为官一任"的根本价值追求，以对人民负责作为行政行为的根本价值导向，才能有力推进政府治理制度体系创新，真正坚持以人民为中心建设好人民满意的服务型政府。

四、 巩固和完善靠人民共建、 让人民共享的社会治理制度体系

社会治理是国家治理的重要方面。加强和创新社会治理制度，是在中国治理现代化中彰显制度之"重"、推进制度之"治"的重要基础。党的十九届四中全会《决定》明确指出："必须加强和创新社会治理，完善党委领导、政府负责、民主协商、社会协同、公众参与、法治保障、科技支撑的社会治理体系，建设人人有责、人人尽责、人人享有的社会

---

① 习近平：《在"不忘初心、牢记使命"主题教育总结大会上的讲话》，《人民日报》2020年1月9日。

治理共同体，确保人民安居乐业、社会安定有序，建设更高水平的平安中国。"① 党的十九届五中全会《关于制定国民经济和社会发展第十四个五年规划和二〇三五年远景目标的建议》明确提出"改善人民生活品质、提高社会建设水平"的目标要求，进一步指出，"坚持把实现好、维护好、发展好最广大人民根本利益作为发展的出发点和落脚点，尽力而为、量力而行，健全基本公共服务体系，完善共建共治共享的社会治理制度，扎实推动共同富裕，不断增强人民群众获得感、幸福感、安全感，促进人的全面发展和社会全面进步"。② 这是在我国进入高质量新阶段深化社会治理体制改革、在广泛社会领域实现制度之治的根本目标和发展方向。

社会是人们赖以生存和生活的共同体，具有自身的发展规律。马克思说："社会——不管其形式如何——是什么呢，是人们交互活动的产物。人们能否自由选择某一社会形式呢？决不能。在人们的生产力发展的一定状况下，就会有一定的交换和消费形式。在生产、交换和消费发展的一定阶段上，就会有相应的社会制度形式、相应的家庭、等级或阶级组织，一句话，就会有相应的市民社会。"③ 唯物史观认为，以"人们交互活动"方式为主体的社会是一个自然历史进程，这一"历史进程是受内在的一般规律支配的"。"历史事件似乎总的说来同样是由偶然性支配着的。但是，在表面上是偶然性在起作用的地方，这种偶然性始终是受内部的隐蔽着的规律支配的，而问题只是在于发现这些规律。"④ 深化我国社会治理改革，创新社会治理制度，必须从当代中国社会发展实际

---

① 《中共中央关于坚持和完善中国特色社会主义制度、推进国家治理体系和治理能力现代化若干重大问题的决定》，人民出版社，2019，第 28 页。

② 《中国共产党第十九届中央委员会第五次全体会议文件汇编》，人民出版社，2020，第 55—56 页。

③ 马克思：《致帕维尔·瓦西里耶维奇·安年科夫》，载《马克思恩格斯文集》第 10 卷，人民出版社，2009，第 42—43 页。

④ 恩格斯：《路德维希·费尔巴哈和德国古典哲学的终结》，载《马克思恩格斯文集》第 4 卷，人民出版社，2009，第 302 页。

出发，深入探索社会变革的内在规律。

当代中国社会发展的实际是什么？一方面，我国是人民当家作主的社会主义国家，包括一切劳动者和建设者在内的人民大众是社会的主人，是深化社会治理、推进社会变革的主体力量；另一方面，我国正处于社会结构多元化和社会利益多样化的改革发展新阶段，人民日益增长的美好生活需要和不平衡不充分发展之间的矛盾还很突出。这就决定，深化社会改革、推进社会进步，必须始终坚持以人民为主体、以人民为中心，依靠人民群众的主体力量，着力攻克影响人民日益增长的美好生活需要实现的主要制约因素，着力补齐影响民生改善和社会全面发展的制度性短板，着力构建人人有责、人人尽责、人人享有的社会治理共同体。在这一社会治理总体原则和总体目标前提下，必须着力解决好三大基本问题：**一是进一步拓展大众政治参与新路径，建设依靠人民群众力量化解社会矛盾的有效机制；二是进一步创新基层社会治理新格局，建设共建共治共享的社会治理共同体；三是进一步健全公共安全新机制，建设人民安全与国家安全相统一的社会安全体系。**解决好这"三新"，不啻是从我国社会发展实际出发创新社会治理制度的战略重点和根本任务。

（一）进一步拓展大众政治参与新路径，建设依靠人民群众力量化解社会矛盾的有效机制

扩大公民有序政治参与，是凝聚政治共识、整合社会力量、共同推进国家和社会治理现代化的重要基础。党的十九届四中全会《决定》把"完善正确处理新形势下人民内部矛盾有效机制"作为"坚持和完善共建共治共享的社会治理制度"的首要任务，明确要求，"畅通和规范群众诉求表达、利益协调、权益保障通道，完善信访制度，完善人民调解、行政调解、司法调解联动工作体系，健全社会心理服务体系和危机干预机制，完善社会矛盾纠纷多元预防调处化解综合机制，努力将矛盾化解在基层"。① 这一明确要求，深刻体现了坚持以人民为主体，依托有序的大众政治参与机制和力量化解社会矛盾、推进社会治理的改革创新思路。

中国特色社会主义进入新时代，我国社会主要矛盾发生了新变化，突出表现为"人民日益增长的美好生活需要和不平衡不充分发展之间的矛盾"；随着总体小康水平的实现，"人民美好生活需要日益广泛，不仅对物质文化生活提出了更高要求，而且在民主、法治、公平、正义、安全、环境等方面的要求日益增长"；同时，"更加突出的问题是发展不平衡不充分，这已经成为满足人民日益增长的美好生活需要的主要制约因素"。② 当前我国社会的主要矛盾，从总体上说突出表现为五种类型：一是制度缺失引发的社会矛盾；二是利益不均引发的社会矛盾；三是政治诉求引发的社会矛盾；四是文化差异引发的社会矛盾；五是生态问题引发的社会矛盾。这五种类型的社会矛盾，都不同程度地涉及大众政治参与，都亟待积极扩大公民有序政治参与，完善党委领导、政府负责、民主协商、社会协同、公众参与、法治保障、科技支撑的社会治理机制，提高依靠人民群众的主体力量化解社会矛盾的制度能力。

实践表明，在决胜全面建成小康社会和全面开创现代化的关键时期，坚持以人民为依托深化社会治理制度改革，有效化解社会矛盾，必须着力完善五个方面的公民有序政治参与机制：**一是扩大公民有序政治参与的民主决策机制。** 决策是否科学、准确，直接关系到公民政治参与情况。而科学的决策来自民意与民主，只有真正依靠人民、为了人民的决策，才能有效地引导公民政治参与进入有序化、制度化轨道，形成积极化解社会矛盾、推进社会治理的正能量。**二是扩大公民有序政治参与的民意整合机制。** 民心是最大的政治，民意是根本的依据。发展公民有序政治参与化解社会矛盾，必须高度重视民心向背和民意整合，不断完善民意

---

① 《中共中央关于坚持和完善中国特色社会主义制度、推进国家治理体系和治理能力现代化若干重大问题的决定》，人民出版社，2019，第29页。

② 习近平：《决胜全面建成小康社会、夺取新时代中国特色社会主义伟大胜利——在中国共产党第十九次全国代表大会上的报告》，人民出版社，2017，第11页。

不牢，地动山摇。"坚持和完善共建共享共治的社会治理制度，夯实国家长治久安、社会繁荣发展的社会基础，必须高度重视基层社会治理制度的改革与创新。改革开放以来，随着社会结构多元化和人民民主社会化的迅速发展，我国基层社区的地位愈益凸显，并在发展基层民主、保障人民权益、化解社会矛盾、满足人民所需等方面发挥越来越重要的作用，成为党和政府加强社会治理的重要"参谋"和"助手"，成为推进社会治理现代化的重要"阵地"和"堡垒"。可以肯定地说，在深入推进国家和社会治理现代化、把我国制度优势更好转化为国家和社会治理效能中，社区治理的作用将更加显现。

社会治理直接关系到人民群众的切身利益，集中凸显在两大基本问题上，一是民生，二是民主。这无疑也是构建基层社会治理新格局的两大基本着力点。只有通过完善制度的支撑和优良机制的促进，既不断满足人民群众民生利益的需要，又不断满足人民群众民主权益的诉求，社会才能真正成为人民群众的利益共同体，基层社会治理才能成为推进国家治理现代化的坚固基础。

1. 完善民生保障机制，不断满足人民群众日益增长的幸福生活需要。"治国有常，而利民为本。"社会主义的本质，就是在不断解放生产力、发展生产力的基础上不断改善民生，逐步实现共同富裕。推进社区发展和基层社会治理，归根到底要让人民群众受益，不断提高人民群众的幸福指数。在决胜全面小康社会和全面开创现代化新局面的新征程中，我国社区治理应当竖起"民生幸福标杆"，加快健全民生保障机制，加快构建公共服务体系，在基本实现"幼有所育、学有所教、劳有所得、病有所医、老有所养、住有所居、弱有所扶"的基本公共服务基础上，不断向着"幼有善育、学有优教、劳有厚得、病有良医、老有颐养、住有宜居、弱有众扶"的优质公共服务目标迈进。

2. 创新民主发展机制，不断满足人民群众日益增长的美好政治生活需求。"民惟邦本，本固邦宁。"人民民主是社会主义的生命，是国家长治久安的根基，马克思说："人是最名副其实的政治动物。"① 中国特色社会主义进入新时代，人民群众日益增长的民主、自由、公平、正义、法治、安全等方面的需求，归根到底是政治生活需求，这些政治生活需求，是发展社会主义民主政治的重要政治资源，也是推进基层社会治理不可或缺的强大政治动力。只有积极适应人民群众日益增长的政治生活需求，在党的领导下不断扩大人民有序政治参与，积极发展基层协商民主，尤其健全和完善社区民主协商议事平台，让人民群众通过更多制度化、程序化渠道表达自己的民主意愿、维护自己的民主权益，社区治理才能充满不竭的活力和动力，真正形成人人有责、人人尽责、人人享有的社会治理共同体。

（三）进一步健全公共安全新机制，建设人民安全至要、国家利益至上的国家安全体系

健全公共安全体制机制，用制度优势和制度威力应对各种风险、化解公共危机，是推进社会治理制度创新的重要内容。2020 年春节前后突发的新型冠状病毒肺炎疫情肆虐蔓延，使人民生命财产和国家利益遭受重大损失，维护公共安全的社会治理任务被紧迫地提到国家治理现代化重要位置上来。这次疫情也是对我国治理体系和治理能力的一次大考。在以习近平同志为核心的党中央坚强领导下，我们依靠制度优势凝聚人心、提振士气，运用制度威力抑制疫情、化解风险，最大限度地保障人民群众的身体健康和生命安全。一方有难、八方支援、一声令下、举国行动。抗击疫情的实践再次表明，"构建统一指挥、专常兼备、反应灵敏、上下联动的应急管理体制，优化国家应急管理能力体系建设，提高防灾减灾救灾能力"②，是坚持以人民为中心健全公共安全体制机制的重

---

① 马克思：《〈政治经济学批判〉导言》，载《马克思恩格斯文集》第 8 卷，人民出版社，2009，第 6 页。

② 《中共中央关于坚持和完善中国特色社会主义制度、推进国家治理体系和治理能力现代化若干重大问题的决定》，人民出版社，2019，第 29 页。

要内容。多难兴邦。通过这次严重疫情的考验和锻炼，我国公共安全体系建设必将得到进一步完善，防范化解公共危机的社会治理能力必将得到历史性提升。

坚持以人民为中心构建公共安全体制机制，一个根本原则是把握好人民安全和国家利益的关系，坚持人民安全至要、坚持国家利益至上，并在实践过程中将两者有机地统一起来。人民是国家和社会的主人，人民至上、生命至上，人民群众身体健康和生命安全是最大的最紧要的公共安全，当人民群众的身体健康和生命财产受到重大威胁的时候，国家应当不惜一切代价、动员一切力量进行抢险、救灾、保护，同时也必须增强人民群众公共危机意识，依靠社会自身的力量抗御风险、维护安全。在我国，人民安全和国家利益是完全统一的，人民利益离不开国家利益，人民安全离不开国家安全。完善国家安全体系，既是公共安全体制机制建设的重要内容，又具有特殊的地位和意义。只有坚持人民安全至要和国家利益至上的有机统一，坚持总体国家安全观，健全国家安全体系，增强国家安全能力，人民群众的身体健康和生命财产安全才能得到更根本和更持久的保障，确保人民安居乐业、社会安定有序，建设更高水平的造福全体人民的平安中国。

第二讲

国家治理现代化中的制度自觉和制度创新

当代中国国家治理现代化,是在"两个大局"的背景中提出和推进的,一个是中华民族伟大复兴的战略全局,一个是世界百年未有之大变局。习近平总书记反复强调,这"两个大局",是我们谋划一切工作的基本出发点;把握"两个大局"、推进"两个大局",关键是"更加主动办好自己的事情"。① 在"两个大局"中推进国家治理现代化,既要更加坚定制度自觉和制度自信,又要更加推进制度改革和制度创新。突出强调制度建设对国家治理现代化的重大效能,深刻彰显了我国国家治理现代化中的制度创新逻辑。以高度的制度自觉和坚定的制度自信推进制度创新,不啻是推进国家治理现代化中的重中之重。

一、 制度自觉与制度自信

把制度建设摆到更加突出的位置,强调把我国制度优势更好转化为

---

① 习近平:《在推进中部地区崛起工作座谈会上的讲话》,载《习近平谈治国理政》第 3 卷,外文出版社,2020,第 77 页。

国家治理效能，深刻体现了以习近平同志为代表的当代中国共产党人坚定的制度自信。"中国特色社会主义制度和国家治理体系是以马克思主义为指导、植根中国大地、具有深厚中华文化根基、深得人民拥护的制度和治理体系，是具有强大生命力和巨大优越性的制度和治理体系，是能够持续推动拥有近14亿人口大国进步和发展、确保拥有5000多年文明史的中华民族实现'两个一百年'奋斗目标进而实现伟大复兴的制度和治理体系。"① 党的十九届四中全会《决定》这一精辟论断，堪称中国特色社会主义制度自信的最精彩表达。

不忘初心、牢记使命的中国共产党人，历来把建立和巩固社会主义制度、用制度体系保证人民当家作主作为自己坚定不移和坚持不懈的奋斗目标。把制度建设提到更加突出的位置，依托制度力量推进国家和社会治理现代化，运用制度威力应对前进道路上的风险挑战，坚持问题导向不断推进制度改革与创新，尤其是当代中国共产党人的坚定立场和鲜明品格。在2013年党的十八届三中全会上作关于全面深化改革若干重大问题的决定说明时，习近平总书记就明确指出："我们中国共产党人干革命、搞建设、抓改革，从来都是为了解决中国的现实问题。可以说，改革是由问题倒逼而产生，又在不断解决问题中得以深化。"他强调："35年来，我们用改革的办法解决了党和国家事业发展中的一系列问题。同时，在认识世界和改造世界的过程中，旧的问题解决了，新的问题又会产生，制度总是需要不断完善，因而改革既不可能一蹴而就，也不可能一劳永逸。"② 正是在不断解决重大问题、推进制度创新与完善的过程中，我们党坚定不移地把中国特色社会主义推进到新时代。

中国特色社会主义进入新时代，新时代中国特色社会主义仍然需要

---

① 《中共中央关于坚持和完善中国特色社会主义制度，推进国家治理体系和治理能力现代化若干重大问题的决定》，人民出版社，2019，第2—3页。

② 习近平：《关于〈中共中央关于全面深化改革若干重大问题的决定〉的说明》，载中共中央文献研究室编《习近平关于全面深化改革论述摘编》，中央文献出版社，2014，第8页。

在继续运用制度的力量深入解决重大问题中向前推进。当代中国面临的最突出的问题是什么呢？党的十八届三中全会后，习近平总书记在国内国际多个重要场合尖锐指出，突出的问题还是制度问题。他反复强调："我们现在所处的，是一个船到中流浪更急、人到半山路更陡的时候，是一个愈进愈难、愈进愈险而又不进则退、非进不可的时候。"① 改革进入"深水区"，需要解决的问题都是难啃的"硬骨头"；"深水区"和"硬骨头"的突出表现就是"制度性弊端、体制性障碍和利益固化藩篱"。在一些地方和领域，仍然存在着"有效制度供给不足、无用制度束缚严重"等制度性困扰，严重制约着经济健康发展和社会全面进步。比如，一些企业活力不足、效益不高，归根到底是由于没有建立起完善的市场配置资源起决定性作用的制度和机制；一些领导干部和公职人员从"乱作为"到"不作为"、从"懒政"到"庸政"，归根到底是由于没有建立起完善的调动干部积极性、更好发挥政府作用的制度和机制；"四风"顽症反复、腐败现象难禁，这更是与尚未完全形成"一体推进不敢腐、不能腐、不想腐体制机制"有着密切关系。种种现实问题表明，在新时代中国特色社会主义新征途上，必须坚决破除一切妨碍发展的体制机制障碍和利益固化藩篱，加快形成系统完备、科学规范、运行有效的制度体系，推动中国特色社会主义制度更加成熟更加定型。

党的十九届四中全会《决定》深刻分析我国现代化建设所处的历史方位和面临的突出问题，精辟指出，当今世界正经历百年未有之大变局，我国正处于实现中华民族伟大复兴的关键时期。**顺应时代潮流，适应我国社会主要矛盾新变化，统揽伟大斗争、伟大工程、伟大事业、伟大梦想，不断满足人民对美好生活新期待，战胜前进道路上的各种风险挑战，必须在坚持和完善中国特色社会主义制度、推进国家治理体系和治理能力现代化上下更大功夫。**习近平总书记在党的十九届四中全会上的讲话

第二讲 国家治理现代化中的制度自觉和制度创新

---

① 习近平：《在庆祝改革开放40周年大会上的讲话》，人民出版社，2018，第42页。

中进一步强调，党的十八届三中全会推出336项重大改革举措，经过5年多的努力，重要领域和关键环节改革成效显著，主要领域基础性制度体系基本形成，为推进国家治理体系和治理能力现代化打下了坚实基础，但是也要清醒地看到，"我们已经啃下了不少硬骨头但还有许多硬骨头要啃，我们攻克了不少难关但还有许多难关要攻克"，制度改革、创新和定型的任务依然很艰巨。"新时代改革开放具有许多新的内涵和特点，其中很重要的一点就是制度建设分量更重，改革更多面对的是深层次体制机制问题，对改革顶层设计的要求更高，对改革的系统性、整体性、协同性要求更强，相应地建章立制、构建体系的任务更重。"因此，谋划和推进新时代的全面深化改革，必须突出制度创新与定型这一重点，"以坚持和完善中国特色社会主义制度、推进国家治理体系和治理能力现代化为主轴，深刻把握我国发展要求和时代潮流，把制度建设和治理能力建设摆到更加突出的位置"，"推动各方面制度更加成熟更加定型"，更深入地推进国家治理体系和治理能力现代化。①

党的十九届四中全会《决定》站在全面建成社会主义现代化和实现中华民族伟大复兴中国梦的历史制高点上，系统总结了中国特色社会主义制度和国家治理体系的本质特征和显著优势，明确提出了推进制度定型、创新与优化的根本任务，把我们党对社会主义制度改革和建设的基本规律的认识提升到一个新的历史高度：**第一**，更加突出坚持和完善党的领导制度、用党的全面领导制度统领各项制度建设这一"重点"，明确强调健全提高党的执政能力和领导水平制度对于加强党的领导制度体系建设的重要性。**第二**，更加规范根本制度、基本制度、重要制度的科学内涵和相互关系这一"主体"，着力构建逻辑严谨、系统完备、科学规范、运行有效的制度体系。**第三**，更加彰显坚持和完善人民当家作主制度体系这一"根本"，深入探索如何发展社会主义民主政治、用制度体系

---

① 习近平：《关于〈中共中央关于坚持和完善中国特色社会主义制度、推进国家治理体系和治理能力现代化若干重大问题的决定〉的说明》，《人民日报》2019年11月6日。

保证人民当家作主。**第四，**更加坚持制度体系与治理体系、制度执行力与治理能力相互融合共同发力这一"逻辑"，明确部署需要进一步深化改革的重大任务、需要进一步扎实推进的重点工作。**第五，**更加凸显强化制度意识、维护制度权威这一"关键"，把增强制度执行力，运用制度威力应对风险、化解矛盾、推进事业渗透到制度建设的一切方面。以上重要内容和鲜明特色，深刻彰显了以习近平同志为代表的当代中国共产党人高度的制度自觉和坚定的制度自信。这一制度自觉和制度自信，无疑是在前进道路上进一步推进中国特色社会主义制度创新发展、更加凸显制度优势的最重要精神力量。

二、 制度特质与制度优势

高度的制度自觉、坚定的制度自信，建立在中国特色社会主义制度所蕴含的内在特质和所具有的独特优势基础之上。党的十九届四中全会《决定》从坚持党的集中统一领导、坚持人民当家作主、坚持全面依法治国、坚持集中力量办大事、坚持各民族一律平等、坚持社会主义基本经济制度、坚持共同的理想信念和价值理念、坚持以人民为中心的发展思想、坚持改革创新与时俱进、坚持聚天下英才而用之、坚持党指挥枪、坚持"一国两制"、坚持独立自主和对外开放相统一等十三个方面，系统总结了我国国家制度和治理体系的显著优势。这些显著优势有力表明，中国特色社会主义制度，是具有强大生命力和厚重发展潜力的先进制度，是持续推动当代中国一切发展进步的先进制度，是确保"两个一百年"奋斗目标和中华民族伟大复兴中国梦顺利实现的先进制度。这些显著制度优势，突出彰显了"党性"与"人民性"的有机统一、"改革性"与"定型化"的有机统一、"传承性"与"时代性"的有机统一等制度特质。

（一）"党性"与"人民性"有机统一，是中国特色社会主义制度最根本的特质

中国共产党人矢志不渝地为实现党的初心和使命而不懈奋斗，是近代以来中国一切社会变革的最重要因素和最根本保证。中国特色社会主义制度的最本质特征是中国共产党领导，最大优势是中国共产党领导。**中国共产党对中国特色社会主义全面领导的最根本逻辑，就是党是确保人民当家作主的最高政治领导力量**。坚持党的领导与人民当家作主的有机统一，既是中国特色社会主义制度的生成逻辑，又是中国特色社会主义制度的发展逻辑，是中国制度显著优势的本质所在。

1. "党性"与"人民性"有机统一的制度特质，深刻体现在中国特色社会主义制度是我们党在充分尊重人民群众的实际需求和首创精神、不断汲取人民群众伟大创造和实践经验的基础上形成的，具有深厚的群众基础和动员群众、凝聚民心的强大制度优势。

中国共产党是在中华民族处于最苦难时期应运而生的先进政党，是在中国人民谋求自身解放的斗争实践中发展壮大的先进政党，党同人民群众有着天然的血肉联系。坚决地相信人民群众、坚定地依靠人民群众，是中国共产党的本质属性，是党的坚强领导的根本源泉；从群众中来、到群众中去，一切依靠群众、一切为了群众，全心全意为人民的利益而奋斗，是党的根本路线和根本宗旨，是实现党的领导的根本出发点和落脚点。新中国建立初期，毛泽东就明确强调，紧紧依靠人民群众的主体力量，调动一切积极因素为社会主义事业服务，这是社会主义建设的"一个根本方针"。[①] 正是由于我们党紧紧依靠人民群众，充分调动工人、农民和广大知识分子的积极性，团结一切可以团结的力量，社会主义根本制度和基本制度才得以建立并不断巩固。改革开放新时期中国特色社会主义制度的形成和发展，更加鲜明地彰显了党的坚强领导与人民群众

---

① 毛泽东：《论十大关系》，载《毛泽东文集》第7卷，人民出版社，1999，第23页。

主体力量有机统一的内在逻辑。

新时期的改革开放，从本质意义上说是我国社会主义制度的一场伟大革命，这场革命的最鲜明标志，就是一切从中国实际出发，根据人民群众的实际需求确立社会主义制度建设的根本原则，汲取人民群众的实践经验增生社会主义制度的生机活力。改革开放实践表明，中国制度的最大生机蕴藏在人民群众对社会主义的首创精神之中，中国制度的最大活力体现在人民群众自主创造社会主义的伟大实践之中。邓小平反复强调，改革开放中的许多创造，中国特色社会主义制度的许多成功，都是"人民群众发明的，我只不过把它们概括起来，提出了方针政策"①。"农村搞家庭联产承包，这个发明权是农民的。农村改革中的许多好东西，都是基层创造出来，我们把它拿来加工提高作为全国的指导。"② 这些意味深长的精辟之论，深刻揭示了人民群众对社会主义的深刻理解和实践探索是社会主义制度自我革命的真正源头，深刻彰显了党的坚强领导与人民群众首创精神的有机统一是中国特色社会主义制度巩固发展的强大动力。

2. "党性"与"人民性"有机统一的制度特质，突出体现在中国特色社会主义制度始终坚持人民当家作主和以人民为中心的价值取向，具有厚重的人民底蕴和为了人民、造福人民的制度优势。

人民在国家制度中处于何种位置，是区分旧国家制度和新国家制度的根本标志。马克思指出："在君主制中是国家制度的人民，在民主制中则是人民的国家制度。""不是国家制度创造人民，而是人民创造国家制度。"③ 坚持人民在国家制度中的主体地位，依据人民的根本利益和主体意愿推进国家建设和国家治理，是社会主义制度的最本质特征。在筹划

① 邓小平：《总结历史是为了开辟未来》，载《邓小平文选》第 3 卷，人民出版社，1993，第 272 页。

② 邓小平：《在武昌、深圳、珠海、上海等地的谈话要点》，载《邓小平文选》第 3 卷，人民出版社，1993，第 382 页。

③ 马克思：《黑格尔法哲学批判》，载《马克思恩格斯全集》第 1 卷，人民出版社，1992，第 281 页。

新中国成立过程中，毛泽东就明确指出："我们是人民民主专政，各级政府都要加上'人民'二字，各种政权机关都要加上'人民'二字，如法院叫人民法院，军队叫人民解放军，以示和蒋介石政权不同"①。新中国成立以后，正是由于我们党坚定不移坚持人民当家作主的国家制度本质，依靠人民主体力量不断巩固和发展社会主义制度，才有力推进了社会主义建设，并为新时期改革开放和中国特色社会主义制度的形成与发展奠定了根本制度基础。

在中国共产党坚强领导下实现人民当家作主，是中国特色社会主义制度的最本质特征。党的领导与人民当家作主有机统一的制度特质，突出体现在：其一，人民是国家的主人，国家一切权力属于人民。人民当家作主的地位和作用，通过在中国共产党统一领导下，坚持和完善人民代表大会制度、中国共产党领导的多党合作和政治协商制度、民族区域自治制度、基层群众自治制度来不断巩固和实现。正是在根本制度、基本制度和一系列重要制度不断完善发展过程中，党的领导与人民的意志实现了有机统一。其二，中国共产党一贯高举人民民主的光辉旗帜，以实现和保证人民当家作主作为社会主义制度建立和巩固的根本基础，以体现人民意志、保障人民权益、激发人民创造活力作为社会主义制度改革和完善的根本任务，正是在"用制度体系保证人民当家作主"这一奋斗目标和价值取向上，党的坚强领导与人民当家作主实现了有机统一。

在制度建设的一切过程和各个层面坚持以人民为中心，是中国特色社会主义制度的最核心价值。这一制度价值取向集中体现在：其一，中国制度坚持以人民为宗旨，把实现公平正义、增进人民福祉作为根本出发点和落脚点；其二，中国制度坚持以人民为主体，把尊重人民主体地位、激发人民主体意识、调动最广大人民主体积极性作为根本依靠力量；其三，中国制度坚持以人民为中心，把不断实现好维护好发展好最广大

---

① 毛泽东：《在中共中央政治局会议上的报告和结论》，载《毛泽东文集》第5卷，人民出版社，1998，第136页。

了解机制、民意反应机制、民意集中机制、民意实现机制等，把民意作为创新社会治理制度的根本依据，转化为化解社会矛盾的强大社会力量。**三是扩大公民有序政治参与的利益调解机制。**政治是经济的集中表现，经济利益决定政治行为。社会矛盾和社会问题，归根到底都可以从经济利益方面找到根源；大众政治参与，不管形式如何，都与一定的利益关系和利益取向相关联。因此，扩大新时代公民政治参与，必须高度重视改革中的利益关系调整尤其是利益纠纷调解。实践表明，构建有利于扩大公民有序政治参与的利益调节机制，必须坚持公平正义、利益共享、社会共治的原则。**四是扩大公民有序政治参与的突发事件应对机制。**新时期人民内部矛盾的一个突出表现是群体性突发事件，这是一种非制度化、非理性化的政治参与行为。抓住问题苗头，通过社会调解机制、社会心理服务体系和危机干预机制，把突出的社会矛盾和突发事件化解在萌芽状态或初始状态，是扩大公民有序政治参与推进社会公共治理的重要环节。**五是扩大公民有序政治参与的政治沟通机制。**能否通过有序的公民政治参与化解社会矛盾，归根到底取决于能否沟通党委、政府与人民群众的密切联系，使党政决策能够及时地晓喻群众，使群众的呼声能够及时地进入党政决策视野。"有事好商量，众人的事情由众人商量，是人民民主的真谛。"[①] 沟通就是商量，政治沟通就是民主协商，这是依靠人民群众的力量化解社会矛盾、推进社会治理的最有效也是最重要的制度化渠道。

（二）进一步创新基层社会治理新格局，建设人人有责、人人尽责、人人享有的社会治理共同体

基层社区是人民群众共同生活的主要场所，以社区治理为主要载体的基层社会治理，是推进社会治理现代化的根本基础和强大动力。"基层

---

① 习近平：《决胜全面建成小康社会、夺取新时代中国特色社会主义伟大胜利——在中国共产党第十九次全国代表大会上的报告》，人民出版社，2017，第37—38页。

人民的根本利益作为根本价值目标。总之，在中国特色社会主义制度不断发展完善过程中，中国共产党坚持以人民为中心的价值理念得以充分坚持和有效彰显，从而使这一制度获得了最广大人民的认同、支持和参与而充满不竭活力。

（二）"改革性"与"定型化"有机统一，是中国特色社会主义制度最鲜明的特质

既坚持社会主义根本制度和基本制度不动摇，又立足中国实际、顺应时代要求，深入探索社会主义制度优越性的有效实现形式，并在不断深化改革中逐步实现制度定型化，这是中国特色社会主义制度深蕴的内在逻辑，也是最鲜明品格。

邓小平改革思想多维度地揭示了中国特色社会主义制度的这一鲜明特质：（1）改革是在社会主义制度下解放和发展生产力的必由之路。"改革的性质同过去的革命一样，也是为了扫除发展社会生产力的障碍，使中国摆脱贫穷落后的状态。"[1]（2）改革是完善和发展社会主义制度的根本手段。"改革是社会主义制度的自我完善，在一定的范围内也发生了某种程度的革命性变革。这是一件大事，表明我们已经开始找到了一条建设中国特色社会主义的路子。"[2]（3）改革是社会主义制度适应时代潮流、赶上时代步伐的强大动力。"我们要赶上时代，这是改革要达到的目的。"[3]（4）改革不是社会主义现行制度细枝末节的修补，而是一场"革命性的变革"[4]，"是中国的第二次革命"[5]。（5）社会主义制度改革是长

---

[1] 邓小平：《对中国改革的两种评价》，载《邓小平文选》第3卷，人民出版社，1993，第134页。

[2] 邓小平：《在中国共产党全国代表大会上的讲话》，载《邓小平文选》第3卷，人民出版社，1993，第142页。

[3] 邓小平：《改革步子要快》，载《邓小平文选》第3卷，人民出版社，1993，第242页。

[4] 邓小平：《对中国改革的两种评价》，载《邓小平文选》第3卷，人民出版社，1993，第134页。

[5] 邓小平：《改革是中国的第二次革命》，载《邓小平文选》第3卷，人民出版社，1993，第113页。

期的,"改革不只是看三年五年,而是要看二十年,要看下世纪的前五十年。这件事必须坚决干下去"①。(6)在不断深化改革中实现中国特色社会主义制度逐步定型。"恐怕再有三十年的时间,我们才会在各方面形成一整套更加成熟、更加定型的制度。在这个制度下的方针、政策,也将更加定型化。"②

从邓小平 1992 年明确提出"制度定型论",到 2012 年党的十八大胜利召开,我们党领导人民走过了 20 年制度改革和制度定型的不平凡历程。党的十八大以来,以习近平同志为代表的当代中国共产党人义无反顾地承负起在全面深化改革开放中实现中国特色社会主义制度更加成熟更加定型的历史性重任。2013 年 11 月召开的党的十八届三中全会,作出全面深化改革的重大决定,开启了中国特色社会主义制度走向"定型化"更为关键的十年新征程。2019 年 10 月召开的党的十九届四中全会,进一步开启了新时代实现制度"定型化"、走向制度现代化的新征程。

鲜明提出在全面推进国家治理现代化中实现制度现代化,在继续完成工业现代化、农业现代化、科技现代化、国防现代化的历史进程中,突出完成国家治理现代化、实现制度现代化的紧迫任务,这是进一步实现中国特色社会主义制度"改革性"与"定型化"有机统一的核心要义。包括根本制度、基本制度、重要制度在内的中国特色社会主义制度体系,正面临着一个全面提升现代化水平的历史性任务。习近平总书记在党的十九届四中全会上特别强调:"相比过去,新时代改革开放具有许多新的内涵和特点,其中很重要的一点就是制度建设分量更重,改革更多面对的是深层次体制机制问题,对改革顶层设计的要求更高,对改革的系统性、整体性、协同性要求更强,相应地建章立制、构建体系的任

---

① 邓小平:《抓住机遇,推进改革》,载《邓小平文选》第 3 卷,人民出版社,1993,第 131 页。

② 邓小平:《在武昌、深圳、珠海、上海等地的谈话要点》,载《邓小平文选》第 3 卷,人民出版社,1993,第 370 页。

务更重"。① 因此，新时代谋划全面深化改革、推进制度创新和定型，必须把实现制度现代化作为制度改革和制度定型有机统一的核心价值导向，着力完成制度现代化的历史任务，不断提升制度现代化促进国家治理现代化的制度效能。

（三）"传承性"与"时代性"有机统一，是中国特色社会主义制度最厚重的特质

国家是文明社会的概括，制度是文明进程的结晶。如何处理好传统政治文化与现代政治文明的关系，坚持制度创新的"传承性"与"时代性"的有机统一，是在新时代征途上完善和发展中国特色社会主义制度亟待深入回答和科学把握的一个关键性问题。党的十八大以来，习近平总书记站在历史与时代相交汇的制高点上，对如何实现中外制度文明包容互鉴作出了创造性的理论阐释和科学决策，从而为中国特色社会主义制度在守正创新中彰显优势指明了根本方向。

在创造性转化、创新性发展中华优秀传统政治文化中增生中国特色社会主义的制度优势。把中国特色社会主义与中华优秀传统文化有机联系在一起，强调在创造性转化、创新性发展传统文化中坚持和发展中国特色社会主义，为坚定中国特色社会主义道路自信、理论自信、制度自信、文化自信增生厚重的文化底气，是习近平新时代中国特色社会主义思想的重要内容，是在中国这块传统文化积淀深厚、影响深远的大地上推进制度改革和制度创新必须遵循的基本规律。

中国特色社会主义制度虽然是在改革开放进程中逐步形成的，但却是从历史深处走来，具有深厚的中华文化根基和历史生成逻辑。历史悠久的传统政治文明和制度文明，对中国特色社会主义制度的形成与发展发挥着独特的文化基础作用，是今天我们坚定制度自信、推进制度创新

---

① 习近平：《关于〈中共中央关于坚持和完善中国特色社会主义制度、推进国家治理体系和治理能力现代化若干重大问题的决定〉的说明》，《人民日报》2019 年 11 月 6 日。

不可或缺的文化自信和底气。正是由于中国共产党人本着"创造性转化、创新性发展"的科学态度积极吸纳传统政治文化中的优良因素和有益成分，立足中国实践，顺应时代要求，扎实推进体制改革和制度创新，才使中国特色社会主义制度具有了强盛的制度活力和厚重的文化底气，经受住了各种困难和风险的考验，成为社会主义中国在风云变幻的世界巍然屹立的中流砥柱。

在顺应时代潮流、借鉴人类政治文明成果中释放中国特色社会主义的制度优势。 当今世界，各种发展道路和社会制度竞争比较、优势互补，构成多元共存、多元共进的政治多极化、经济全球化、文化多元化、社会信息化的时代大潮流和发展大趋势，同时各种逆多极化、全球化思潮和行为也对世界发展大势构成严重挑战和潜在威胁。我们正面对着一个百年未有之大变局，在这一大变局中，中国制度愈益彰显着独特的制度优势和对世界走向的深远影响。中国制度之所以充满生机活力，之所以更加自信地走在时代前列、引领时代潮流，一个决定性因素就是以习近平同志为代表的当代中国共产党人，顺应人类文明发展大逻辑和大趋势，勇立时代潮头，坚持与时俱进，"以文明交流超越文明隔阂、文明互鉴超越文明冲突、文明共存超越文明优越"，推动不同文明"相互理解、相互尊重、相互信任"，① 从而不断增生中国制度的现代文明品格。

包括政治文明和制度文明在内的人类文明，是人类共同创造的成果，是人民勤劳与智慧的结晶。中国特色社会主义制度，既是中国共产党领导人民植根中国大地的独立自主的伟大创造，也是积极借鉴人类政治文明和制度文明的伟大创造。既传承历史，又顺应时代，并在理论与实践的双重探索中实现两者的有机统一，是中国特色社会主义制度特有的品格和内在的优势。习近平总书记曾指出："民主和人权是人类的共同追求，同时必须尊重各国人民自主选择本国发展道路的权利。中国人民实

---

① 习近平：《在"一带一路"国际合作高峰论坛开幕式上的演讲》，《人民日报》2017 年 5 月 15 日。

现中华民族伟大复兴中国梦的过程，本质上就是实现社会公平正义和不断推动人权事业发展的过程。"① 民主、法治、公平、正义、人权、安全、规则、程序，如此等等在人类文明进程中逐步形成、共同拥有的政治文明和制度文明成果，在中国特色社会主义制度形成和发展过程中得到了充分吸纳和深刻彰显，这正是我们面对当今世界各种风险挑战，既超越"文明冲突论""文明优越论"的偏见，又超越"文明阶级论""文明不可调和论"的困扰，在遵循人类文明普遍规律和发展大趋势中推进制度创新、彰显制度优势的坚定文明底气。

三、 制度之"重"与制度之"治"

在当代中国，制度建设之所以至关重要，具有"根本性、全局性、稳定性、长期性"意义，我们党之所以要把制度建设摆到更加突出的位置，一方面，基于中国特色社会主义制度所特有的本质和优势，它是党和人民在长期实践探索中形成的科学制度体系，是国家治理的最关键要素，改革开放以来，"我国国家治理一切工作和活动都依照中国特色社会主义制度展开，我国国家治理体系和治理能力是中国特色社会主义制度及其执行能力的集中体现"。② 另一方面，基于深入推进国家治理现代化的迫切需要，无论是改革发展面临的种种"制度短板"和"制度弱项"，还是前进道路上面对的艰巨任务和风险挑战，都迫切要求必须加大制度改革和制度定型的步伐，把制度创新贯穿于国家治理一切方面，把制度优势更好转化为国家治理效能，运用制度威力应对风险挑战、化解矛盾问题。总之，在全面推进社会主义现代化、实现中华民族伟大复兴中国梦的新时代新征途上，制度之"重"和制度之"治"不可分割地有机融

---

① 习近平：《在同美国总统奥巴马共同会见记者时的讲话》，载中共中央文献研究室编《习近平关于社会主义政治建设论述摘编》，中央文献出版社，2017，第19页。

② 《中共中央关于坚持和完善中国特色社会主义制度、推进国家治理体系和治理能力现代化若干重大问题的决定》，人民出版社，2019，第2页。

汇在一起。

新时代党的领导制度建设是一个完整的制度体系，蕴含着加强党的全面领导与全面从严治党有机统一的制度安排。在这一制度体系中，既突出了"完善坚定维护党中央权威和集中统一领导的各项制度""健全党的全面领导制度"，又凸显了"建立不忘初心、牢记使命的制度""健全为人民执政、靠人民执政各项制度""健全提高党的执政能力和领导水平制度"和"坚持党要管党、全面从严治党制度"。把加强党的全面领导与全面从严治党有机统一起来，在"加强"中体现"从严"、在"从严"中实现"加强"，是新时代党的领导制度体系建设的基本规律和内在逻辑。只有坚定不移遵循这一基本规律、坚持这一内在逻辑，才能更有力地推进党的领导制度体系建设，把党的领导的制度优势真正转化为国家治理效能。

中国共产党领导，从本质上说就是支持和保证人民当家作主。"坚持和完善人民当家作主制度体系，发展社会主义民主政治"，既是党的领导制度体系建设题中之义，又是本质规定。在新时代中国特色社会主义新征程上，只有始终坚持"我国是工人阶级领导的、以工农联盟为基础的人民民主专政的社会主义国家"这一"国体性质"，始终坚持"国家的一切权力属于人民"这一"根本属性"，不断巩固和完善人民代表大会制度这一根本制度，不断坚持和完善民族区域自治制度、基层群众自治制度、全面依法治国制度、权力制约和监督制度等等一系列重要制度，党的领导制度体系建设才能具有坚实的基础，充分发挥"总揽全局、协调各方的党的领导制度体系"在中国"制度之治"中的核心引领作用。

制度既是有形的、客观的，也是无形的、主观的。所谓有形制度，是指以国家意志制定的制度规章和在长期社会实践中形成的规范秩序，成为引导和维系国家运行、社会发展、个体行为的一种具有权威性的客观力量。所谓无形制度，则是指社会成员在长期制度实践中所养成的制度认同和制度意识。制度认同的本质是国家认同，制度意识的本质是国家意识，制度认同和制度意识从根本意义上说属于政治意识形态，对制度的贯彻执行和完善发展产生巨大的能动性反作用。

中国特色社会主义制度是我们党领导人民在改革开放和现代化建设实践中的伟大创造，是鲜明的制度意识作用于社会实践的伟大成果，深蕴着"有形制度"与"无形制度"的完美统一。在深入推进国家治理现代化实践中彰显制度之"重"，实现制度之"治"，就要进一步强化制度意识，坚决维护制度权威，充分释放中国特色社会主义制度推进国家治理现代化的强大制度效能。党的十九届四中全会《决定》要求："制度的生命力在于执行。各级党委和政府以及各级领导干部要切实强化制度意识、带头维护制度权威，做制度执行的表率，带动全党全社会自觉尊崇制度、严格执行制度、坚决维护制度。健全权威高效的制度执行机制，加强对制度执行的监督，坚决杜绝做选择、搞变通、打折扣的现象。"①这一严格要求，不啻是彰显中国制度之"重"中的"重中之重"、实现中国制度之"治"中的"关键之治"。

---

① 《中共中央关于坚持和完善中国特色社会主义制度、推进国家治理体系和治理能力现代化若干重大问题的决定》，人民出版社，2019，第42—43页。

第三讲

中国制度的内在逻辑和独特优势

制度是国家运行的基本架构，是社会发展的根本支撑，是"秩序"与"规则"的集中体现。中国共产党百年奋斗史所取得的最辉煌成就、所进行的最壮丽事业，莫过于领导全国各族人民打碎了旧的国家机器，建立了社会主义国家政权，并成功地推进了社会主义国家制度的建设和国家治理体系的逐步完善，从而为建立社会主义新秩序、开启社会主义现代化建设、不断提高人民生活水平提供了健全的制度安排和有力的制度保障。新中国 70 多年的历史，从根本意义上说，是一部社会主义制度建立巩固和变革发展的历史。在新时期改革开放伟大实践中明确形成并不断完善的中国特色社会主义制度，既承续了我们党关于社会主义制度不懈探索的宝贵经验，又凝结着改革开放 40 多年我们党在深化制度改革、推进制度创新中的政治智慧。**中国特色社会主义制度，深刻彰显了科学社会主义学说关于制度建设的理论逻辑与中国社会变革中制度建设的历史逻辑、实践逻辑的辩证统一。**

一、"党性" 与 "人民性" 的有机统一

为中国人民谋幸福，为中华民族谋复兴，是中国共产党人的初心和使命。这一初心和使命，集中体现了党的性质宗旨、理想信念、宏伟目标和百年奋斗历程。不忘初心、牢记使命，是我们党领导人民前赴后继、浴血奋战，推翻反动统治，消灭剥削制度，实现民族独立和人民解放的强大动力；不忘初心、牢记使命，也是我们党领导人民自力更生、艰苦奋斗，建立社会主义新中国，确立社会主义基本制度，实现伟大社会变革和人民当家作主的强大动力；不忘初心、牢记使命，更是我们党领导人民自觉进行伟大社会革命和深刻自我革命，通过改革开放建立中国特色社会主义制度，依托这一制度实现人民富裕、国家富强、民族振兴的强大动力。历史雄辩地表明，中国共产党人不忘初心、牢记使命，为实现党的初心和使命不懈奋斗，是近代以来中国一切社会变革的最重要因素和最根本保证。"中国特色社会主义最本质的特征是中国共产党领导，中国特色社会主义制度的最大优势是中国共产党领导。坚持和完善党的领导，是党和国家的根本所在、命脉所在，是全国各族人民的利益所在、幸福所在。"[1]

坚持党的领导与人民当家作主的有机统一，既是中国特色社会主义制度的生成逻辑，又是中国特色社会主义制度的发展逻辑，是中国特色社会主义制度的最大优势。**新时期的改革开放，从本质意义上说是我们党在深入总结社会主义历史经验基础上的一次伟大觉醒，是我国社会主义制度的一场伟大革命，"伟大觉醒"和"伟大革命"的最根本之处和最鲜明标志，就是一切从中国实际出发，根据人民群众的实际需求确立社会主义制度建设的根本原则，汲取人民群众的实践经验增生社会主义**

---

[1] 习近平：《在庆祝中国共产党成立 95 周年大会上的讲话》，人民出版社，2016，第 22 页。

制度的生机活力。改革开放初期，邓小平就反复强调，"贫穷不是社会主义，社会主义要消灭贫穷。不发展生产力，不提高人民的生活水平，不能说是符合社会主义要求的"①。"社会主义原则，第一是发展生产，第二是共同富裕。我们允许一部分人先好起来，一部分地区先好起来，目的是更快地实现共同富裕。"② 正是在把解放生产力、发展生产力作为根本任务，把实现共同富裕作为根本目标的初步改革开放实践中，以公有制为主体、允许多种所有制经济共同发展的中国特色社会主义经济制度和分配制度才得以逐步形成，并充分释放出解放生产力、创造社会物质财富的强大优势。根据改革开放的中国实践，1992 年邓小平在南方重要讲话中作出精辟论断："社会主义的本质，是解放生产力，发展生产力，消灭剥削，消除两极分化，最终达到共同富裕"③。这一科学论断，正是在深刻总结人民群众对社会主义的实际需求和切身体验基础上形成的，在科学社会主义发展史上具有重大创新意义。

中国特色社会主义制度的生机与活力从哪里来，改革开放实践雄辩表明，"生机"蕴藏在人民群众对社会主义的首创精神之中，"活力"体现在人民群众自主创造社会主义的伟大实践之中。 这是中国特色社会主义制度所特有的内在生成逻辑。关于这一制度逻辑，邓小平作出深刻阐释：改革开放中的许多创造，中国特色社会主义制度的许多成功，都是"人民群众发明的，我只不过把它们概括起来，提出了方针政策"④。"农村搞家庭联产承包，这个发明权是农民的。农村改革中的许多好东西，

---

① 邓小平：《政治上发展民主，经济上实行改革》，载《邓小平文选》第 3 卷，人民出版社，1993，第 116 页。

② 邓小平：《答美国记者迈克·华莱士问》，载《邓小平文选》第 3 卷，人民出版社，1993，第 172 页。

③ 邓小平：《在武昌、深圳、珠海、上海等地的谈话要点》，载《邓小平文选》第 3 卷，人民出版社，1993，第 373 页。

④ 邓小平：《总结历史是为了开辟未来》，载《邓小平文选》第 3 卷，人民出版社，1993，第 272 页。

都是基层创造出来，我们把它拿来加工提高作为全国的指导。"① "改革开放中许许多多的东西，都是由群众在实践中提出来的。报告（指党的十四大报告——引者注）中讲我的功绩，一定要放在集体领导范围内，绝不是一个人的脑筋就可以钻出什么新东西来，是群众的智慧，集体的智慧。我的功能是把这些新事物概括起来，加以提倡。"② 这些意味深长的精辟论述，深刻揭示了人民群众对社会主义的深刻理解和首创精神是社会主义制度自我革命的真正源头和强大动力，深刻彰显了党的坚强领导与人民群众伟大创造在中国特色社会主义制度形成发展过程中的有机统一。正是由于以邓小平为代表的中国共产党人对人民群众伟大实践和首创精神的高度尊重和大力支持，才有力推进了社会主义制度的自我革命，逐步形成了中国特色社会主义制度，创造了社会主义发展史上前所未有的伟大奇迹。

在制度建设的一切过程和各个层面坚持以人民为中心，是中国特色社会主义制度的最核心价值。党的十八大以来，以习近平同志为核心的党中央明确提出"坚持以人民为中心"的发展思想，赋予中国特色社会主义制度鲜明的人民立场和坚持以人民为中心的核心价值取向。党的十八届三中全会把"促进社会公平正义、增进人民福祉"作为全面深化改革、推进国家治理现代化、完善和发展中国特色社会主义制度的"根本出发点和落脚点"；党的十八届四中全会明确提出"人民是依法治国的主体和力量源泉"，强调"必须坚持法治建设为了人民、依靠人民、造福人民，保护人民，以保障人民权益为出发点和落脚点"；党的十八届五中全会明确提出"创新、协调、绿色、开放、共享"五大发展理念，把"坚持人民主体地位"作为全面建成小康社会必须遵循的首要原则；党的十八届六中全会则进一步强调"必须把全心全意为人民服务、保持党同人民群众的血肉联系

① 邓小平：《在武昌、深圳、珠海、上海等地的谈话要点》，载《邓小平文选》第3卷，人民出版社，1993，第382页。
② 邓小平：《对中共十四大报告送审稿的意见》，载中共中央文献研究室编《邓小平建设有中国特色社会主义论述专题摘编》（新编本），中央文献出版社，1995，第30—31页。

作为加强和规范党内政治生活的根本要求",为"坚持以人民为中心"奠定了根本政治保障。党的十九大深刻总结中国特色社会主义制度发展的历史经验,以习近平新时代中国特色社会主义思想为指导,明确提出"新时代坚持和发展中国特色社会主义"的十四条基本方略,其中第2条即"坚持以人民为中心",第5条即"坚持人民当家作主"。党的十九届四中全会深刻揭示,中国特色社会主义制度和治理体系所具有多方面显著优势,从根本意义上说是因为这一制度深深扎根人民,是坚持以人民为中心、深得人民拥护的制度和治理体系。党的十九届五中全会明确把"坚持以人民为中心"作为"十四五"时期经济社会发展必须遵循的一条基本原则。这一系列政治认识和政治纲领,使中国特色社会主义制度"坚持以人民为中心"的核心价值愈益凸显、内涵愈益丰满、指向愈益明确,愈加具有新时代的深刻内涵。

中国特色社会主义制度,是坚持人民民主、发展人民民主的根本制度。马克思主义指明,世上没有"纯粹民主""抽象民主",民主既不是只能为少数人所垄断和把玩的"奢侈品",也不可能是所有人都能拥有和掌握的"廉价品",民主总是同一定的政治制度相联系并为一定的利益关系服务的,具有鲜明的阶级性和利益性。历史上不同性质的国家制度,虽然大多标榜民主,但民主的实际价值意蕴并不完全相同,甚至大相径庭。中国儒家文化主张"民惟邦本,本固邦宁",中国封建社会制度也大多标榜自己是"民本"制度,但这个"民",是具有参与权和话语权的少数精英阶层即所谓"君子",而绝非广大劳动群众即传统政治文化中的"小人",这就是所谓"劳心者治人,劳力者治于人"。近代西方思想家倡导"以人为本,权利本位",现代资本主义国家也大多标榜自己是"民主"制度,这固然是人类民主制度的历史进步,但这种"民主"制度是与"资本"紧密联系的,是具有极大局限性的有限"民主",普通劳动群众很难完全拥有和真实使用,民主不过是垄断资产阶级的一种统治宣言和竞争手段罢了。在对历史上种种民主价值观和民主制度进行批判性继承的基础上,马克思主义深刻揭示了社会主义民主的价值本质，这就是，民主作为一种国家制度和国家形式，"意味着在形式上承认公民一律平等，承认大家都有决定国家制度和管理国家的平等权利"①。民主意味着人民进行统治和治理，拥有平等的参与国家治理的权利——这就是马克思主义民主观的精髓，这也就是社会主义民主政治制度的核心价值所在。坚持以人民为中心的中国特色社会主义制度，正是在不断发展和完善过程中深刻体现着、释放着马克思主义的民主观的巨大时代价值。

二、 "改革性" 与 "定型化" 的有机统一

社会主义制度不是一蹴而就、一劳永逸的，而是在自我调整与改革中不断自我完善的。改革开放是中国特色社会主义制度的最鲜明品格，在全面深化改革开放中实现制度逐步定型和优化，是当代中国改革开放的最根本任务，也是中国特色社会主义制度的最突出优势。

改革开放是社会主义制度的特有属性，也是社会主义制度不断走向完善的根本路径。科学社会主义创始人恩格斯明确指出："所谓'社会主义社会'不是一种一成不变的东西，而应当和其他任何社会制度一样，把它看成是经常变化和改革的社会。"② 新中国建立初期，毛泽东就对社会主义社会矛盾的客观性和改革的必然性进行了深入研究，明确指出，社会主义社会的基本矛盾"仍然是生产关系和生产力之间的矛盾，上层建筑和经济基础之间的矛盾。不过社会主义社会的这些矛盾，同旧社会的生产关系和生产力的矛盾、上层建筑和经济基础的矛盾，具有根本不同的性质和情况罢了"③。一切剥削制度社会的基本矛盾，导致的必然结果

---

① 列宁：《国家与革命》，载《列宁选集》第3卷，人民出版社，2012，第201页。

② 恩格斯：《致奥托·冯·伯尼克》，载《马克思恩格斯文集》第10卷，人民出版社，2009，第588页。

③ 毛泽东：《关于正确处理人民内部矛盾的问题》，载《毛泽东文集》第7卷，人民出版社，1999，第214页。

是旧制度被新制度所取代的革命，而社会主义社会的基本矛盾，导致的必然结果是社会主义制度自我调整与完善的改革。从制度调整的广度和深度来说，改革也是一场革命，但这是与制度更替所不同的一场革命。由于社会主义制度的改革前无古人、前所未有，没有成功的经验可以借鉴，因而20世纪六七十年代世界社会主义国家几乎都经历了先体制僵化后改革转向的沉重教训。正是在深刻总结苏联东欧国家历史经验尤其是我国"文化大革命"沉痛教训的基础上，1978年党的十一届三中全会拉开了当代中国改革开放的伟大序幕，开启了社会主义发展史上前所未有的伟大革命。持续40多年的改革开放，最重大成果是开创和发展了中国特色社会主义，为社会主义现代化建设提供了强大动力和制度保障；最深远影响是赋予中国特色社会主义制度以适合中国国情、适应人民需求和顺应时代发展的品格和活力，为充分释放社会主义制度的优越性开辟了正确道路。历史雄辩地表明，"中国特色社会主义之所以具有蓬勃生命力，就在于是实行改革开放的社会主义"。"只有改革开放才能发展中国、发展社会主义、发展马克思主义。中国特色社会主义在改革开放中产生，也必将在改革开放中发展壮大。"①

当代中国改革开放在制度创新上的突出贡献在于，既坚持社会主义根本制度和基本原则不动摇，又立足中国实际、顺应时代要求深入探索社会主义制度的有效实现形式，并在全面深化改革开放中逐步实现制度定型化。"改革性"与"定型化"的有机统一，是中国特色社会主义制度深蕴的内在逻辑。

在邓小平理论中，蕴含着深邃的制度改革思想，集中彰显了中国特色社会主义制度"改革性"与"定型化"有机统一的内在逻辑。主要表现在：

1. 改革是在社会主义制度下解放生产力和发展生产力的必由之路。

---

① 习近平：《全面贯彻落实党的十八大精神要突出抓好六个方面工作》，载中共中央文献研究室编《习近平关于全面深化改革论述摘编》，中央文献出版社，2014，第 1 页。

"革命是解放生产力，改革也是解放生产力。""过去，只讲在社会主义条件下发展生产力，没有讲还要通过改革解放生产力，不完全。应该把解放生产力和发展生产力两个都讲全了。"① "改革的性质同过去的革命一样，也是为了扫除发展社会生产力的障碍，使中国摆脱贫穷落后的状态。"② 因此，为了发展生产力，必须对传统的经济制度和经济体制进行深刻变革，这是在社会主义制度下发展生产力的"必由之路"③。

2. 改革是坚持和发展社会主义制度的根本手段。"改革促进了生产力的发展，引起了经济生活、社会生活、工作方式和精神状态的一系列深刻变化。改革是社会主义制度的自我完善，在一定的范围内也发生了某种程度的革命性变革。这是一件大事，表明我们已经开始找到了一条建设中国特色社会主义的路子。"④ 改革的一个重要指向是消除某些制度、体制中的官僚主义弊端。"官僚主义是小生产的产物，同社会化大生产是根本不相容的。"要实现社会主义现代化，"非克服官僚主义这个祸害不可"。"机构臃肿，层次重叠，手续繁杂，效率极低"，这些现象不是哪一个人的责任，而是我们制度中的某些弊端所致，"责任在于我们过去没有及时提出改革"。现在如果"再不实行改革，我们的现代化事业和社会主义事业就会被葬送"⑤。

3. 改革是使社会主义制度适应时代潮流、赶上时代步伐的强大动力。"现在世界突飞猛进地发展，科技领域更是如此，中国有句老话叫'日新月

---

① 邓小平：《在武昌、深圳、珠海、上海等地的谈话要点》，载《邓小平文选》第3卷，人民出版社，1993，第370页。

② 邓小平：《对中国改革的两种评价》，载《邓小平文选》第3卷，人民出版社，1993，第134页。

③ 邓小平：《改革是中国发展生产力的必由之路》，载《邓小平文选》第3卷，人民出版社，1993，第138页。

④ 邓小平：《在中国共产党全国代表会议上的讲话》，载《邓小平文选》第3卷，人民出版社，1993，第142页。

⑤ 邓小平：《解放思想，实事求是，团结一致向前看》，载《邓小平文选》第2卷，人民出版社，1994，第150页。

异'，真是这种情况。我们要赶上时代，这是改革要达到的目的。"① "现在的世界是开放的世界。"② "中国的发展离不开世界。"③ "三十几年的经验教训告诉我们，关起门来搞建设是不行的，发展不起来。"这就要求把改革和开放紧密结合起来，"对内把经济搞活，对外实行开放政策。"④ "社会主义要赢得与资本主义相比较的优势，就必须大胆吸收和借鉴人类社会创造的一切文明成果，吸收和借鉴当今世界各国包括资本主义发达国家的一切反映现代社会化生产规律的先进经营方式、管理方法。"⑤

正是从以上三个制度变革的维度，邓小平高屋建瓴地赋予当代中国改革以深邃的革命性意义。他明确指出，改革不是现行社会主义制度细枝末节的修补，而是一场"革命性的变革"⑥，"改革是中国的第二次革命"⑦，"是决定中国命运的一招"⑧。特别强调改革是长期的，"改革的意义，是为下一个十年和下世纪的前五十年奠定良好的持续发展的基础。没有改革就没有今后的持续发展。所以，改革不只是看三年五年，而是要看二十年，要看下世纪的前五十年。这件事必须坚决干下去"⑨。

也正是基于对制度变革的深刻性、长期性和艰巨性的战略思考，20世纪90年代初，在中国改革面临重大考验的关键时刻，邓小平在南方重

---

① 邓小平：《改革步子要快》，载《邓小平文选》第 3 卷，人民出版社，1993，第 242 页。

② 邓小平：《建设有中国特色的社会主义》，载《邓小平文选》第 3 卷，人民出版社，1993，第 64 页。

③ 邓小平：《我们的宏伟目标和根本政策》，载《邓小平文选》第 3 卷，人民出版社，1993，第 78 页。

④ 邓小平：《建设有中国特色的社会主义》，载《邓小平文选》第 3 卷，人民出版社，1993，第 65 页。

⑤ 邓小平：《在武昌、深圳、珠海、上海等地的谈话要点》，载《邓小平文选》第 3 卷，人民出版社，1993，第 373 页。

⑥ 邓小平：《对中国改革的两种评价》，载《邓小平文选》第 3 卷，人民出版社，1993，第 134 页。

⑦ 邓小平：《改革是中国的第二次革命》，载《邓小平文选》第 3 卷，人民出版社，1993，第 113 页。

⑧ 邓小平：《总结经验，使用人才》，载《邓小平文选》第 3 卷，人民出版社，1993，第 368 页。

⑨ 邓小平：《抓住机遇，推进改革》，载《邓小平文选》，人民出版社，1993，第 131 页。

要讲话中创造性地提出了"制度定型论":"恐怕再有三十年的时间,我们才会在各方面形成一整套更加成熟、更加定型的制度。在这个制度下的方针、政策,也将更加定型化"。① 这一论断高瞻远瞩、鞭辟入里,科学揭示了中国特色社会主义制度的发展规律和内在逻辑。从南方重要讲话到2012年党的十八大召开,我们已走过了20年的制度改革和逐步定型的过程,党的十八大以来,以习近平同志为核心的党中央义无反顾地承负起在继续深化改革开放中实现中国特色社会主义制度定型的历史性重任。2013年11月召开的党的十八届三中全会,作出全面深化改革的重大决定,开启了实现中国特色社会主义制度走向"定型化"更为关键的十年新征程。党的十八届三中全会明确指出,到2020年,我们将"在重要领域和关键环节改革上取得决定性成果","形成系统完备、科学规范、运行有效的制度体系,使各方面制度更加成熟更加定型"。② 党的十九大从"坚持和发展中国特色社会主义基本方略"的高度,对全面深化改革和推进制度定型作出明确定位:"必须坚持和完善中国特色社会主义制度,不断推进国家治理体系和治理能力现代化,坚决破除一切不合时宜的思想观念和体制机制弊端,突破利益固化的藩篱,吸收人类文明有益成果,构建系统完备、科学规范、运行有效的制度体系,充分发挥我国社会主义制度优越性。"③ 中国特色社会主义进入新时代,制度变革与定型迈上了新征程,这既是我们党领导人民进行的"伟大社会革命",也是我们党的"伟大自我革命","必须一以贯之进行下去"。④

关于中国特色社会主义制度"改革性"与"定型化"有机统一的基本规律和内在逻辑,习近平总书记用"两个半程"的重要论述进行了深

① 邓小平:《在武昌、深圳、珠海、上海等地的谈话要点》,载《邓小平文选》第3卷,人民出版社,1993,第370页。

② 《中共中央关于全面深化改革若干重大问题的决定》,人民出版社,2013,第7页。

③ 习近平:《决胜全面建成小康社会,夺取新时代中国特色社会主义伟大胜利——在中国共产党第十九次全国代表大会上的报告》,人民出版社,2017,第21页。

④ 习近平:《在学习贯彻党的十九大精神研讨班开班式上的讲话》,《人民日报》2018年1月6日。

刻表达。2014 年春，在省部级主要领导干部学习贯彻十八届三中全会精神全面深化改革专题研讨班上的重要讲话中，习近平总书记精辟指出："从形成更加成熟更加定型的制度看，我国社会主义实践的前半程已经走过了，前半程我们的主要历史任务是建立社会主义基本制度，并在这个基础上进行改革，现在已经有了很好的基础。后半程，我们的主要历史任务是完善和发展中国特色社会主义制度，为党和国家事业发展、为人民幸福安康、为社会和谐稳定、为国家长治久安提供一整套更完备、更稳定、更管用的制度体系。这项工程极为宏大，零敲碎打调整不行，碎片化修补也不行，必须是全面的系统的改革和改进，是各领域改革和改进的联动和集成，在国家治理体系和治理能力现代化上形成总体效应、取得总体效果"[①]。鲜明提出在全面推进国家治理现代化中实现制度现代化，既具有历史传承性，又具有时代开创性，既是深入完成邓小平提出的"制度定型"后十年改革任务的基本出发点，又创造性地开辟了实现"制度优化"的改革新境界。明确提出改革"后半程"的重大意义在于，在中国特色社会主义制度基本定型的基础上，在继续完成工业现代化、农业现代化、科技现代化、国防现代化的历史进程中，突出完成国家治理现代化、实现制度现代化的紧迫任务。这既是当代中国全面深化改革的关键节点，又是充分释放中国特色社会主义制度在中国现代化历史进程中的独特优势的关键所在。

制度是国家运行的根本架构，是社会发展的根本支撑，是"规则"与"程序"的根本体现。**中国特色社会主义进入新时代，对制度改革和制度定型提出了新要求。包括政治制度、经济制度、文化制度、社会制度、生态制度、政党制度以及各种类型具体制度和体制机制在内的中国特色社会主义制度，正面临着一个全面提升现代化水平的历史性任务。**

[①]　习近平：《在省部级主要领导干部学习贯彻十八届三中全会精神全面深化改革专题研讨班上的讲话》，载中共中央文献研究室编《习近平关于全面深化改革论述摘编》，中央文献出版社，2014，第 27 页。

从根本意义上说，社会现代化的本质和关键是制度现代化。以中国特色社会主义制度基本定型为依托，全面深化体制改革和制度创新，着力推进国家治理体系和治理能力现代化，从根本意义上说就是实现制度现代化的一场伟大的制度革命。我国新时期前30多年的改革，重点解决的是如何调整生产关系和社会关系，解放和发展社会生产力、解放和释放社会活力，消除贫困、实现人民富裕等重大现实问题，在这样一种改革历史进程中，如何提升制度现代化水平，这样一个重大的根本性的改革任务，被逐步地凸显出来。邓小平的"制度定型论"和习近平总书记的"两个半程论"，就是关于中国改革进程中制度现代化核心价值取向的内在逻辑证明。习近平总书记深刻指出："现在，改革到了一个新的重要关头，推进改革的复杂程度、敏感程度、艰巨程度，一点都不亚于三十多年前。"[1]"我们现在所处的，是一个船到中流浪更急、人道半山路更陡的时候，是一个愈进愈难、愈进愈险而又不进则退、非进不可的时候。改革开放已走过千山万水，但仍需跋山涉水，摆在全党全国各族人民面前的使命更光荣、任务更艰巨、挑战更严峻、工作更伟大。"[2]习近平总书记突出强调，当前面临的突出问题是，"我们的制度还没有达到更加成熟更加定型的要求，有些方面甚至成为制约我们发展和稳定的重要因素"。因此，"我们必须适应国家现代化总进程"，着力完成制度现代化的历史任务，"实现党、国家、社会各项事务治理制度化、规范化、程序化，不断提高运用中国特色社会主义制度有效治理国家的能力"。[3]这些精辟论述，深刻指明了在推进国家治理体系和治理能力现代化中实现制度优化与定型化的改革方向和改革任务，无疑这也是进一步促进中国特色社会

---

[1] 习近平：《在中共十八届三中全会第二次全体会议上的讲话》，载中共中央文献研究室编《习近平关于协调推进"四个全面"战略布局论述摘编》，中央文献出版社，2015，第64页。

[2] 习近平：《在庆祝改革开放40周年大会上的讲话》，人民出版社，2018，第42页。

[3] 习近平：《在省部级主要领导干部学习贯彻十八届三中全会精神全面深化改革专题研讨班上的讲话》，载中共中央文献研究室编《习近平关于全面深化改革论述摘编》，中央文献出版社，2014，第28—29页。

主义制度在"改革性"与"定型化"有机统一过程中进一步彰显制度优势的最紧迫任务。

党的十九大之后，在以习近平同志为核心的党中央坚强领导下，开始了深化制度改革与定型的新的伟大革命。党的十九届三中全会启动的党和国家机构改革，"是全面深化改革的一个重大动作，是推进国家治理体系和治理能力现代化的一次集中行动"，"是对党和国家组织结构和管理体制的一次系统性、整体性重构"。① 自此之后，改革自上而下全面展开、深入推进，披荆斩棘、成效卓著，在"重构性健全"党的领导体系、政府治理体系、武装力量体系、群团工作体系等方面取得了重大的理论成果、实践成果和制度成果，在推进党和国家领导制度、组织制度改革与定型相统一方面又迈出了至关重要的一步，为完善和发展中国特色社会主义制度、推进国家治理体系和治理能力现代化提供了有力的组织保障。习近平总书记深刻指出："完成组织架构重建、实现机构职能调整，只是解决了'面'上的问题，真正发生'化学反应'，还有大量工作要做。"② 全面落实党的十八届三中全会部署的推进国家治理现代化、实现制度现代化的重大改革措施，是中国特色社会主义制度走向完全定型化的关键环节和硬性任务，我们必须"乘势而上、尽锐出战，继续打硬仗、啃硬骨头"③，集中力量实现重要领域和关键环节制度改革与创新的重大突破。

三、"传承性"与"时代性"的有机统一

"国家是文明社会的概括。"④ 恩格斯的这一精辟论断，深刻指明了

---

① 习近平：《在深化党和国家机构改革总结会议上的讲话》，《人民日报》2019 年 7 月 6 日。

② 同上。

③ 同上。

④ 恩格斯：《家庭、私有制和国家的起源》，载《马克思恩格斯选集》第 4 卷，人民出版社，1995，第 176 页。

国家制度在人类文明进程中的性质、地位与功能：**其一，任何国家制度，都具有一定的"文明传承性"**，深受传统政治文化的影响，是已有社会文明制度的"概括"。"我们自己创造着我们的历史，但是第一，我们是在十分确定的前提和条件下创造的。其中经济的前提和条件归根到底是决定性的。但是政治等等的前提和条件，甚至那些萦回于人们头脑中的传统，也起着一定的作用。"[①] **其二，任何国家制度，都具有很强的"文明规定性"**，承担着"秩序"与"规则"的功能，是现存社会文明秩序的"概括"。"国家是社会在一定发展阶段上的产物；国家是承认：这个社会陷入了不可解决的自我矛盾，分裂为不可调和的对立面而无力摆脱这些对立面。而为了使这些对立面、这些经济利益互相冲突的阶级，不致在无谓的斗争中把自己和社会消灭，就需要有一种表面上凌驾于社会之上的力量。这种力量应当缓和冲突，把冲突保持在'秩序'的范围之内；这种从社会中产生但又自居于社会之上并且日益同社会相异化的力量，就是国家。"[②] **其三，任何国家制度，都具有鲜明的"文明适应性"**，在适应社会文明需求中调整与完善自己。能否适应人民的需要保护人民的利益，直接决定着国家制度的命运。"人民是否有权来为自己建立新的国家制度呢？对这个问题的回答应该是绝对肯定的，因为国家制度如果不再真正表现人民的意志，那它就变成有名无实的东西了。"[③] 以上三个方面，可以说是人类社会国家制度史彰显的普遍规律。这些普遍规律，对于中国特色社会主义制度的完善与发展，也具有深刻的启迪意义。如何处理好"传统政治文化"与"现代政治文明"的关系，坚持制度创新的"传承性"与"时代性"的有机统一，不啻是在新时代征途上完善和发展中国特色社会主义制度亟待深入回答和科学把握的一个关键性问题。

---

① 恩格斯：《致约·布洛赫》，载《马克思恩格斯选集》第 4 卷，人民出版社，1995，第 696 页。

② 恩格斯：《家庭、私有制和国家的起源》，载《马克思恩格斯文集》第 4 卷，人民出版社，2009，第 189 页。

③ 马克思：《黑格尔法哲学批判》，载《马克思恩格斯全集》第 1 卷，第 316 页。

作为中国特色社会主义重要组成部分的中国制度，同样蕴含着中华传统文化尤其是传统政治文化中的许多积极因素。历史悠久的传统政治文明和制度文明，对中国特色社会主义制度的形成与发展发挥着不可或缺的文化基础作用，是今天我们坚定制度自信不可或缺的文化自信底气。

中国特色社会主义制度深蕴的传统政治文化因素和政治文明基因，突出体现在：

1. 人文至上的政治理念。中华文明与西方文明的一个根本区别是，中华文明以"人"为中心，西方文明则以"神"为中心；中华文明十分注重人与人关系的调适，而西方文明则更多地以如何处理人与神的关系为准则。在中华传统政治文化中，"人文"一词起源很早。《易经》明确强调："刚柔交错，天文也；文明以止，人文也。观乎天文，以察时变；观乎人文，以化成天下。"中华政治文明将"天文"与"人文"放在对等的地位，突出强调了对人文的重视程度。人文精神的核心是对人的尊崇。中华传统政治文化强调，"惟天地，万物父母；惟人，万物之灵。"天地是万物之父母，而人则是万物之生灵。中国虽然也有宗教，也有神学，但宗教和神学从来没有像欧洲那样处于至高无上的地位。中华传统政治文化所崇拜的是祖先，注重的是祭祀，这实际上是一种人文崇拜，崇拜和祭祀那些对自我生存与发展具有重大影响或作出突出贡献的人，这就是以人为中心、以人为主体的中华政治文明。

2. 修齐治平的政治理想。修身、齐家、治国、平天下，是历代有识之士所追求的人生最高境界，集中体现了中华传统政治文化的政治理想，最基础的是注重政治道德修养和政治人格完善。孔子"朝闻道，夕死可矣"倡导"杀身以成仁"。孟子"舍生而取义"追求"富贵不能淫，贫贱不能移，威武不能屈"的完美政治人生。在中国传统政治文化视域中，道德和智能完善的人就是圣贤，只要加强自我修养，"人皆可以为尧舜"。圣贤并不是天生的，而是通过自身的刻苦修养才能达到。这就是孟子所总结的，"天将降大任于斯人也，必先苦其心志，劳其筋骨，饿其体肤，空乏其身，行拂乱其所为，所以动心忍性，曾益其所不能。"修身离不开自我反省，也离不开向他人学习。孔子说："见贤思齐焉，见不贤而内自省也。"儒家思想的这些古训发展为宋明理学，则成为以"天理"为核心的伦理世界观和道德观。"为天地立心，为生民立命，为往圣继学，为万世开太平"，可以说是中华传统政治文化所追求的"立德修身"精神的最高境界。

3. 家国一体的政治情怀。在中华传统政治文化中，家国融为一体，国是大的家、家是小的国，保家和卫国完美地统一在一起。国泰民安、国富民丰，寄托着中华儿女对国家繁荣的殷殷期望；精忠报国、以身许国，表达着中华儿女对国家利益的默默奉献；国尔忘家、位卑未敢忘忧国，渗透着中华儿女对国家安危的深深忧思……如此浓烈的家国情怀，源于崇尚群体利益的价值观。群体利益高于个体利益，群体发展先于个体发展，这是中华民族在长期发展过程中形成的鲜明的民族品格。小到家庭，大到国家、民族，都是群。个体是小我，群体是大我，群体的最高境界就是"公"。"大道之行，天下为公。"这是中华传统政治文化对人类政治文明的独特贡献。

4. 追求中和的政治境界。古人从阴阳交替的朴素辩证法出发，提出了"中和之境"和"中庸之道"，作为处理人与人、人与社会、人与自然的关系乃至治国理政的基本准则。中的本意是中间、中央，不偏不倚、不走极端；和的本意是声音和谐、和顺，是美的最高境界。"中也者，天下之大本也；和也者，天下之大道也。致中和，天地位焉，万物育焉。"古人甚至主张，"天下莫尚于中和"。在中华传统政治文化中，"中和之境"表现在多个方面：中和是执政的准绳，"故公平者，职之衡也；中和者，听之绳也"。只有执中和之道，才能实现关系平衡、天下太平。中和是为人的标准，只有为人谦和、文质彬彬，才称得上是君子。中和还是审美的追求，如"乐而不淫""哀而不伤"。中和也是处理各种关系的准则，这就是"礼之用，和为贵"。

5. 崇尚整体的政治思维。中华政治文明在认识事物上一个独特的贡献，就是把"天、地、人"三要素视为一个有机的整体，从而引申出一系列独具特色的世界观与方法论。《易经》提出"是以立天之道曰阴与阳，立地之道曰柔与刚，立人之道曰仁与义。"可谓整体政治思维的集中体现。以"小"见"大"，见"微"知"著"，深刻反映了中华文明先哲们在治理国家和社会上的政治智慧。

以上五个方面，足以说明，**内容博大、思想精深的中华传统政治文化，对于中国特色社会主义制度的形成，具有潜移默化的文化奠基作用；对于中国特色社会主义政治文明和制度文明的发展，具有培根铸魂的文化源流作用。**正是由于中国共产党人本着"创造性转化、创新性发展"的态度积极吸纳传统政治文化中的积极因素和有益成分，立足中国实践，顺应时代要求，扎实推进体制改革和制度创新，才使中国特色社会主义制度具有了强盛的制度活力和厚重的文化底气，经受住了各种困难和风险的考验，成为社会主义新中国巍然屹立的中流砥柱。

中国特色社会主义制度既具有厚重的文化传承性，又具有深远的文化时代性。这就是，以开放包容的姿态对待人类文明、顺应时代潮流，积极借鉴人类政治文明和制度文明成果来发展自己和壮大自己。这是改革开放的中国之所以充满制度自信的又一种文化底气，是中国特色社会主义制度必将支撑中国人民走向美好生活、中华民族走向伟大复兴的一个重要因素。

当今世界，各种发展道路和社会制度竞争比较、优势互补，构成多元共存、多元共进的政治多极化、经济全球化、文化多元化、社会信息化的时代大潮流和发展大趋势，同时各种逆多极化、全球化思潮和行为也对世界发展大势构成严重挑战和潜在威胁。我们正面对着一个百年未有之大变局。在这一大变局中，中国道路愈益显示出强盛的竞争力和广泛的凝聚力，中国制度愈益彰显着独特的制度优势和对世界走向的深远影响。**中国道路、中国制度之所以充满生机活力，之所以更加自信地走**

在时代前列、引领时代潮流，一个决定性因素就是以习近平同志为代表的当代中国共产党人，顺应人类文明发展大逻辑和大趋势，勇立时代潮头，坚持与时俱进，不断拓展中国道路的现代文明视野，不断增生中国制度的现代文明品格，形成了胸怀博大、视野宽广、内涵丰富的新文明观。这是习近平新时代中国特色社会主义思想的重要内容，是我们在面对各种不稳定不确定因素和严峻风险挑战中愈加充满道路自信和制度自信的锐利思想武器。

包括政治文明和制度文明在内的人类文明，是人类共同创造的成果，是人类勤劳与智慧的结晶。然而长期以来，在如何认识和对待世界文明尤其是政治文明和制度文明上，却存在着种种偏见和困惑。西方一些人大肆宣扬"文明冲突论""文明优越论"，奉行文明霸权主义，认为不同文明间的冲突将主宰全球政治，东方文明已经失去它应有的生机，"历史已经终结"。我们队伍中的一些人则固守"文明阶级论""文明不可调和论"的传统思维，把意识形态和社会制度作为衡量文明优劣的唯一标准，认为只有社会主义文明才是真正文明，西方文明则是"腐朽的、没落的"。习近平新文明观的重大现实意义和深远时代价值就在于，深入揭示人类文明"多彩、平等、包容"的演进规律，深刻把握人类文明发展大势，大力倡导"以文明交流超越文明隔阂、文明互鉴超越文明冲突、文明共存超越文明优越"，推动不同文明"相互理解、相互尊重、相互信任"，① 积极推动构建人类命运共同体。

中国特色社会主义制度，既是中国共产党领导人民从中国实际出发独立自主的伟大创造，也是积极借鉴人类政治文明和制度文明成果的现代文明结晶。习近平总书记曾指出："民主和人权是人类共同追求，同时必须尊重各国人民自主选择本国发展道路的权利。中国人民实现中华民族伟大复兴中国梦的过程，本质上就是实现社会公平正义和不断推动人

---

① 习近平：《在"一带一路"国际合作高峰论坛开幕式上的演讲》，《人民日报》2017 年 5 月 15 日。

权事业发展的过程。"① 民主、法治、公平、正义、人权、安全、规则、秩序等等人类政治文明共同拥有和遵循的政治文明和制度文明成果，在中国特色社会主义制度形成与发展过程中得到了充分吸纳和彰显。在深入开展"一带一路"国际合作、深入推进构建人类命运共同体的历史进程中，海纳百川、有容乃大的中国特色社会主义制度必将进一步巩固壮大，充分彰显独特的制度优势，为实现中华民族伟大复兴、推动人类政治文明共建共享作出更大的制度贡献！

---

① 习近平：《在同美国总统奥巴马共同会见记者时的讲话》，载中共中央文献研究室编《习近平关于社会主义政治建设论述摘编》，中央文献出版社，2017年，第19页。

第四讲

现代国家治理的基本要素与
当代中国国家治理的政治逻辑

以坚持和完善中国特色社会主义制度，推进国家治理体系和治理能力现代化为突出标志，中国特色社会主义进入新时代。这是当代中国共产党人面对新的形势和新的任务实现的新的政治觉醒。党的十八届三中全会以来，以习近平同志为核心的党中央坚持以人民为中心、以问题为导向、以创新为引领、以制度为保障，在推进国家治理现代化方面实施了一系列重大改革措施，注重从政治的高度提出、回答和解决当代中国面临的重大问题，有力发挥了政治上层建筑对经济基础和社会发展的能动推进作用，卓有成效地将中国特色社会主义不断推向前进。党的十九届四中全会作出坚持和完善中国特色社会主义制度、推进国家治理体系和治理能力现代化的重大决定，进一步开辟了当代中国制度之治和国家治理现代化的新境界、新征程。以制度现代化推进国家治理现代化，既符合现代国家治理的基本规律，又切合当代中国发展的实际情况，具有深邃的政治逻辑。

一、 现代国家治理的基本要素

国家是从社会中分离出来凌驾于社会之上的公共机构，因而有了国家，就相应地有了如何加强对国家治理的问题。马克思主义国家学说深刻揭示了国家治理的动因和目的。恩格斯指出："政治权力在对社会独立起来并且从公仆变为主人以后，可以朝着两个方向起作用。或者按照合乎规律的经济发展的精神和方向去起作用，在这种情况下，它和经济发展之间没有任何冲突，经济发展加快速度。或者违反经济发展而起作用，在这种情况下，除去少数例外，它照例总是在经济发展的压力下陷入崩溃。"① **加强国家治理的根本目的，就是要保证国家机构和国家权力朝着有利于经济社会发展的任何方向起保护和促进作用，而防止和消除违反经济社会发展方向的任何国家行为，尤其"防止国家和国家机关由社会公仆变为社会主人"②。在这一关系国家运行方向的重大问题上，传统国家与现代国家的根本区别在于：传统国家主要是依靠君主的政治权威、治理智慧和人格力量来维系和促进国家健康运行；而现代国家则主要是依靠民主的力量和法律、制度的权威来有效地治理国家。**政治学意义上的"现代国家"，当然主要是指一定政党执政的、实现现代议会制度的资产阶级国家。社会主义国家虽然在本质上说已不是原来意义上的国家了，而是一种过渡型的国家或者是列宁所说的"半国家"③，但是社会主义社会依然离不开国家，社会主义国家依然传承了以往国家的许多功能与表征，所以说现代国家的许多治理要素，在社会主义国家同样适用、同样必须。不过是，社会主义国家的治理要素最大限度地克服了资本主义国家形式与内容相脱节的弊端，在确保人民是国家的主人这一国家本质的

---

① 《马克思恩格斯选集》第 3 卷，人民出版社，1995，第 526 页。
② 同上书，第 12 页。
③ 列宁：《马克思主义论国家》，人民出版社，1964，第 52 页。

基础上逐步实现了形式与内容的有机统一。

在社会主义条件下推进国家治理，起码应具有以下六个方面基本要素：

（一）现代民主

是君主制还是民主制，这是传统国家与现代国家的根本区别。马克思指明："民主制是作为类概念的国家制。君主制则只是国家制度的一种，并且是不好的一种。"① 马克思还深刻揭示了君主制与民主制的实质区别："在君主制中是国家制度的人民；在民主制中是人民的国家制度"。② 国家制度由人民创造，并由人民共治共享，这是现代国家的本质特征，也是现代国家治理的首要因素。民主的一般意义是指"人民的权力"或"人民进行统治"，实现这一民主内涵的根本依托就是国家。马克思指出："人民是否有权来为自己建立新的国家制度呢？对这个问题的回答应该是绝对肯定的。因为国家制度如果不再真正表现为人民的意志，那它就变成有名无实的东西了。"③ 在对历史上民主形态进行价值批判的基础上，马克思主义深刻揭示了社会主义民主的价值本质，这就是，民主"意味着在形式上承认公民一律平等，承认大家都有决定国家制度和管理国家的平等权利"④。人民真正成为国家的主人，拥有平等的参与国家治理的权利——这就是马克思主义民主观的精髓，也是社会主义国家治理的核心价值所在。

（二）现代制度

现代民主不是杂乱无章的状态，更不是各行其是的无政府主义，而是一定制度规范下的参与国家行为。国家是社会发展到一定阶段上的产

---

① 《马克思恩格斯全集》第1卷，人民出版社，1972，第280页。
② 同上书，第281页。
③ 同上书，第316页。
④ 《列宁选集》第3卷，人民出版社，2012，第201页。

物，社会之所以需要国家，是因为"这个社会陷入了不可解决的自我矛盾，分裂为不可调和的对立面而又无力摆脱这些对立面。而为了使这些对立面，这些经济利益互相冲突的阶级，不致在无谓的斗争中把自己和社会消灭，就需要有一种表面上凌驾于社会之上的力量。这种力量应当缓和冲突，把冲突保持在'秩序'的范围以内；这种从社会中产生但又自居于社会之上并且日益同社会相异化的力量，就是国家"①。因此从本质意义上说，国家即社会发展的"秩序"，而"秩序"的最大权威即制度。在现代社会，国家调节社会矛盾、促进社会进步的主要政策是通过各类制度来体现和实现的。随着生产力的发展和现代科技进步，制约和规范经济社会发展的制度愈益覆盖社会各个领域和各个层面，包括政治制度、经济制度、社会制度、文化制度、生态制度、政党制度等，以及作为根本制度、基本制度具体展开和具体实现的体制和机制。制度是现代国家治理的根本支撑，对国家机器的正常运作和经济、社会生活产生非常直接的有效的影响作用。正如恩格斯在谈到政治对经济的反作用时举例认为，"国家就是通过保护关税、贸易自由、好的或者坏的财政制度发生作用的"。② 在现代国家，民主的制度化尤为重要。无论是"多数人决定"，还是"保护少数人利益"，民主的任何原则都不能仅仅停留在善良的主观愿望和清醒的道德约束上，而必须落实为实际而有效的制度设计、制度安排和制度建构。现代制度是现代国家最重要的资源，"制度问题更带有根本性、全局性、稳定性和长期性"。③ 只有依托民主化的现代制度，国家治理现代化才能成为可能。

（三）现代法治

法律是国家的象征，是掌握国家管理权力的统治阶级的意志的表现；

---

① 《马克思恩格斯选集》第 4 卷，人民出版社，1972，第 170 页。
② 同上书，第 506 页。
③ 《邓小平文选》第 2 卷，人民出版社，1994，第 333 页。

国家管理权力通过立法和法律实施，对经济和社会生活产生根本性甚至全局性影响作用。现代国家与传统国家的一个根本性区别，就在于是依法治国还是以人治国。传统国家也有法律，有的也讲法治，但那种法律和法治不过是维护君主专制的一种工具，不可能从国家治理层面体现人民的意志。而"在现代国家中，法不仅必须适应于总的经济状况，不仅必须是它的表现，而且还必须是不因为内在矛盾而相抵触的一种内部和谐一致的表现"①。这也就是说，在现代国家，法律是人民的意志，适应经济社会发展状况，对调解社会矛盾、实现社会和谐发挥重要作用。马克思深刻揭示：现代国家的"法律应该是社会共同的、由一定物质生产方式所产生的利益和需要的表现，而不是单个的个人恣意横行"②。当然即使在现代国家，法律也不是孤立的、绝对的，法律的制定和实施离不开民主的权威和道德的力量。不同类型国家的发展史表明，国家运行过程中必须处理好两个基本关系：一是法治与民主的关系，依民立法、为民执法；二是法治与道德的关系，法安天下、德润人心。这是现代国家治理的基本要素，也是依法治国的题中应有之义。

（四）现代协商

无论是传统国家还是现代国家，在国家治理方面都不同程度地表现为一种协商治理，不过是在不同国家协商的性质和程度不尽相同、是被动式协商还是主动式协商罢了。古罗马的"元老院"、中国古代的"会盟制度"，都具有协商性质。现代议会制和选举制的产生，是现代国家的根本标志，但选举和协商很难截然分开。现代民主的理论与实践开辟了两种通过民主的力量参与国家治理的基本形式：一是竞争式民主亦即选举民主；二是参与式民主亦即协商民主。人民通过公平竞争和依法选举，将管理国家的权利委托给少数公职人员行使，从而实现由"权利"向

---

① 《马克思恩格斯选集》第4卷，人民出版社，1995，第702页。
② 《马克思恩格斯全集》第6卷，人民出版社，1972，第292页。

"权力"转移、"权力"代行"权利"职责，这是维系国家运行、推进国家治理的一种必要选择。同时必须清醒地看到，竞争式民主亦即选举民主不是万能的，"票决"更不可能彻底解决国家治理中大量的直接涉及人民群众切身利益的问题。对于绝大多数公民来说，假如只有投票的权利而没有广泛参与的权利，人民只有在投票时被唤醒、投票后即进入休眠状态，人民代表只有在集中开会时行使表决权、会议结束后即处于被闲置状态，这样的民主显然是形式主义的，解决不了国家治理中大量的日常性事务。因此，现代国家治理不仅需要完整的选举制度程序，而且需要广泛的民主参与实践。人民群众通过各种制度化的协商平台，广泛地持续地参与民主决策、民主管理、民主监督，这样，才能既促进选举民主更好地代表民意、表达民意，又能使人民群众对国家治理中的重大问题和涉及自身利益的实际问题有直接表达意见与愿望的机会，同时还能有效地防止和克服由于民主参与渠道不畅而导致的某些非制度化参与现象和过激化参与作为。这就是参与式民主亦即协商民主所承负的不可或缺的国家治理功能。

（五）现代监督

国家"是和人民大众分离的公共权力"[1]，表现为凌驾于社会之上的一种特殊力量。因此自从有了国家，就有了对国家权力如何制约和监督、从而确保国家机构服从于社会又服务于社会的问题。失去制约的权力势必带来权力被滥用的可能，失去监督的权力势必隐藏着权力腐败的危险。这是在国家漫长发展过程中人们总结中的一种真理性的认识。资产阶级国家为了加强国家权力相互之间的制约和监督，普遍实行"三权分立"，这是现代国家的重要制度化成果，但它终究未能解决好国家治理中的一个根本性问题，即社会对国家如何监督。因此，在巴黎公社这个新型国

---

① 《马克思恩格斯选集》第 4 卷，人民出版社，1995，第 116 页。

家雏形诞生之初，马克思和恩格斯就以极大的政治热情总结巴黎公社加强权力监督的经验，并给予极高的评价。马克思总结指出：公社"市政委员对选民负责，随时可以罢免"。"一切社会公职，甚至原应属于中央政府的为数不多的几项职能，都要由公社的勤务员执行，从而也就处在公社的监督之下"。① 恩格斯进一步指出："为了防止国家和国家机关由社会公仆变为社会主人——这种现象在至今所有的国家中都是不可避免的——公社采取了两个可靠的办法。第一，它把行政、司法和国民教育方面的一切职位交给由普选选出的人担任，而且规定选举者可以随时撤换被选举者。第二，它对所有公务员，不论职位高低，都只付给跟其他工人同样的工资。"② 马克思主义的权力监督理论深刻揭示了权力制约与监督的真谛，是现代国家治理的根本指导。防止国家由社会公仆变为社会主人，这是现代监督的实质；把权力关进制度的笼子，让权力在阳光下运行，这是现代监督的精髓；权力监督没有禁区、没有例外，信任不能代替监督，有权必有责、有责要担当，用权受监督、失责必追究，这是现代监督的最基本逻辑。

（六）现代政党

政党是一种社会政治现象，对国家运行和发展产生至关重要的影响作用。政党政治是现代国家的鲜明特点，也是国家治理的关键要素。无论是两党（或多党）竞争执政的国家，还是一党长期执政的国家，政党的性质、宗旨、行为、作风和自身素质，都直接影响和决定着国家运行的状况乃至国家发展的方向。马克思主义政党学说摒弃了资产阶级学者关于政党的模棱两可的观点，深刻揭示了政党的性质、功能及其与国家的关系。马克思主义认为，政党是阶级的组织，是阶级斗争发展到一定历史阶段的产物；政党的首要任务，就是组织本阶级的成员进行阶级斗

① 《马克思恩格斯选集》第 3 卷，人民出版社，1995，第 121 页。
② 同上书，第 12—13 页。

争，掌控国家政权；无产阶级政党是无产阶级和劳动者阶级的先锋队，由无产阶级和其他劳动阶级中的先进分子所组成；无产阶级执政党的根本任务，就是把国家机器掌握在人民的手中，并通过国家管理和国家建设更好地保护人民民主权利，不断增进人民福祉。《共产党宣言》明确指出：“工人革命的第一步就是使无产阶级上升为统治阶级，争得民主。无产阶级将利用自己的政治统治，一步一步地夺取资产阶级的全部资本，把一切生产工具集中在国家即组织成为统治阶级的无产阶级手中，并且尽可能快地增加生产力的总量。”① 为了确保这样一种宗旨和目标，无产阶级政党在执政过程中必须加强自身建设和自身治理，不断提高领导水平和执政能力，永葆党的先进性和纯洁性，严格防止官僚主义和权力腐败。执政党的性质与任务决定，在现代国家尤其是社会主义国家，国家治理与政党治理实际上是同步的，政党治理不啻是国家治理的最关键环节和最根本保证。

二、 当代中国国家治理的根本政治前提

中国共产党是执政党，是国家各项事业的领导核心。无论是国家的治理还是政务的推进，都离不开中国共产党这个坚强领导核心。习近平总书记反复强调：“中国特色社会主义最本质的特征就是中国共产党的领导，中国的事情要办好首先中国共产党的事情要办好。”② 无论是历史还是现实都雄辩说明，**党的领导是否坚强、党的建设能否从严，直接关系到能否有效地推进国家治理、造福全体人民；一切治国理政事务由党的领导而展开，一切治国理政成效由党的领导而实现。**正是从这个本质意义上说，坚持党的领导，是当代中国国家治理的根本政治前提，也是一

---

① 《马克思恩格斯选集》第 1 卷，人民出版社，2012，第 421 页。

② 习近平：《在十八届中央政治局第 16 次集体学习时的讲话》，载中共中央文献研究室编《习近平关于全面从严治党论述摘编》，中央文献出版社，2016，第 6 页。

切治国理政理念与实践的政治逻辑起点。

　　坚持中国共产党领导，与坚持人民当家作主和坚持依法治国是有机统一的。三者的有机统一，体现了独具特色的现代国家治理逻辑，为优化治国理政、推进中国发展搭建了牢固的民主政治架构。习近平总书记强调："坚持中国特色社会主义政治发展道路，关键是要坚持党的领导、人民当家作主、依法治国有机统一，以保证人民当家作主为根本，以增强党和国家活力、调动人民积极性为目标，扩大社会主义民主，发展社会主义政治文明。"①

（一）坚持党的领导，必须全面从严治党

　　在很长时间内，由于"管党治党失之于宽、失之于松、失之于软"，党风党纪和党的队伍出现了一系列严重问题，严重损害了党在人民群众中的形象，严重削弱了党的领导地位和执政能力。事实告诫我们，如果不切实解决好党自身的问题，不从严治党管党、从严管理党的干部，坚持党的领导无从谈起，甚至有可能危及党的执政地位乃至党的生命。因此，正视党的建设面临的严峻考验和存在的严重危险，在全面从严治党中深入解决"四风"盛行、权力腐败、纪律涣散、规矩懈怠等突出问题，就成为新形势下加强党的领导的最重要任务和最基础环节。这就是全面从严治党与坚持党的领导的内在关联。对这样一种政治逻辑，习近平总书记作了深入揭示和反复强调。在十八届中纪委第六次全体会议上的讲话中，他精辟指出："全面从严治党，核心是加强党的领导，基础在全面，关键在严，要害在治。'全面'就是管全党、治全党，面向 8700 多万党员、430 多万个党组织，覆盖党的建设各个领域、各个方面、各个部门，重点是抓住'关键少数'。'严'就是真管真严、敢管敢严、长管长严。'治'就是从党中央到省市县党委，从中央部委、国家机关部门党组

---

① 习近平：《在首都各界纪念现行宪法公布实施 30 周年大会上的讲话》，载中共中央文献研究室编《习近平关于全面深化改革论述摘编》，中央文献出版社，2014，第 69 页。

（党委）到基层党支部，都要肩负起主体责任"。① 正是由于紧紧围绕加强党的领导这个"核心"，全方位、全过程、全覆盖地全面从严治党，从而在短短三年多时间里有效促进了党风政风的基本好转，党的核心领导地位得到了真正巩固、核心领导作用得到了有力加强。事实雄辩证明，民心是最大的政治，正义是最强的力量；只有坚持不懈全面从严治党，党才能够得民心、倡正义，始终成为中国特色社会主义事业的坚强领导核心。

（二）坚持人民当家作主，要求党的一切理论、路线和实践必须始终坚持以人民为中心

马克思主义指明，世上没有所谓"纯粹民主""绝对民主"，民主既不是只能为少数人所把玩的"奢侈品"，也不可能是所有人都能掌握的"廉价品"，民主总是同一定的阶级统治相联系并为一定的利益关系服务的，具有鲜明的阶级性和利益性。马克思主义拨开笼罩在民主问题上的种种迷雾，深刻揭示了社会主义民主的价值本质，这就是，民主作为一种国家形式，"意味着在形式上承认公民一律平等，承认大家都有决定国家制度和管理国家的平等权利"②。民主意味着人民进行统治和治理，人民拥有平等参与国家治理的权利——这就是马克思主义民主观的精髓。这样一种民主政治价值观，在以习近平同志为核心的党中央治国理政新思想新实践中得到了创造性坚持和发展，突出体现在鲜明提出了"必须坚持以人民为中心的发展思想"③。习近平总书记指出：这一重要思想，"体现了我们党全心全意为人民服务的根本宗旨，体现了人民是推动发展的根本力量的唯物史观"④。坚持以人民为中心，既是指导经济社会持续

---

① 习近平：《在第十八届中央纪律检查委员会第六次全体会议上的讲话》，人民出版社，2016，第16页。

② 《列宁选集》第3卷，人民出版社，2012，第201页。

③ 《中国共产党第十八届中央委员会第五次全体会议文件汇编》，人民出版社，2015，第25页。

④ 习近平：《在省部级主要领导干部学习贯彻党的十八届五中全会精神专题研讨班上的讲话》，人民出版社，2016，第24页。

健康发展的科学发展观，又是在新的历史条件下优化治国理政的国家治理观。坚持以人民为中心的核心政治价值在于，从根本意义上推进了中国政治由"官本位"向"民本位"转型、由"权力本位"向"权利本位"转型。"治国有常，而利民为本。"对于推进国家治理现代化来说，坚持以人民为中心有丰富内涵：其一，治理国家，必须以人民为宗旨，把增进人民福祉、促进人的全面发展作为根本出发点和落脚点，发展人民民主，维护公平正义，保障人民平等参与国家治理的权利。其二，治理国家，必须以人民为主体，全心全意依靠人民群众，激发人民的主体意识，凝聚人民的政治智慧，共同治理国家和社会。其三，治理国家，必须以人民为目标，顺应人民对美好生活的向往，坚持共享发展，实现好、维护好、发展好最广大人民的根本利益，使人民从国家治理中感受到更多更实际的利益获得感和权利拥有感。

（三）党领导人民治理国家、发展民主，最重要路径和最根本保证是使民主制度化、法治化

把坚持党的领导、人民当家作主同依法治国有机结合起来，是党领导人民和依靠人民共同治理国家的一条基本路径。党的十八届四中全会在总结改革开放以来依法治国实践经验的基础上，作出全面推进依法治国若干重大问题的决定，开辟了党领导人民依靠现代民主和现代法治治理国家的新时代。这一新治国方略和治国理政实践，包含两个基本关系：一是党的领导和依法治国的关系。这一关系，既是法治建设中的核心问题，也是治国理政中的关键问题。坚持党的领导和坚持依法治国是完全一致的，"社会主义法治必须坚持党的领导，党的领导必须依靠社会主义法治"[1]。党的领导在社会主义法治中的根本作用，突出体现在，党领导人民制定宪法和法律，同时党自身必须在宪法和法律范围内活动，真正

---

① 习近平：《关于〈中共中央关于全面推进依法治国若干重大问题的决定〉的说明》，载《中共中央关于全面推进依法治国若干重大问题的决定》，人民出版社，2014，第49页。

做到党领导立法、保证执法、带头守法。二是人民当家作主和依法治国的关系。这一关系，既是依法治国的实质，也是治国理政的基础；人民民主与依法治国，有机统一于中国共产党治国理政的理念与实践。"坚持党的领导，就是要支持人民当家作主，实施好依法治国这个党领导人民治理国家的基本方略。""我们党的政策和国家法律都是人民根本意志的反映，在本质上是一致的。"① 正是在坚持人民当家作主这一治国理政基本理念和本质特征的基础上，党的领导、人民当家作主、依法治国三者之间获得了有机统一。

三、 当代中国国家治理的核心政治任务

在新的历史条件下推进国家治理现代化，要解决的核心问题是什么？**深入回答这一问题，既要遵循现代国家治理的规律，又要把握我们党承负的历史任务和执政主题。正是在将这两者有机结合的政治逻辑中，以习近平同志为核心的党中央创造性地开辟了以推进国家治理现代化促进制度现代化、以制度现代化支撑和保障经济社会现代化的历史新进程，从而为实现中国特色社会主义制度基本定型打下了坚实基础。**

党的十八大之后，习近平总书记反复强调，我们党的历史使命就是继续做好中国特色社会主义这篇"大文章"。他指出："马克思主义必定随着时代、实践和科学的发展而不断发展，不可能一成不变，社会主义从来都是在开拓中前进的。坚持和发展中国特色社会主义是一篇大文章……我们这一代共产党人的任务，就是继续把这篇大文章写下去。"为此，必须"毫不动摇坚持和发展中国特色社会主义，坚持马克思主义的发展观点，坚持实践是检验真理的唯一标准，发挥历史的主动性和创造性，清醒认识世情、国情、党情的变和不变，永远要有逢山开路、遇河

---

① 习近平：《在中央政法工作会议上的讲话》，载中共中央文献研究室编《习近平关于全面依法治国论述摘编》，中央文献出版社，2015，第19—20 页。

架桥的精神，锐意进取，大胆探索，敢于和善于分析回答现实生活中和群众思想上迫切需要解决的问题，不断深化改革开放，不断有所发现、有所创造、有所前进，不断推进理论创新、实践创新、制度创新"。[①] **在新的历史条件下把中国特色社会主义继续推向前进，必须深入探索和回答一个关乎中国特色社会主义命运和全局的根本性问题，这就是：如何从国家治理层面完善和发展中国特色社会主义制度。** 这样一个重大问题，在中国特色社会主义以往的理论与实践中，在马克思主义中国化第二次历史性飞跃的理论成果中，虽然有所涉及、有所回答，但并不深刻、并不系统，甚至并不清晰。我国新时期前三十多年的改革，重点解决的是如何调整生产关系及社会关系，解放和发展社会生产力、解放和释放社会活力这样一个现实问题。而在改革历史进程中，如何完善和发展中国特色社会主义制度、提升制度现代化水平，这样一个重大的根本性问题，被逐步地凸显起来，这就是邓小平在 20 世纪 90 年代初提出的"制度逐步定型"论。从邓小平 1992 年南方讲话到 2012 年党的十八大召开，恰好整整 20 年，实现中国特色社会主义制度"更加成熟、更加定型"，还需要进行 10 年的奋斗，时代将这一重大任务历史性地交付到以习近平同志为代表的中国共产党人身上。这就是中国特色社会主义进一步开创发展的新的着力点，这也就是马克思主义中国化继续开拓前进的新的逻辑起点。

以习近平同志为核心的党中央义无反顾地承担起这一历史重任。习近平总书记以敏锐的时代意识、非凡的理论勇气，坚持问题导向、坚持创新引领，创造性地提出并初步回答了从何处着力实现中国特色社会主义制度"逐步定型"这一重大的历史性任务。这就是，在推进国家治理体系和治理能力现代化中完善和发展中国特色社会主义制度，"形成系统

---

① 习近平：《在新进中央委员会的委员、候补委员学习贯彻党的十八大精神研讨班上的讲话》，载《习近平谈治国理政》，外文出版社，2014，第 21—23 页。

完备、科学规范、运行有效的制度体系，使各方面制度更加成熟更加定型"①。关于这样一种历史进程，习近平总书记进行了规律性阐发，精辟指出："从形成更加成熟更加定型的制度看，我国社会主义实践的前半程已经走过了，前半程我们的主要历史任务是建立社会主义基本制度，并在这个基础上进行改革，现在已经有了很好的基础。后半程，我们的主要历史任务是完善和发展中国特色社会主义制度，为党和国家事业发展、为人民幸福安康、为社会和谐稳定、为国家长治久安提供一整套更完备、更稳定、更管用的制度体系。这项工程极为宏大，零敲碎打调整不行，碎片化修补也不行，必须是全面的系统的改革和改进，是各领域改革和改进的联动和集成，在国家治理体系和治理能力现代化上形成总体效应、取得总体效果"②。**鲜明提出在推进国家治理现代化中实现制度现代化，具有历史开创性。相对于工业现代化、农业现代化、科技现代化、国防现代化等，国家治理现代化是具有更基础、更根本、更关键意义的现代化。致力于完成这一伟大历史任务，必将从制度现代化层面更好地实现和保障人民当家作主。**

小治治事，中治治人，大治治制。制度是一种以规则或运作模式为主体的社会结构，包括经济制度、政治制度、文化制度、社会制度以及各种类型的具体制度，是对国家行为的规定与支撑，是对个体行为的规范与制约。一定的制度，是一定国家性质和国家形式的集中体现；制度成熟与完善的程度，是国家和社会成熟与完善程度的集中体现。近代以来世界现代化进程表明，**现代化的本质是制度现代化**。正是从这个本质意义上说，党的十八届三中全会将我国全面深化改革的"总目标"确定为"完善和发展中国特色社会主义制度，推进国家治理体系和治理能力现代化"，具有牵一发而动全身的重大意义。可以说，**当代中国现代化进**

---

① 《中共中央关于全面深化改革若干重大问题的决定》，人民出版社，2013，第7页。

② 习近平：《在省部级主要领导干部学习贯彻十八届三中全会精神全面深化改革专题研讨班上的讲话》（2014年2月17日），载中共中央文献研究室编《习近平关于全面深化改革论述摘编》，中央文献出版社，2014，第27页。

程已经走到了这样一个重要节点上：既要继续完成工业现代化、农业现代化、科技现代化、国防现代化的历史任务，又要突出完成国家治理现代化、实现制度现代化的紧迫任务；不着力推进国家治理现代化、实现制度现代化，其他方面的现代化不可能上升到新的水平，甚至难以为继。

制度现代化不是一蹴而就的，而是一个逐步完善和发展的过程。推动制度不断走向现代化的根本动力就是全面深化改革。作为新的历史条件下优化治国理政的最重要措施和最精彩篇章，全面深化改革重大而深远的价值意义就在于，通过推进国家治理体系和治理能力现代化，进一步促进体制和制度现代化，从而为整个社会现代化建构起优质的制度架构，确保我国现代化大厦不仅外形壮美，而且内构永固。

制度现代化的本质特征是人民民主。党的十八大以来，以习近平同志为核心的党中央高举人民民主的光辉旗帜，着眼于从国家治理层面不断拓展民主建设路径，为人民当家作主权利的实现提供愈益完善的制度保障，使人民享有更加切实的权利获得感。党的十八大报告把"必须坚持人民主体地位""更好保证人民当家作主"作为"在新的历史条件下夺取中国特色社会主义新胜利"的首要的基本要求；党的十八届三中全会通过的《中共中央关于全面深化改革若干重大问题的决定》把"促进社会公平正义、增进人民福祉"作为全面深化改革、推进国家治理体系和治理能力现代化的"出发点和落脚点"；党的十八届四中全会通过的《中共中央关于全面推进依法治国若干重大问题的决定》明确指出"人民是依法治国的主体和力量源泉"，强调"必须坚持法治建设为了人民、依靠人民、造福人民、保护人民，以保障人民权益为出发点和落脚点"；党的十八届五中全会把"坚持人民主体地位"作为全面建成小康社会必须遵循的首要原则；党的十八届六中全会则从全面从严治党、确保党执政为民的高度对思想建党和制度治党作出进一步明确规定。党的十九大以来，中国特色社会主义民主进一步得到了理论提升和实践拓展，成为习近平新时代中国特色社会主义思想的重要内容和新时代坚持和发展中国特色社会主义的重要方略。当代中国共产党人为坚持和发展人民民主作出的不懈努力和持续奋斗，习近平总书记关于人民民主的一系列重要论述和治国理政新理念新举措，深刻体现和坚持了马克思主义的国家治理观和民主政治观，进一步固化、强化了制度现代化的价值指向，牢牢把握了当代中国治国理政的民主政治精髓。

四、 当代中国国家治理的坚实政治基础

民主与法治，是现代国家治理的两大基本要素。世界现代化历史进程表明，凡是政治秩序稳定、社会长治久安的国家，无不是既发展民主又加强法治的国家；而一些国家在走向现代化进程中陷入这样那样的"陷阱"，乃至出现严重的政治危机和政治动乱，究其根源都无不是既严重忽视法治又严重滞障民主的结果。现代法治，是人类政治文明的重大成果，是现代国家治理的基本方式；而现代法治与现代民主不可分割，必须建立在高度民主基础之上。**正确处理法治和人治的关系、法治和民主的关系，实行以民主为基础的现代法治，是建设现代国家的关键环节，是推进国家治理现代化的根本保障。**正是在深入总结历史经验尤其是世界社会主义正反两方面经验的基础上，以习近平同志为核心的党中央在全面深化改革和全面依法治国的基点上把民主与法治进一步有机结合起来，成功走出了一条"民主是法治的灵魂、法治是民主的保障"的治国理政之路。

"法律是治国之重器，良法是善治之前提。"[①] 法治政治，早已有之。中国古代就有"法治"还是"德治"之争，近代以来一些西方专制主义和霸权主义国家也都曾奉行法治。然而许多事实表明，法治不是绝对的，更不是万能的，不是有了法律一切问题就可迎刃而解、有了法治就可以

---

① 《中共中央关于全面依法治国若干重大问题的决定》，人民出版社，2014，第 8 页。

实现国家和社会的长治久安。法治如果游离了民主，尤其背离了人民的主人地位和主体意愿，那就有可能由"良法"演变为"恶法"、由"善治"蜕变为"恶治"。这样的"法律"越多、"法治"越严，对人民造成的危害就越大。只有以人民利益为最高利益的法律才是良法，只有能够确保人民当家作主权利的法治才是善治。党的十八届三中全会作出了全面深化改革、推进制度现代化的重大战略，党的十八届四中全会作出了全面依法治国、推进法治现代化的重大战略。这两次重要全会、两个重大战略，一脉相承、相互联系，内在蕴含着现代民主与现代法治有机统一的政治逻辑。党的十八大以来中国民主法治进程深刻表明，民主是法治的灵魂，只有建立在人民民主基础上的法治，才是良法善治；法治是民主的保障，只有在法治规则引领与保障下的民主，才是彰显人民主体地位的真正民主。

民主是法治的灵魂，全面依法治国内在地要求发展人民民主。民主是国家制度的本质，是民主国体和民主政体的内核，因而它对作为国家制度基本实现形式的法律和法治起着决定性作用。马克思深刻揭示："在民主制中，不是人为法律而存在，而是法律为人而存在。"这也就是说，法律要由人民来制定，法治要为实现人的权利和利益服务。马克思将此称之为"民主制的基本特点"。① 十八届四中全会通过的《中共中央关于全面推进依法治国若干重大问题的决定》把"坚持人民主体地位"作为全面推进依法治国的一条基本原则，明确指出："人民是依法治国的主体和力量源泉"，"必须坚持法治建设为了人民、依靠人民、造福人民、保护人民，以保障人民根本权益为出发点和落脚点"。② 习近平总书记反复强调："我们党的政策和国家法律都是人民根本意志的反映，在本质上是一致的。"③ "把坚持党的领导、人民当家作主、依法治国有机统一起来是

---

① 《马克思恩格斯全集》第 1 卷，人民出版社，1972，第 281 页。
② 《中共中央关于全面推进依法治国若干重大问题的决定》，人民出版社，2014，第 6 页。
③ 《习近平关于全面依法治国论述摘编》，中央文献出版社，2015，第 20 页。

我国社会主义法治建设的一条基本经验。"① 这些纲领性论述,深刻揭示了人民民主在依法治国中的主体作用,是依靠民主的制度、民主的意志和民主的力量全面推进依法治国、实现法治现代化的根本遵循。

民主是法治的灵魂,内在地体现在、落实在全面依法治国的各个层面和全部过程之中。首先要坚持民主立法。良法从哪里来?归根到底来自人民的利益和人民的意愿,这就要恪守以民为本、立法为民理念,使每一项立法都符合人民利益、反映人民意愿、获得人民拥护。其次要坚持民主执法。法律的生命力在于实施,法律的权威也在于实施。确保法律实施与效果的关键在于加快建设职能科学、权责法定、执法严明、公开公正、廉洁高效、守法诚信的法治政府;而建设法治政府的直接价值导向和根本价值标准就是服务人民,建设让人民满意的公共政府。再次要坚持民主司法。公正是法治的生命线,司法公正对社会公正具有重要引领作用,司法不公对社会公正具有致命破坏作用;而司法公正的关键在于尊重人民主体地位、保护人民生命财产,坚持人民司法为人民,依靠人民推进公正司法,通过公正司法维护人民权益。民主立法、民主执法、民主司法,根本社会基础是人民的民主意识和法治精神。法律的权威源自人民的内心拥护和真诚信仰,这种拥护和信仰不是抽象的,更不是强制性的,而必须建立在人民的民主觉悟和对自我权利的自觉认同上。正是从这个根本意义上说,民主精神与法治精神内在一致,尊重民主与弘扬法治高度统一。总之,人民民主是依法治国的灵魂,内在地贯穿于科学立法、严格执法、公正司法、全民守法全部过程,渗透于建设法治国家、法治政府、法治社会各个领域。在全面依法治国各个层面和全部过程中,必须坚定不移坚持和发展人民民主,不断夯实治国理政的民主法治基础。

法治是民主的保障,法律的本质在于将人民的权利固定化、规范化,

① 《习近平关于协调推进"四个全面"战略布局论述摘编》,中央文献出版社,2015,第94页。

法治的根本之点在于为人民管理国家和社会提供根本保障。马克思指出："法律应该以社会为基础。法律应该是社会共同的、由一定物质生产方式所产生的利益和需要的表现，而不是单个的个人恣意横行。"① "法的关系正像国家的形式一样，既不能从它们本身来理解，也不能从所谓人类精神的一般发展来理解，相反，它们根源于物质的生活关系。"② 正是从法律的本质和法治的功能出发，以习近平同志为核心的党中央在推进国家治理现代化中把发展民主与加强法治有机统一起来，深入推进民主的制度化、法律化，确保人民民主权利在全面依法治国中得以真实实现。这正是以人民民主为价值导向的国家治理政治逻辑的鲜活体现。

五、 当代中国国家治理的重要政治渠道

在新的历史条件下优化治国理政、推进国家治理现代化，从根本意义上说就是不断拓展人民民主渠道、丰富人民民主形式的过程。习近平总书记深刻指出："实现民主的形式是丰富多样的，不能拘泥于刻板的模式，更不能说只有一种放之四海而皆准的评判标准。人民是否享有民主权利，要看人民是否在选举时有投票的权利，也要看人民在日常政治生活中是否有持续参与的权利；要看人民有没有进行民主选举的权利，也要看人民有没有民主决策、民主管理、民主监督的权利。社会主义民主不仅需要完整的制度程序，而且需要完整的参与实践。人民当家作主必须具体地、现实地体现到中国共产党执政和国家治理上来，具体地、现实地体现到中国共产党和国家机关各个方面、各个层级的工作上来，具体地、现实地体现到人民对自身利益的实现和发展上来。"③ 党的十八大以来，以习近平同志为核心的党中央在治国理政中既不断巩固和完善人

---

① 《马克思恩格斯全集》第 6 卷，人民出版社，1992，第 291—292 页。
② 《马克思恩格斯选集》第 2 卷，人民出版社，1995，第 32 页。
③ 习近平：《在庆祝中国人民政治协商会议成立 65 周年大会上的讲话》，《人民日报》2014 年 9 月 22 日。

民代表大会制度，又着力推进社会主义协商民主广泛多层制度化发展，有力拓展了国家治理现代化的有效路径，鲜明彰显了人民民主的"制度程序"和"参与实践"有机结合起来的政治发展逻辑。

选举民主是人类政治文明的重要成果。以选举民主为支撑的人民代表大会制度是我国的根本政治制度，"是坚持党的领导、人民当家作主、依法治国有机统一的根本制度安排"①。党的十八大以来，我们党不断推进人民代表大会制度创新，着重解决选举过程中重形式轻内容甚至弄虚作假拉票贿选等弊端，在民主选举中切实坚持人民主体地位、确保人民代表真实反映社情民意，有力发挥了各级人民代表大会密切联系人民群众、代表人民管理国家事务、强化对公共权力监督等功能。与此同时，更加凸显和发展社会主义协商民主，着力推进协商民主广泛多层制度化发展，赋予协商民主以更深刻的国家治理意义与国家治理功能。

（一）社会主义协商民主，是中国特色社会主义民主政治的特有形式，是中国共产党领导人民有效治理国家和社会的重要路径

党领导和支持人民当家作主，不能仅仅停留在政治宣言和抽象原则上，而必须落实到国家政治生活和社会生活的各个层面和全部过程中，其中最重要也是最根本的，就是保证人民依法参与国家和社会治理，名副其实地行使管理国家事务、管理经济和文化事业、管理社会事务的权利。从推进国家治理现代化的角度，选举民主和协商民主具有相互支撑、相得益彰、不可相互取代的重大意义。选举民主是现代国家治理的重要形式，从一定意义上说，没有选举民主，人民没有选择权和决定权，当然也就无民主可言，参与国家治理也就成了一句空话。同时也必须清醒地看到，选举民主是一个"二者择一"的过程，要么赞成、要么反对，要么通过、要么否决，容不得中性选择和中性结果；从一定意义上说，选举民主是一个"你上我

---

① 习近平：《在庆祝全国人民代表大会成立 60 周年大会上的讲话》，《人民日报》2014 年 9 月 6 日。

下"的对决过程，失利者一方尽管是少数，但因其民主诉求得不到实现而有可能引起不满乃至对抗，而获胜的多数也很容易滋生"胜者为王"的心态，极端情况下甚至会导致"多数人暴政"。这样一种短缺，正是协商民主的优长。协商民主以尊重多数、照顾少数和求同存异为原则，不仅注重民主的结果而且注重民主的过程，既强调决策前也注重执行中各种利益的博弈和融合，可以最大限度地形成最大公约数。习近平总书记深刻指出："在我们这个人口众多、幅员辽阔的社会主义国家里，关系国计民生的重大问题，在中国共产党领导下进行广泛协商，体现了民主和集中的统一；人民通过选举、投票行使权利和人民内部各方面在重大决策之前进行充分协商，尽可能就共同性问题取得一致意见，是中国社会主义民主的两种重要形式。在中国，这两种民主形式不是相互替代、相互否定的，而是相互补充、相得益彰的，共同构成了中国社会主义民主政治的制度特点和优势。"[1] 显然，从动员和组织人民群众广泛性经常性参与国家治理来说，协商民主尤其具有特殊的功能和意义。

（二）社会主义协商民主，是中国共产党的群众路线在政治领域的重要体现，是党治国理政智慧与能力的重要源泉

推进社会主义现代化，实现中华民族伟大复兴的中国梦，关键在党，关键在党的执政能力和治理水平。党的执政能力和治理水平从哪里来？归根到底来自人民的支持和拥护，来自人民的智慧和力量。党在新的历史条件下治国理政，从根本意义上说也是贯彻执行党的群众路线的过程。从群众中来、到群众中去，一切为了群众、一切依靠群众，这样一种群众路线的实践过程，本身就是民主协商、凝聚共识的过程。在中国共产党统一领导下，通过多种形式的民主协商，广泛听取意见和建议，广泛接受批评和监督，可以广泛达成决策和工作的最大共识，有效克服不同

① 习近平：《在庆祝中国人民政治协商会议成立65周年大会上的讲话》，《人民日报》2014年9月22日。

党派和利益集团为了自己的利益而相互竞争甚至相互倾轧的弊端；可以广泛畅通各种利益要求和诉求进入决策程序和渠道，有效克服不同政治力量为了维护和争取自己的利益固执己见甚至排除异己的弊端；可以广泛形成发现和改正失误和错误的机制，有效克服决策中情况不明和自以为是的弊端；可以广泛形成人民群众参与国家和社会各层次管理和治理的机制，有效克服人民群众在国家政治生活和社会治理中无话语权更难以实际参与的弊端；可以广泛凝聚全社会推进改革发展的智慧和力量，有效克服各项政策和工作共识度不高因而难以落实的弊端。总之，党的群众路线与社会主义协商民主，无论是在本质内涵上还是在具体过程中，都有机地契合在一起，这是社会主义协商民主的独特优势，也是强大生命力所在。

（三）社会主义协商民主，是调动一切积极因素、凝聚各方资源共同治理国家和社会的有效制度安排，具有广泛的社会基础和充沛的政治潜能

人民是真正的英雄，是创造历史的主人，是国家治理的主体。国家运行的政治逻辑决定，"中国共产党的一切执政活动，中华人民共和国的一切治理活动，都要尊重人民主体地位，尊重人民首创精神，拜人民为师，把政治智慧的增长、治国理政本领的增强深深扎根于人民的创造性实践之中，使各方面提出的真知灼见都能运用于治国理政"①。社会主义协商民主的国家治理意义，突出体现在"有事好商量，众人的事情由众人商量"这一本质特征上。协商即商量。毛泽东说过：我们政府的性格"是跟人民商量办事的"，"可以叫它是个商量政府"。②习近平总书记指出："在中国社会主义制度下，有事好商量，众人的事情由众人商量，找

---

① 习近平：《在庆祝中国人民政治协商会议成立 65 周年大会上的讲话》，《人民日报》2014 年 9 月 22 日。

② 同上。

到全社会意愿和要求的最大公约数，是人民民主的真谛。"① 涉及国家整体治理的事情，涉及全国各族人民利益的事情，在全体人民和全社会中广泛商量；涉及国家局部治理的事情，涉及某个地域人民群众利益的事情，在这个局部和地域的群众中广泛商量；涉及某些具体国家事务治理的事情，涉及一部分群众利益和特定群众利益的事情，在这部分群众中广泛商量；涉及基层社会治理的事情，涉及基层群众利益的事情，在相应基层范围群众中广泛商量。总之，"在人民内部各方面广泛商量的过程，就是发扬民主、集思广益的过程，就是统一思想、凝聚共识的过程，就是科学决策、民主决策的过程，就是实现人民当家作主的过程。这样做起来，国家治理和社会治理才能具有深厚基础，也才能凝聚起强大力量"②。

总之，社会主义协商民主丰富了民主政治形式、拓展了治国理政渠道、提升了国家治理水平，在当代中国国家治理中愈益展示出广泛参与、决策修补、多元共治、民主监督等特有的国家治理功能。

六、 当代中国国家治理的关键政治保障

权力腐败，是寄生在国家肌体上的顽疾，是发展人民民主的最大障碍。权力腐败，对于执政党来说又是最大危险，能否坚决防止和惩治党内腐败，直接关系到党的执政地位和生死存亡。从一定意义上说，任何执政党都始终面临着与权力腐败做斗争的艰巨任务。正因为问题如此严重和复杂，所以许多国家的执政党都难以跳出"不反腐亡国、真反腐亡党"的"怪圈"。防止权力腐败，对于无产阶级执政党和社会主义国家来说同样是个沉重课题。历史和现实告诫人们，**能不能根治权力**

---

① 习近平：《在庆祝中国人民政治协商会议成立 65 周年大会上的讲话》，《人民日报》2014 年 9 月 22 日。

② 同上。

腐败，是对马克思主义执政党的最严峻考验；如何反对和防止权力腐败，是社会主义国家治理中必须高度重视和解决的最要害问题。

这样一个世界性难题和社会主义国家治理中的"老大难"问题，在党的十八大以来治国理政新思想新实践中获得了有力的和有效的解决。以习近平同志为核心的党中央不负全党的重托和人民的期望，以"打铁还需自身硬"的庄严承诺，以"猛药去疴、重典治乱的决心"和"刮骨疗毒、壮士断腕的勇气"，坚定不移反对和惩治权力腐败，深入探索治理腐败之策，取得了重大成效。经过 3 年多坚持不懈努力，"腐败蔓延势头得到有效遏制，反腐败斗争压倒性态势已经形成，不敢腐的目标初步实现，不能腐的制度日益完善，不想腐的堤坝正在构筑，党内政治生活呈现新的气象"。①

党的十八大以来的反腐败斗争，其坚定性、艰巨性和彻底性，在我们党的历史上前所未有，在各国反腐败历史上也世所罕见。**这既是一场严肃的政党治理，又是一场特殊的国家治理，政党治理有力地推动了国家治理。**铁的事实表明，反腐败是民心所向、正义所在，以人民利益为最高利益、以全心全意为人民服务为根本宗旨的中国共产党人，有信心有能力跳出权力腐败的"怪圈"，通过党风廉政建设和反腐败斗争净化党的肌体、推进国家治理、确保国泰民安。党的十八大以来的反腐败斗争和党风廉政建设，紧紧围绕净化优化党内政治生态这一根本价值目标，把坚决惩治腐败和立规矩、严纪律、强制度有机统一起来，在科学把握一系列辩证关系中彰显了特有的治党治国治军的政治逻辑。

（一）正确认识和把握党纪与法律的关系，既要遵从法律，又要严守党纪

在全面从严治党中，制度、党纪、法律相互支持融为一体，形成规

---

① 习近平：《在十八届中央纪委七次全会上的讲话》，《人民日报》2017 年 1 月 7 日。

范党员思想行为、净化优化党内政治生态的强大政治合力。把纪律建设摆在更加突出的位置，坚持纪严于法、纪在法前，用纪律管住全体党员，让纪律成为全体党员不可逾越的底线，是党的十八大以来全面从严治党的一个突出特点，也是加强制度治党的一个重要突破口。法律与纪律的关系，对于共产党员尤其是党员领导干部来说，是普遍性与特殊性的关系。法律是治国之重器，是任何组织和个人都必须遵守的底线，党的组织和个人也不例外，模范遵守国家法律，是每一个共产党员必须自觉履行的义务。但是仅仅做到这一点还远远不够，除了自觉遵法之外，党组织和党员个人还必须严守党纪。因为我们党是肩负神圣使命的政治组织，是工人阶级和人民大众的先锋队，是由铁的纪律组织起来的先进集体。党的先锋队性质、历史使命和执政地位决定，党规党纪必然也必须严于国家法律。如果混淆了纪律和法律的界限，认为只要守法就可以了，把违纪当成"小节"，不违法就没人管、不追究，久而久之必然会造成"要么是好同志，要么是阶下囚"的不正常现象。中央强调把党的纪律挺在法律前面，守纪严于遵法，就是针对长期以来纪法不分、重法轻纪问题提出来的。许多事实表明，共产党员尤其是党员领导干部，只有既牢固树立法律意识，又不断强化纪律观念，把遵从国家法律当成基本行为规范，把严守党的纪律当成不可逾越的底线，才能"从心所欲而不逾矩"，模范履行党和人民赋予的历史责任。

（二）正确认识和把握"破"与"立"的关系，既要立明规矩，又要破潜规则

净化优化党内政治生态，必须坚持"破""立"并举，"破"字当头、"立"在其中。所谓"破"，就是要坚定不移开展反腐倡廉斗争，彻底破除蔓延于党内政治生活各个方面的潜规则及其造成的深重影响。长期以来，由于管党治党失之于宽、失之于松、失之于软，许多潜规则侵入党内，甚至大行其道，对党内政治生活造成严重危害，在党的肌体上

留下了种种难以根治的"病灶"。在相当程度上,拉帮结派的山头主义、人身依附的宗派主义、我行我素的自由主义、不讲原则的好人主义、唯利是图的个人主义、游戏人生的享乐主义盛行,尤其是一些地方和部门"一把手"搞家长制、独断专行,使党内政治生活变得低级庸俗、是非判断十分模糊,久而久之严重挫伤了广大干部群众的积极性,败坏了政治风气和社会风气,污染了党内党外政治生态,带坏了一批党员干部,乃至发生"连锁式""塌方式"腐败。这些问题不坚决破除,党风政风不可能好转,党内政治生态不可能净化。破除潜规则不可能一蹴而就、一劳永逸,而是一项长期的思想建党和制度治党任务。所谓"立",就是要坚定不移注重党内各项制度的改革、建设与完善,以制度严纪律、以制度明规矩,发挥制度的作用、彰显制度的权威,通过完善制度的正能量,优化和固化"山清水秀"的政治生态,以正压邪,让"潜规则在党内以及社会上失去土壤、失去通道、失去市场"。①

(三)正确认识和把握善行与监督的关系,既要注重制度激励,又要强化制度监督

坚持制度治党,彰显制度在净化优化党内政治生态中的常态效应,既要充分释放制度在促进人们向好向善、善言善行中的导向与激励作用,形成自觉要求自己和不断完善自己的良好政治习惯与政治氛围,又要突出强化党内监督制度的科学设计和严格执行。因为任何人的行为都离不开监督,共产党员尤其是执掌公共权力的党员领导干部尤其离不开监督。党要管党、从严治党,无论是"管"抑或是"治",都包含监督;党内监督制度是强化制度治党的关键环节,是净化优化党内政治生态的关键保障。党内监督之所以必须进一步强化,从根本意义上说是公共权力运行规律决定的。一切公共权力都离不开监督,执政党执掌的公共权力尤

---

① 习近平:《在十八届中央纪委六次全会上的讲话》,《人民日报》2016年1月13日。

其离不开监督。失去监督的权力势必蜕变成腐败的权力，缺乏监督的执政党很难成为人民利益的忠实代表。党内监督的任务是确保党章党规党纪在全党有效执行，维护党的团结统一，重点解决党的领导弱化、党的建设缺失、全面从严治党不力，党的观念淡漠、组织涣散、纪律松弛，管党治党宽松软等问题，保证党的组织充分履行职能、发挥核心作用，保证全体党员发挥先锋模范作用，保证党的领导干部忠诚干净担当。党内监督的重点无疑是各级领导机关和领导干部，特别是"一把手"履行党的职责、运用公共权力的情况。强化党内监督要同强化国家监察、群众监督结合起来。习近平总书记指出："强化党内监督是为了保证党立党为公、执政为民，强化国家监察是为了保证国家机器依法履职、秉公用权，强化群众监督是为了保证权力来自人民、服务人民。"① 在确保公共权力正确运行这一实质问题上，党内监督、国家监察、群众监督是完全一致的，三者在实际运行过程中相互联系、相互支持、融为一体。同时党内监督还要同法律监督、民主监督、审计监督、司法监督、舆论监督等协调起来，共同形成监督合力，有效彰显监督体系在制约公共权力、优化政治生态中的重要作用。

（四）正确认识和把握制度与道德的关系，既要严格制度约束，又要注重固本培元

制度是一种强制性约束力量，外因只有通过内因才能起作用，这就要把严格的制度约束牢固建立在思想自觉和道德自省基础之上。这是全面从严治党、净化优化党内政治生态不可或缺的基础性建设。习近平总书记指出："抓作风建设要返璞归真、固本培元，在加强党性修养的同时，弘扬中华优秀传统文化。"尤其强调"领导干部要把家风建设摆在重要位置，廉洁修身、廉洁齐家"。"要坚持高标准和守底线相结合，既要

---

① 习近平：《在第十八届中央纪律检查委员会第六次全体会议上的讲话》，人民出版社，2016，第24页。

注重规范惩戒、严明纪律底线，又要引导人向善向上，坚守共产党人精神追求，筑牢拒腐防变思想道德防线"。① 这些重要论述，体现了厚重的历史眼光和辩证的思维方法，是全面从严治党的重要引领。中华优秀传统文化中"修齐治平"的价值追求，马克思主义学说中共产主义的崇高理想，我们党在长期实践中形成的守规矩讲纪律的优良传统，都是全面从严治党的丰富政治资源，都是加强和彰显制度治党的重要前提和必要补充。只有站在顺应时代潮流和立足中国现实的层面上将这三者有机地统一起来、内在地融化在一起，才能汇聚起全面从严治党的巨大精神力量，释放出全面从严治党的巨大制度威力，确保我们党始终充满生机活力，永远成为优化治国理政、推进中国发展的坚强领导核心。

---

① 习近平：《在十八届中央纪委六次全会上的讲话》，《人民日报》2016 年 1 月 13 日。

当代中国改革中的制度定型和制度优化

当代中国改革开放已经走过了 40 多年光辉历程。40 多年风雨兼程、40 多年不懈探索、40 多年砥砺前行，40 多年的改革开放不仅创造了中国特色社会主义这一新型社会制度和社会形态，为实现科学社会主义基本原理同时代潮流和中国国情相结合开辟了一条唯一正确的道路；而且完善了中国特色社会主义的道路形态、理论形态、制度形态和文化形态，把中国特色社会主义推进到了新时代，为决胜全面建成小康社会、开启全面建成社会主义现代化国家新征程、胜利实现中华民族伟大复兴的中国梦提供了根本的道路引领和制度保障。40 多年的改革开放积淀了丰富的经验和深刻的启示，其中最重要的经验和最深刻的启迪，就是在不断深化改革中实现中国特色社会主义制度的定型和优化，这不啻是当代中国改革的最根本任务，也是最深邃逻辑。

一、 当代中国改革的根本属性

改革从本意来说就是制度的调整和完善，这是社会主义制度的特有属性、也是内在要求。科学社会主义创始人恩格斯明确指出："所谓'社会主义社会'不是一种一成不变的东西，而应当和任何其他社会制度一样，把它看成是经常变化和改革的社会。"① 马克思主义经典作家关于社会主义制度的这一科学判断，在当代中国持续 40 多年的改革开放中得到了充分的逻辑证明。40 多年前党的十一届三中全会开启了当代中国改革开放的序幕，也开启了对中国特色社会主义的不懈探索。从那时起到现在，改革开放就与中国特色社会主义不可分割地联系在一起，成为中国特色社会主义的最鲜明特征和最强大动力，贯穿中国特色社会主义的每一步发展历程和每一个发展阶段。这场社会主义发展史上从未有过的大改革大开放，极大地调动了亿万中国人民的积极性，成功开辟了中国特色社会主义道路，不断完善了中国特色社会主义制度。**改革开放的最主要成果是开创和发展了中国特色社会主义，为社会主义现代化建设提供了强大动力和制度保障；改革开放的最深远影响是赋予中国特色社会主义制度以改革的品格和活力，为推动这一新型社会制度逐步完善开辟了一条正确道路。**正如习近平总书记明确指出："中国特色社会主义之所以具有蓬勃生命力，就在于是实行改革开放的社会主义。""只有改革开放才能发展中国、发展社会主义、发展马克思主义。中国特色社会主义在改革开放中产生，也必将在改革开放中发展壮大。"②

当代中国改革从一开始就聚焦于制度问题，既坚持社会主义根本制度不动摇，又坚定不移通过改革开放探索社会主义制度的有效实现形式，这是中国共产党人领导改革、驾驭改革的政治智慧和坚强能力的集中体现，也是改革不断推进、不断深化的根本奥秘。

40 多年持续进行的改革实践雄辩表明，**改革是在社会主义制度下解放生产力和发展生产力的必由之路；改革是坚持和发展社会主义制度的根本手段；改革是使社会主义制度适应时代潮流、赶上时代步伐的强大**

---

① 恩格斯：《致奥托·冯·伯尼克》，载《马克思恩格斯文集》第 10 卷，人民出版社，2009，第 588 页。

② 习近平：《全面贯彻落实党的十八大精神要突出抓好六个方面的工作》，载中共中央文献研究室编《习近平关于全面深化改革论述摘编》，中央文献出版社，2014，第 1 页。

动力。正是从以上三个制度变革的维度，当代中国改革愈益彰显出深邃的革命性意义。也正是基于对改革的长期性和中国特色社会主义制度发展的艰巨性的战略思考，邓小平在 1992 年南方重要讲话中创造性地提出了三十年"制度定型论"，深刻揭示了中国特色社会主义制度通过改革实现自我定型与不断优化的基本规律。

中国特色社会主义制度之所以是一个在不断改革中逐步走向定型的历史过程，根本原因在于：（1）中国特色社会主义是中国共产党人在改革开放中把科学社会主义的理论逻辑和中国社会发展的历史逻辑、实践逻辑有机结合起来的伟大创造，是社会主义发展历史进程中的一个独立的制度形态和社会形态，而绝不是一个短暂的过渡过程。这样一个独立的制度形态和社会形态，必然是一个由不够成熟到逐步成熟、由不够定型到逐步定型的深刻的社会变革过程。（2）中国特色社会主义前无古人、旁无佐证，"不是简单延续我国历史文化的母版，不是简单套用马克思主义经典作家设想的模版，不是其他国家社会主义实践的再版，也不是国外现代化发展的翻版"[1]，而是在社会主义自我革命实践中不断探索和创造的社会主义新版。这样一种社会主义"新版"，不可能一蹴而就，必然需要经历一个很长时间的实践、探索和创造才能走向完全定型。（3）中国特色社会主义与发达资本主义同处一个世界，甚至同处于一个时代体系中，因此中国特色社会主义制度的探索和发展，必然时时受到来自资本主义社会制度及其价值观念的影响，从而使制度探索和定型的过程充满许多风险和挑战，如何既不走封闭僵化的老路，也不走改旗易帜的邪路，成为中国特色社会主义制度"定型化"过程中长期面临的重大任务。

二、 全面深化改革的核心价值

从社会发展一般规律来看，制度的定型与制度的优化，是互为条件、

---

① 习近平：《在哲学社会科学工作座谈会上的讲话》，人民出版社，2016，第 21 页。

相互渗透、有机统一的过程：**一种先进社会制度走向定型化，是这一制度在自我调整与改革中不断优化和完善的结果；而实现制度的优化和完善，必须以这一制度的逐步定型为基础和支撑。**这一制度变革和制度发展的内在逻辑，在党的十八大以来全面深化改革进程中得到了充分体现和深刻证明。党的十八届三中全会启动的全面深化改革，是我们党领导推进中国特色社会主义的一场新的社会革命和自我革命，在当代中国改革开放史上具有里程碑意义，是社会主义改革的新起点、新阶段、新境界。全面深化改革的重大现实意义和深远时代价值，就是确立了"完善和发展中国特色社会主义制度，推进国家治理体系和治理能力现代化"这一改革"总目标"，[①] 开辟了以制度现代化促进中国特色社会主义制度全面优化的改革新进程。

从一般意义上说，现代化的制度具有合法性、有效性、开放性、包容性、调适性等基本特征。**中国特色社会主义制度，是中国共产党领导人民在改革开放实践中的伟大创造，是科学社会主义学说关于制度建构的基本原则同当代中国改革开放实践相结合的伟大结晶，是人类社会政治文明进程中独具特色的制度文明成果。**中国特色社会主义制度的特殊本质和价值取向决定，在全面深化改革中促进制度定型化、实现制度现代化，必须坚持以下基本原则和基本要素：（1）人民性。坚持以人民为中心、坚持人民当家作主，是中国特色社会主义制度的最根本属性；这一根本属性决定，任何方面的制度改革，都必须以确保和实现人民当家作主权利为根本价值取向，不断增强人民群众的获得感、幸福感、安全感和权利拥有感。（2）公平性。张扬社会正义、促进社会公平，是中国特色社会主义制度的最直接目标；这一价值目标决定，任何方面的制度改革，都必须把促进社会公平正义、维护绝大多数人权益作为根本出发点和落脚点，坚决消除利益分化的陷阱和利益固化的藩篱。（3）适应性。

---

① 《中共中央关于全面深化改革若干重大问题的决定》，人民出版社，2013，第 3 页。

适应社会生产力发展要求、适应人民群众美好生活需要，是中国特色社会主义制度的最鲜明品格；这一鲜明品格决定，任何方面的制度改革，都必须适应我国社会主要矛盾的新变化，适应人民日益增长的民主、法治、公平、正义、安全、环境等方面的美好生活需要，不断解决不平衡的发展和不充分的发展的问题，不断解放和增强社会活力，充分调动人民群众认同改革、参与改革、支持改革、推进改革的积极性、主动性和创造性。（4）包容性。海纳百川、开放包容，在积极吸纳人类文明成果中完善自己、发展自己，是中国特色社会主义制度的最突出标志；这一突出标志决定，任何方面的制度改革，都必须坚持改革与开放相辅相成战略，以对外开放促进对内改革、以对内改革扩大对外开放，在紧跟时代潮流、回答时代之问中不断增强制度的现代化水平。（5）创新性。实践发展永无止境，制度创新永不停步，这是中国特色社会主义制度的最显著走向；这一显著走向决定，任何方面的制度改革，都必须强化问题意识、坚持问题导向，在解决问题中革故鼎新、创新发展，既不走封闭僵化的老路，也不走改旗易帜的邪路，坚定不移在改革创新中推进中国特色社会主义制度不断走向定型与优化。

三、 新时代改革新进程的突出任务

中国特色社会主义进入新时代，当代中国改革开放翻开了新篇章，中国特色社会主义制度的全面定型与优化迈开了新步伐。当代中国，正处于"两个一百年"的历史交汇期，我们在昂首阔步向着全面建成小康社会、全面建设社会主义现代化强国、实现中华民族伟大复兴的宏伟目标坚定前行的同时，也正经历着更加复杂的国际国内环境，面对着百年未有之大变局和一系列更加复杂的挑战和问题：我们既要着力解决过去几十年"经济快速发展"附带产生的种种不可回避的社会问题，又要破除"发展起来之后"所产生的种种前进中烦恼，同时还要闯过"由高速

增长阶段转向高质量发展阶段"所绕不开的沟沟坎坎，以及应对世界"逆全球化"思潮和行为带来的尖锐挑战。

制度是管根本、管全局、管长远的，中国特色社会主义制度是当代中国发展进步的根本制度保障，是应对各种问题和挑战的强大制度武器。 要克服前进道路上的各种艰难险阻，确保"中国特色社会主义"号巨轮劈波斩浪驶向更加美好的彼岸，归根到底要靠制度的保障和推进作用，通过进一步全面深化改革激发制度活力、增生制度红利、释放制度优势。习近平总书记在党的十九大报告中明确强调："必须坚持和完善中国特色社会主义制度，不断推进国家治理体系和治理能力现代化，坚决破除一切不合时宜的思想观念和体制机制弊端，突破利益固化的藩篱，吸收人类文明有益成果，构建系统完备、科学规范、运行有效的制度体系，充分发挥我国社会主义制度优越性。"[1] 促进中国特色社会主义制度走向全面定型与优化，充分释放中国特色社会主义制度的强大活力，依托制度的活力和魄力应对重大挑战、抵御重大风险、克服重大阻力、化解重大矛盾、解决重大问题、完成重大任务，不啻是新时代改革新进程的最突出任务。

坚持问题导向，把解决现实问题作为改革的"突破口"，在解决重大关键性问题中推进制度创新和完善，是以往几十年我国改革的一条基本经验，也是在新时代改革新征程中全面推进制度定型与优化的一条基本规律。 习近平总书记精辟指出："我们中国共产党人干革命、搞建设、抓改革，从来都是为了解决中国的现实问题。可以说，改革由问题倒逼而产生，又在不断解决问题中得以深化。""35 年来，我们用改革的办法解决了党和国家事业发展中的一系列问题。同时，在认识世界和改造世界的过程中，旧的问题解决了，新的问题又会产生，制度总是需要不断完

---

① 习近平：《决胜全面建成小康社会，夺取新时代中国特色社会主义伟大胜利——在中国共产党第十九次全国代表大会上的报告》，人民出版社，2017，第 21 页。

善，因而改革不可能一蹴而就，也不可能一劳永逸。"① 在当前全面建成小康社会的"决胜期"和全面深化改革的"攻坚期"，尤其需要我们强化问题意识、坚持问题导向，紧紧抓住那些影响"制度活力"和"制度红利"的重大核心问题，把新时代新征程中的全面深化改革进一步推向前进。

（一）紧紧抓住"政府和市场"的关系

这一重大核心问题全面深化经济体制改革，充分发挥社会主义市场经济制度促进经济高质量发展的内在优势和强大活力。

过去 40 多年我国改革开放所取得的最重大成就，莫过于从根本上打破传统计划经济观念及体制的束缚和羁绊，把社会主义基本制度与现代市场机制有机结合起来，创立了社会主义市场经济体制，坚定了社会主义市场经济改革方向。在这一改革进程中，如何处理好"政府和市场"的关系问题，始终是影响整个经济体制改革乃至其他方面改革的重大核心问题。习近平总书记明确指出："进一步处理好政府和市场关系，实际上就是要处理好在资源配置中市场起决定性作用还是政府起决定性作用这个问题。""市场决定资源配置是市场经济的一般规律，市场经济本质上就是市场决定资源配置的经济。健全社会主义市场经济体制必须遵循这条规律，着力解决市场体系不完善、政府干预过多和监管不到位问题。"② 党的十八届三中全会果断作出"使市场在资源配置中起决定性作用和更好发挥政府作用"的重大决策，这是全面深化经济体制改革的核心问题，也是促进中国特色社会主义经济制度进一步定型与优化必须深入解决的核心问题。当前，无论是"使市场在资源配置中起决定性作用"，还是"更好发挥政府作用"，都面临许多新的问题和挑战。我们既

---

① 习近平：《关于〈中共中央关于全面深化改革若干重大问题的决定〉的说明》，载中共中央文献研究室编《习近平关于全面深化改革论述摘编》，中央文献出版社，2014，第 8 页。

② 同上书，第 56 页。

要深入解决市场运作"失灵"即由于利益驱动而导致对公平正义秩序的干扰和破坏的问题，又要进一步解决市场机制不到位所造成的企业缺乏创新力和竞争力的问题；既要深入解决政府干预过多从而造成对市场竞争规则的干扰和破坏的问题，又要进一步解决政府调控不力，不作为、乱作为乃至懒政庸政等问题。总之，在新时代改革新征程中，只有持之以恒地解决好"政府和市场"的关系问题，充分发挥市场配置资源的决定性作用，同时更好规范和发挥政府的作用，"着力构建市场机制有效、微观主体有活力、宏观调控有度的经济体制"，才能充分发挥中国特色社会主义经济制度的内在优势和强大活力，"不断增强我国经济发展的创新力和竞争力"。①

（二）紧紧抓住"权力和权利"的关系

这一重大核心问题全面深化政治体制改革，充分发挥中国特色社会主义政治制度保证人民当家作主的内在优势和强大活力。

人民是国家的主人。坚持人民当家作主，确保人民民主权利的实现，是加强党的领导和全面依法治国的根本基础，是中国特色社会主义制度建设的一条根本原则。党的十九大报告明确指出："我国社会主义民主是维护人民根本利益的最广泛、最真实、最管用的民主。发展社会主义民主政治就是要体现人民意志、保障人民权益、激发人民创造活力，用制度体系保证人民当家作主。"② 用制度体系保证人民当家作主，既是以往我国政治体制改革成功经验所在，又是新时代全面深化政治体制改革的根本任务。要完成这一重大改革任务，就必须切实处理好"权力和权利"的关系，坚持"权利本位"，彻底消除"权力本位"所造成的形式主义、官僚主义、以权谋私、权力腐败等种种弊端，促进"权力本位"向"权

---

① 习近平：《决胜全面建成小康社会，夺取新时代中国特色社会主义伟大胜利——在中国共产党第十九次全国代表大会上的报告》，人民出版社，2017，第30页。
② 同上书，第36页。

利本位"回归。权力来自社会，又服务于社会，同时受社会监督，最终回归于社会，这是一切国家权力运行的本质和轨迹，而要实现这一权力的本质，确保权力正确运行，就必须切实保障和不断扩大人民所拥有的权利，把所有公共权力关进人民当家作主的制度笼子，让权力在公民权利的阳光下运行。

（三）紧紧抓住"个性和共性"的关系

这一重大核心问题全面深化文化体制改革，充分发挥中国特色社会主义文化制度坚定文化自信、促进文化繁荣的内在优势和强大活力。

文化是民族的血脉，是国家和民族的灵魂。任何形态的文化都首先具有鲜明的"个性"特征，是一定民族的文化传统和文化价值的集中体现；同时文化又具有极强烈的交流性和交融性，现代文化尤其具有鲜明的"共性"特征。遵循"文化个性"和"文化共性"相统一，既从本国和本民族的文化传统出发，保持文化的本土特色和民族特色，又密切顺应时代潮流，尊重世界文化的多样性和包容性，是一个国家文化发展和文化繁荣的必由之路。中国特色社会主义文化，就是坚持"文化个性"和"文化共性"有机统一的现代文化。党的十九大报告深刻指出："中国特色社会主义文化，源自于中华民族五千多年文明历史所孕育的中华优秀传统文化，熔铸于党领导人民在革命、建设、改革中创造的革命文化和社会主义先进文化，植根于中国特色社会主义伟大实践。发展中国特色社会主义文化，就是以马克思主义为指导，坚守中华文化立场，立足当代中国现实，结合当今时代条件，发展面向现代化、面向世界、面向未来的，民族的科学的大众的社会主义文化，推动社会主义精神文明和物质文明协调发展。"[1] 中国特色社会主义文化这一本质决定，深化新时代文化体制改革，既要对中华优秀传统文化进行创造性转化和创新性发

---

[1] 习近平：《决胜全面建成小康社会，夺取新时代中国特色社会主义伟大胜利——在中国共产党第十九次全国代表大会上的报告》，人民出版社，2017，第41页。

展，又要面向世界，充分借鉴和吸收世界各国先进文化，在马克思主义指导下，共同铸就以传统文化为"根"、以革命文化为"基"、以先进文化为"魂"的中国特色社会主义文化形态，不断坚定中国特色社会主义文化自信。

（四）紧紧抓住"管治和共治"的关系

这一重大核心问题全面深化社会管理体制改革，充分发挥中国特色社会主义社会治理制度促进共建共治共享的内在优势和强大活力。

传统社会治理和现代社会治理的根本区别在于是"管治"还是"共治"，是"一元"还是"多元"。中国特色社会主义进入新时代，我国社会治理进入"多元共治"新阶段。党的十九大报告明确要求："打造共建共治共享的社会治理格局。加强社会治理制度建设，完善党委领导、政府负责、社会协同、公众参与、法治保障的社会治理体制，提高社会治理社会化、法制化、智能化、专业化水平。"[①] 进一步突破和消除传统"管治"理念和体制的影响，充分调动和发挥广大人民群众参与社会共同治理的积极性、主动性和创造性，确保社会机体既充满活力又和谐有序，不断满足人民日益增长的美好生活需要，不断促进社会公平正义，使全体人民的获得感、幸福感、安全感更加充实、更有保障、更可持续，是新时代深化社会治理改革的根本出发点和落脚点。

（五）紧紧抓住"人和自然"的关系

这一重大核心问题全面深化生态治理体制改革，充分发挥中国特色社会主义生态文明制度尊重自然、顺应自然、保护自然，促进人与自然和谐共处的内在优势和强大活力。

人类是大自然的宠儿，大自然不仅用自己丰厚的资源无私地养育了

---

① 习近平：《决胜全面建成小康社会，夺取新时代中国特色社会主义伟大胜利——在中国共产党第十九次全国代表大会上的报告》，人民出版社，2017，第49页。

人类，而且以自己博大的胸怀赐予人类以力量和智慧。人类只有一个地球可以生存，理当倍加珍惜和爱护。人类只有遵循自然规律才能有效防止在开发利用自然上少走弯路，人类对大自然的伤害最终必然伤及人类自身，这是无法抗拒的规律。大自然铁的规律决定，建设中国特色社会主义，必须切实处理好"人和自然"的关系问题，尊重自然、顺应自然、保护自然，着力建设美丽中国。党的十九大报告深刻指出："我们要建设的现代化是人与自然和谐共生的现代化，既要创造更多物质财富和精神财富以满足人民日益增长的美好生活需要，也要提供更多优质生态产品以满足人民日益增长的优美生态环境需要。"① 这一崭新结论，是我们党在总结长期历史经验和教训中实现的新的觉醒，是在新时代进一步深化生态治理体制改革、促进中国特色社会主义生态文明制度更加"定型化"和"深度优化"必须时刻遵循的基本原则。

① 习近平：《决胜全面建成小康社会，夺取新时代中国特色社会主义伟大胜利——在中国共产党第十九次全国代表大会上的报告》，人民出版社，2017，第50页。

第六讲

新中国 70 年国家制度建设的内在逻辑

　　"国家是文明社会的概括。"① 国家问题"是关系全部政治的主要的和根本的问题"②。70 多年前，中华人民共和国的胜利诞生，标志着"中国人从此站立起来了"③。"中国的历史，从此开辟了一个新的时代。"④ 70 多年来，在中国共产党坚强领导下，社会主义新中国国家建设走过了不平凡的辉煌历程。从社会主义建设初期的国家制度建构，到改革开放新时期的国家制度改革，再到中国特色社会主义进入新时代的国家制度现代化实践，国家由弱到强，治理体系愈益完善、治理能力愈益提升、制度含量愈益增大、法治保障愈益健全、国际形象愈益完美，有力发挥了保护人民利益、促进经济发展、维护社会稳定、捍卫国家安全的"公共权力"机构作用，有力保障了中华民族和中国人民实现由站起来到富

---

　　① 恩格斯：《家庭、私有制和国家的起源》，载《马克思恩格斯文集》第 4 卷，人民出版社，2009，第 195 页。

　　② 《列宁选集》第 4 卷，人民出版社，1992，第 42 页。

　　③ 毛泽东：《中国人从此站立起来了》，载《毛泽东文集》第 5 卷，人民出版社，1998，第 343 页。

　　④ 毛泽东：《中国人民大团结万岁》，载《毛泽东文集》第 5 卷，人民出版社，1998，第 348 页。

起来再到迎来强起来的伟大历史性飞跃。中华人民共和国 70 多年国家制度建设史，既深刻彰显了马克思主义国家学说所深蕴的理论逻辑，又深刻彰显了中国社会发展所深蕴的历史逻辑；理论逻辑与历史逻辑的有机结合，集中体现了中国共产党在长期执政实践中领导社会主义国家制度建设所特有的政治胆略和政治智慧。

一、 以国家制度建构建立和保障社会主义新秩序

调节社会矛盾，是国家形成的内在逻辑；维护社会秩序，是国家存在的最大合理性。恩格斯说："国家是社会在一定发展阶段上的产物；国家是承认：这个社会陷入了不可解决的自我矛盾，分裂为不可调和的对立面而又无力摆脱这些对立面。而为了使这些对立面，这些经济利益互相冲突的阶级，不致在无谓的斗争中把自己和社会消灭，就需要有一种表面上凌驾于社会之上的力量。这种力量应当缓和冲突，把冲突保持在'秩序'的范围之内；这种从社会中产生但又自居于社会之上并且日益同社会异化的力量，就是国家。"[1] 无产阶级在取得革命胜利、打碎旧的国家机器之后，之所以还需要国家，之所以必须把新国家的建构作为头等重要的任务，根本原因就在于，新社会仍然存在着矛盾，甚至仍然存在着冲突，仍然需要运用新国家力量来调节社会矛盾、消除社会冲突，把冲突保持在"秩序"的范围之内。这一政治逻辑，在新中国成立前后毛泽东关于新国家建设的一系列重要论述中得到了充分展示和系统阐明。新中国诞生前夕，1949 年 6 月 30 日，毛泽东发表了《论人民民主专政》一文以纪念中国共产党成立 28 周年。这是一篇系统论述新中国性质、功能和构成的纲领性文献。毛泽东精辟指出："总结我们的经验，集中到一点，就是工人阶级（经过共产党）领导的以工农联盟为基础的人民民主

① 恩格斯：《家庭、私有制和国家的起源》，载《马克思恩格斯文集》第 4 卷，人民出版社，2009，第 189 页。

专政。这个专政必须和国际革命力量团结一致。这就是我们的公式，这就是我们的主要经验，这就是我们的主要纲领。"① 毛泽东特别强调，"人民是什么？在中国，在现阶段，是工人阶级、农民阶级、城市小资产阶级和民族资产阶级。这些阶级在工人阶级和共产党的领导之下，团结起来，组成自己的国家，选举自己的政府。"② 人民民主专政的国家机构，对敌人实行专政，在人民内部实行民主，这是相辅相成、不可分割的新国家职能。"对人民内部的民主方面和对反对派的专政方面，互相结合起来，就是人民民主专政。"为什么要坚持在人民内部实行民主和对人民的敌人实行专政？归根到底这是社会主义国家建设的需要。"不这样，革命就要失败，人民就要遭殃，国家就要灭亡。"③ 毛泽东的这些重要论述，渗透着马克思主义国家学说的基本原理和思想精髓，为不久之后诞生的新中国的国家制度建设指明了根本方向。20 世纪 50 年代的国家制度建构，成功回答了在中国这样经济文化基础十分薄弱、缺乏现代国家建设历史积淀的特殊条件下如何建设社会主义新国家的一系列重大问题。

（一）国家制度建构的根本价值：坚持人民当家作主

人民在国家制度中居于何种位置，是区分旧国家制度和新国家制度的根本标志。马克思早在青年时代就明确地研究和回答了新国家建构的这一根本问题。他在《黑格尔法哲学批判》一书中深刻指出："在君主制中是国家制度的人民；在民主制中则是人民的国家制度。""人民是否有权来为自己建立新的国家制度呢？对这个问题的回答应该是绝对肯定的，因为国家制度如果不再真正表现人民的意志，那它就变成有名无实的东西了。""不是国家制度创造人民，而是人民创造国家制度。"④ **国家为人**

---

① 毛泽东：《论人民民主专政》，载《毛泽东选集》第 4 卷，人民出版社，1991，第 1480 页。
② 同上书，第 1475 页。
③ 同上。
④ 马克思：《黑格尔法哲学批判》，载《马克思恩格斯全集》第 1 卷，人民出版社，1956，第 281 页、第 316 页。

民所创造、为人民所拥有，为保护和实现人民的主体地位而存在和运行，这就是社会主义国家制度建构的根本原则和核心价值。

新中国建立前夕，毛泽东突出地强调新国家制度建设的这一根本原则和核心价值。"共产党领导的人民民主专政的政府，对人民内部来说，不是专政或独裁的，而是民主的。这个政府是人民自己的政府。这个政府的工作人员对于人民必须是恭恭敬敬地听话的。"[①] "人民的国家是保护人民的。有了人民的国家，人民才有可能在全国范围内和全体规模上，用民主的方法"[②] 进行自我教育和自我提高，使自己真正成为社会主义新国家的主人。正是由于以毛泽东为代表的中国共产党人明确地一以贯之地坚持新中国国家制度建构的人民性，从而赢得了社会各界和广大人民发自内心的认同和支持，1949 年 9 月 21 日至 30 日，包括各民主党派和各人民团体在内的、"具有代表全国人民的性质""获得全国人民的信任和拥护"[③] 的中国人民政治协商会议在北平（北京）胜利召开。这次政协会议，代行全国人民代表大会的职权，讨论并决定了一系列国家建构的重大事项，庄严宣告中华人民共和国成立，开启了中国历史的新的时代。

新中国成立后，为了确保和巩固人民当家作主的国家性质，在百废待兴的繁忙日子里，毛泽东紧紧抓住国家制度建构的两大根本性环节：**一是亲自主持起草《中华人民共和国宪法草案》，以国家大法的形式确立人民当家作主的地位。** 宪法草案在总结历史上不同国家建构历史经验的基础上，鲜明体现了原则性和灵活性有机结合的特点。坚持原则性，最根本的就是坚持人民民主的原则，明确新中国的性质是无产阶级领导的、以工农联盟为基础的人民民主专政；人民是国家的主人，民主的原则贯

---

① 毛泽东：《为什么要讨论白皮书?》，载《毛泽东选集》第 4 卷，人民出版社，1991，第 1503 页。

② 毛泽东：《论人民民主专政》，载《毛泽东选集》第 4 卷，人民出版社，1991，第 1476 页。

③ 毛泽东：《中国人从此站立起来了》，载《毛泽东文集》第 5 卷，人民出版社，1998，第 343 页。

穿整个宪法一切条文。体现灵活性，最根本的就是坚持一切从中国实际出发，"现在能实行的我们就写，不能实行的就不写"①，待以后国家发展了、社会进步了再作修订。**二是筹备和胜利召开全国人民代表大会，正式制定宪法和相关重要法律，选举产生新的国家领导工作人员。**1954 年 9 月，第一届全国人民代表大会第一次会议在北京胜利召开，"标志着我国人民从 1949 年建国以来的新胜利和新发展的里程碑"②，标志着人民当家作主的国家建设初步迈上了制度化和法制化新征程。

（二）国家制度建构的根本职能：建立良好经济社会新秩序

作为社会公共管理机构的国家，其根本职能是建立和巩固良好的社会秩序，把社会矛盾和冲突保持在"秩序"范围之内。能否履行好这一根本职能，是衡量国家性质与状况的一个重要标志，也是决定执掌国家政权的政党与阶级能否维持执政地位、运用国家力量推进社会发展的一个重要因素。恩格斯指出："政治统治到处都是以执行某种社会职能为基础，而且政治统治只有在它执行了它的这种社会职能时才能持续下去。"③这一国家产生与运行的基本规律和普遍原则，对于共产党执政、人民当家作主的社会主义国家建构来说，尤其具有迫切的特殊的重大意义。在打碎旧的国家机器之后，共产党如果不能紧紧依靠人民很快地稳定国家政权、发展国民经济、恢复社会秩序，解决好革命时期遗留下来的任务，荡涤旧社会残存的污泥浊水，并尽可能快地改善人民生活，那么国家政权就很难稳定，党的执政地位就很难巩固，就有可能面临得而复失的危险。这是对新生国家政权的最严峻考验。

1949 年中华人民共和国成立之后，新生的社会主义国家政权面临严

---

① 毛泽东：《关于中华人民共和国宪法草案》，载《毛泽东文集》第 6 卷，人民出版社，1998，第 326—327 页。

② 毛泽东：《为建设一个伟大的社会主义国家而奋斗》，载《毛泽东文集》第 6 卷，人民出版社，1998，第 350 页。

③ 恩格斯：《反杜林论》，载《马克思恩格斯文集》第 9 卷，人民出版社，2009，第 187 页。

重困难，刚刚取得全国执政地位的中国共产党面临严峻考验。困难和考验既有外部的，也有内部的；既有经济的，也有政治的；既有公开的，也有隐蔽的；既有局部性的，也有全国性的。而其中最紧要的、具有"牵一发而动全身"作用的，就是如何尽快恢复和建立正常的经济和社会秩序。对此，新中国成立前后，毛泽东多次提醒全党，要未雨绸缪。他在党的七届二中全会上深刻告诫全党："从我们接管城市的第一天起，我们的眼睛就要向着这个城市的生产事业的恢复和发展"，尽快解决"工业陷于停顿状态，引起工人失业，工人生活降低"等问题，"这种状态是完全不能容许的"。"如果我们在生产工作上无知，不能很快地学会生产工作，不能使生产事业尽可能迅速地恢复和发展，获得确实的成绩，首先使工人生活有所改善，并使一般人民的生活有所改善，那我们就不能维持政权，我们就会站不住脚，我们就要失败。"[①] 同时，如何"改造社会"的任务也严峻地摆在新生的共和国国家政权面前，毛泽东强调，这是比经济问题还要重要得多的政治问题和社会问题。如何做到实事求是、坚持到底，迅速恢复正常社会秩序，"这是共产党人统治国家的一次很好的学习，对全党和全国人民都具有很大的意义"。[②] 沧海横流，尽显英雄本色。面对严重困难和严峻考验，以毛泽东为代表的共和国缔造者们和年轻的执政者们，以大无畏的政治胆略和辩证唯物主义的政治智慧，千头万绪抓根本，在新中国成立之初，即在全国范围既完成没收官僚资本为国家所有、推进新解放区土地改革、镇压反革命等民主革命遗留的各项任务，又开展了"三反""五反"斗争、打退资产阶级的进攻等社会主义革命的现实任务，从而在短短 3 年之内即建立起良好的社会新秩序，为贯彻党在过渡时期的总路线，完成国家工业化和对农业、手工业、资本主义工商业的社会主义改造，全面建立社会主义基本经济制度奠定了

---

① 毛泽东：《在中国共产党第七届中央委员会第二次全体会议上的报告》，载《毛泽东选集》第 4 卷，人民出版社，1991，第 1428 页。

② 毛泽东：《关于"三反"、"五反"》，载《毛泽东文集》第 6 卷，人民出版社，1998，第 203 页、第 204 页、第 195 页。

坚实的基础。

（三）国家制度建构的根本任务：组织和推进社会主义现代化建设

作为政治上层建筑的集中体现，国家的存在和发展永远离不开经济的解放和发展。因此，**加强经济建设，提升经济现代化水平，既是现代国家发展的根本基础，又是国家制度建设的根本任务**。恩格斯曾指出，一切国家形式，"归根到底都是围绕着经济解放进行的"，"经济关系的领域是决定性因素"。[1] "如果政治权力在经济上是无能为力的，那么我们何必要为无产阶级的政治专政而斗争呢？"[2] 早在《共产党宣言》中，马克思和恩格斯就已明确地认定经济的解放、生产力的发展对于无产阶级掌握国家政权的极端重要性，深刻指出，"无产阶级将利用自己的政治统治，一步一步地夺取资产阶级的全部资本，把一切生产工具集中在国家即组织成为统治阶级的无产阶级手里，并且尽可能快地增加生产力总量"。[3] 马克思主义国家学说的这一重要原理，在社会主义新中国国家现代化建设过程中得到了充分证明和深刻彰显。

现代化，是伴随工业革命之后人类社会的一次伟大觉醒，正是这个伟大觉醒，孕育了关于现代化的国家意识和国家职能；现代化，是当今世界科技革命、信息革命引发的人类社会的一次伟大革命，正是这个伟大革命，促进社会生产力发生了质的飞跃，促进生产关系和上层建筑发生了巨大变革。现代化，对于饱经苦难和落后挨打的中华民族和中国人民来说，尤其具有特别的情节和特殊的意义。自1840年鸦片战争以来，中华民族无数仁人志士、英雄儿女为谋求实现现代化之路奔走呼号、上

---

① 恩格斯：《路德维希·费尔巴哈和德国古典哲学的终结》，载《马克思恩格斯选集》第4卷，人民出版社，1995，第251页。

② 恩格斯：《致康·施米特》，载《马克思恩格斯选集》第4卷，人民出版社，1995，第705页。

③ 马克思、恩格斯：《共产党宣言》，载《马克思恩格斯选集》第1卷，人民出版社，1995，第293页。

下求索，不惜付出鲜血与生命的代价。现代化，对于执政不久的共和国缔造者们来说，尤其成为一种不懈的追求和领导国家建设的内在动力。70多年前，当毛泽东主席在北京庄严宣布"中华人民共和国成立了""中国人从此站立起来了"的时候，一个凝重的历史性课题就摆在共和国缔造者面前：**怎样尽快改变旧中国遗留下来的积贫积弱状况，努力建成社会主义现代化强国？**这不仅成为中国共产党人在全国执政不久的执政意识，而且成为年轻的中华人民共和国的国家意识。1954年，毛泽东在领导起草国家宪法时，就明确提出了"建设一个伟大的社会主义国家的总目标"和"实现社会主义工业化""实现农业的社会主义化、机械化"的总任务。① 1957年，他在党的全国宣传工作会议的讲话中明确提出："新的社会制度还刚刚建立，还需要有一个巩固的时间。""要使它最后巩固起来，必须实现国家的社会主义工业化，坚持经济战线上的社会主义革命，还必须在政治战线和思想战线上，进行经常的、艰苦的社会主义革命斗争和社会主义教育。""我们大家应该看到，这个社会主义制度是一定会巩固起来的。我们一定会建设一个具有现代工业、现代农业和现代科学文化的社会主义国家。"② 1959年，在《读苏联〈政治经济学教科书〉的谈话》中，毛泽东进一步提出："建设社会主义，原来要求是工业现代化、农业现代化、科学现代化，现在要加上国防现代化"③。这样，以"四个现代化"为核心内容的新中国现代化战略构想基本形成。这个时期，毛泽东主席特别强调，"要安下心来"努力建设"现代化的工业、现代化的农业、现代化的科学文化和现代化的国防"。④ 正是在毛泽东

---

① 毛泽东：《关于中华人民共和国宪法草案》，载《毛泽东文集》第6卷，人民出版社，1998，第329页。

② 毛泽东：《在中国共产党全国宣传工作会议上的讲话》，载《毛泽东文集》第7卷，人民出版社，1999，第268页。

③ 毛泽东：《读苏联〈政治经济学教科书〉的谈话》，载《毛泽东文集》第8卷，人民出版社，1999，第116页。

④ 毛泽东：《中尼边界要永远和平友好》，载《毛泽东文集》第8卷，人民出版社，1999，第162页。

"四个现代化"战略构想指引下，20世纪50年代，我们党在完成社会主义所有制改造、建立起社会主义基本经济制度之后，即把党和国家的工作重心转到社会主义现代化建设上来，运用社会主义制度集中力量办大事的优势，在经济建设和基础建设实施方面取得了一系列重大成就，使年轻的共和国经受住了西方敌对势力的蓄意破坏和抗美援朝战争的严峻考验，巍然屹立在世界东方。

总之，**社会主义建设初期的国家制度建构，在坚持和保障人民当家作主权利、建立良好经济社会秩序、组织和推进现代化建设等方面，释放了坚强的国家意志和国家力量，彰显了中国共产党人的执政理念和执政智慧，为中华民族和中国人民真正站起来打下了强有力的政治基础、提供了根本性的政治保障。**尽管20世纪60年代之后尤其是"文化大革命"时期，由于党在社会主义建设指导思想上发生了偏颇，国家的某些职能演变为"全面专政"的工具，国家制度建设产生了严重失误和曲折，但是我们党在20世纪50年代领导国家和社会主义建设规律时所取得的辉煌成就和积累的成功经验，对于社会主义新中国的国家建设，对于探索共产党执政规律，具有普遍性和长远性的指导意义。

二、 以国家制度改革开创和发展中国特色社会主义

1978年12月召开的党的十一届三中全会，开创了我国改革开放新时期，也开启了社会主义国家制度建设新纪元。**改革开放是我们党领导国家制度建设的一次伟大觉醒，这一觉醒的突出标志，就是清醒认识到党和国家领导体制中存在着严重弊端，必须以党和国家制度改革清除制约社会主义优越性的体制性弊端和制度性障碍；改革开放是我们党领导国家制度建设的一场伟大革命，这场革命的突出成果，就是通过党和国家制度改革成功开创了中国特色社会主义道路、不断完善了中国特色社会主义制度，并依托党的领导和国家制度的力量把中国特色社会主义不断**

推向前进。1980 年 8 月 18 日邓小平在中央工作会议上所作的《党和国家领导制度的改革》的重要报告，堪称改革开放新时期中国共产党领导和推进国家制度改革与建设的伟大纲领。

制度变革是一切社会发展的必然规律，制度改革尤其是社会主义社会的本质属性。科学社会主义创始人恩格斯早就指出："所谓'社会主义社会'不是一种一成不变的东西，而应当和其他任何社会制度一样，把它看成是经常变化和改革的社会。"① 社会主义社会的改革逻辑，在 20 世纪 70 年代末至 80 年代初的中国，主要表现为两个基本方面：一是以安徽凤阳小岗村为代表的农村改革，这是一场人民群众自动发起的带有"自发性"的改革，改革自下而上、由点到面，形成了农村生产关系和基层管理体制的一场伟大革命。这场波澜壮阔的农村改革，极大地解放和发展了社会生产力，调动了几亿农民的积极性，为社会主义新中国的发展增生了强大活力。正如邓小平在 1992 年南方重要讲话中总结性地指出，"农村搞家庭联产承包，这个发明权是农民的。农村改革中的好多东西，都是基层创造出来，我们把它拿来加工提高作为全国的指导"② 。二是以党和国家领导制度、组织制度、人事制度改革为标志的政治改革，这是一场由党中央直接发动和领导的具有"自觉性"的改革，改革自上而下、全面推开，在反对官僚主义、清除特权现象、废除干部领导职务终身制、推行现代公务员制度以及健全干部选举、招考、考核、弹劾、轮换制度等重要领域取得了重大成果，为彻底肃清"文化大革命"的影响提供了重要条件，为党和国家机构增添了强大活力，为充分调动人民群众的积极性、进一步解放和发展社会生产力提供了有力保障。正如邓小平 1986 年对这场改革作出的高度评价："只搞经济体制改革，不搞政治体制改革，经济体制改革也搞不通，因为首先遇到人的障碍。"从一定意义上来

---

① 恩格斯：《致奥托·冯·伯克尼》，载《马克思恩格斯文集》第 10 卷，人民出版社，2009，第 588 页。

② 邓小平：《在武昌、深圳、珠海、上海等地的谈话要点》，载《邓小平文选》第 3 卷，人民出版社，1993，第 382 页。

说，"我们所有的改革最终能不能成功，还是决定于政治体制改革"。[①]"自下而上"的农村改革和"自上而下"的领导制度改革，都离不开党和国家的强大力量，实质上社会主义社会的改革既是党和国家领导和支持的一场伟大的社会革命，又是党和国家自身的一场伟大的自我革命。这两大改革，不啻是改革开放新时期的中国两道最亮丽的风景线，为中国特色社会主义道路的开辟和中国特色社会主义制度的形成奠定了最坚实的基础。

新时期的国家制度改革，从党和国家领导制度的层面深刻回答了社会主义国家如何确保"社会公共权力"的本质、"防止国家和国家机关由社会公仆变为社会主人"这样一个"至今所有的国家中都是不可避免"的重大问题，[②] 不仅体现了如何解决新中国国家建设中现实问题的特殊意义，而且彰显了如何实践马克思主义国家学说的普遍价值。

（一）国家改革的根本动因：清除官僚主义弊端

社会矛盾运动是社会变革的根本动因。新中国建立初期，毛泽东就对社会主义社会主要矛盾的客观性和改革的必然性进行了深入研究，明确提出，社会主义社会仍然存在着矛盾，基本矛盾"仍然是生产关系和生产力之间的矛盾，上层建筑和经济基础之间的矛盾。不过社会主义社会的这些矛盾，同旧社会的生产关系和生产力的矛盾、上层建筑和经济基础的矛盾，具有根本不同的性质和情况罢了"[③]。一切剥削制度社会的基本矛盾，导致的必然结果是旧制度被新制度所取代的革命，而社会主义社会的基本矛盾，导致的必然结果是社会主义制度自我调整与完善的

---

① 邓小平：《在全体人民中树立法制观念》，载《邓小平文选》第 3 卷，人民出版社，1993，第 164 页。

② 恩格斯：《马克思〈法兰西内战〉1891 年单行本导言》，载《马克思恩格斯选集》第 3 卷，人民出版社，1995，第 12 页。

③ 毛泽东：《关于正确处理人民内部矛盾的问题》，载《毛泽东文集》第 7 卷，人民出版社，1999，第 214 页。

改革。从制度调整的广度和深度来说，改革也是一场革命，但这是与制度更替的革命所不相同的一种革命，是无产阶级执政党在领导国家制度建设上的一场自我革命。**党的十一届三中全会召开不久邓小平就明确提出推进党和国家领导制度改革的重大任务，深刻彰显了改革开放新时期的中国共产党人勇于自我革命的高度自觉和无畏气概，这也是调节社会主义社会的基本矛盾在国家建设上的突出任务。**

由于封建主义残余的长期积淀，由于"文化大革命""左"的思潮的深重影响，党和国家领导制度中存在着严重的官僚主义弊端。邓小平尖锐指出，官僚主义是党和国家机构中存在种种问题的"总病根"。他在《党和国家领导制度的改革》中，对官僚主义弊端进行了鞭辟入里、切中要害的剖析："官僚主义现象是我们党和国家政治生活中广泛存在的一个大问题。它的主要表现和危害是：高高在上，滥用权力，脱离实际，脱离群众，好摆门面，好说空话，思想僵化，墨守成规，机构臃肿，人浮于事，办事拖拉，不讲效率，不负责任，不守信用，公文旅行，互相推诿，以至官气十足，动辄训人，打击报复，压制民主，欺上瞒下，专横跋扈，徇私行贿，贪赃枉法，等等"。① 邓小平着重指出，如此种种官僚主义现象的总根源，就是特权思想和特权制度。权力为我所私有、权力为我所垄断，这"同我国历史上封建专制主义的影响有关"，也同共产国际时期形成的高度集权体制有关。"权力过分集中于个人或少数人手里，多数办事的人无权决定，少数有权的人负担过重，必然造成官僚主义"，必然要损害党的民主集中制，必然要破坏国家的正常秩序。② 邓小平特别强调，党和国家政治生活中存在的严重官僚主义问题，不是哪一个人的责任，而归根到底是制度问题，"制度好可以使坏人无法任意横行，制度不好可以使好人无法充分做好事，甚至会走向反面"③。对于共产党执政

---

① 邓小平：《党和国家领导制度的改革》，载《邓小平文选》第2卷，人民出版社，1994，第329页。

② 同上书，第330页。

③ 同上书，第332页。

和社会主义国家建设来说，领导者个人的作用固然是重要的，但是"领导制度、组织制度问题更带有根本性、全局性、稳定性和长期性。这种制度问题，关系党和国家是否改变颜色，必须引起全党的高度重视"①。正是这种制度问题的极端重要性和清除官僚主义、特权现象弊端的现实迫切性，成为党的十一届三中全会后国家制度改革任务更加凸显的内在逻辑。

反对特权思想，清除官僚主义，我国改革开放新时期这一国家制度改革的主要指向，对于共产党执政后的国家改革和国家建设，具有长远性和普遍性指导意义。抑或说，共产党执政时间越长，这一国家制度改革的任务越迫切、越艰巨。马克思恩格斯高瞻远瞩指出，无产阶级执掌国家政权后，要时刻防止国家和国家机关由"社会公仆"变为"社会主人"；列宁耳提面命告诫，如果说有什么东西能够毁掉苏维埃共和国的话，那就是执政党和国家机构中的官僚主义；毛泽东一针见血强调，要警惕执政党内形成官僚主义者阶层。马克思主义经典作家的这些精辟论述和谆谆告诫，深刻揭示了社会主义国家建设中的深层隐患，不啻是共产党执政征途上常鸣的警钟。党的十八大以后，以习近平同志为代表的当代中国共产党人把反对特权思想、清除官僚主义提到制度改革与建设更加突出的位置，作为全面从严治党的重要内容和推进国家治理现代化的突出任务。整治"四风"顽症、严肃党内政治生活、净化党内政治生态、严格党的政治纪律和规矩、加强党内政治文化建设、进行"不忘初心、牢记使命"主题教育，这些重大举措，指向一以贯之，目的就是一个：清除党和国家制度中的仍然存在比较严重的官僚主义和特权思想弊端，从完善制度上确保党和国家机关工作人员"保持为民务实清廉的政治本色，自觉同特权思想和特权现象做斗争，坚决预防和反对腐败，清清白白为官、干干净净做事、老老实实做人"②。

---

① 邓小平：《党和国家领导制度的改革》，载《邓小平文选》第 2 卷，人民出版社，1994，第 333 页。

② 习近平：《在"不忘初心、牢记使命"主题教育工作会议上的讲话》，《人民日报》2019 年 6 月 1 日。

（二）国家制度改革的根本任务：理顺国家与社会的关系

国家是从社会中分离出来的公共管理机构，因而自从有了国家，也就有了如何处理国家与社会的关系这一国家制度改革和建设的根本性问题。恩格斯指出："政治权力在对社会独立起来并且从公仆变为主人以后，可以朝着两个方向起作用。或者按照合乎规律的经济发展的精神和方向去起作用，在这种情况下，它和经济发展之间没有任何冲突，经济发展加快速度。或者违反经济发展而起作用，在这种情况下，除去少数例外，它照例总是在经济发展的压力下陷入崩溃。"[①] 恩格斯所分析的国家运行的两种情况，具有普遍性。社会主义国家虽然在本质上说已经不是原来意义上的国家了，而是一种过渡型的国家或者是列宁所说的"半国家"[②]，但是社会主义国家依然具有"凌驾于社会之上"的特点与表征，依然面临着如何处理好国家与社会的关系这一重大问题。**共产党执政和国家制度改革的一个根本性任务，就是要适应经济社会发展要求的理顺国家与社会的关系，确保国家权力和国家机构朝着有利于经济社会发展的方向起保护和促进作用，而防止和消除一切违反经济社会发展方向的任何国家行为。**

改革开放初期邓小平关于党和国家领导制度改革的重要思想，正是深刻坚持和彰显了马克思主义国家学说的基本原理和国家改革与建设的内在逻辑。20世纪80年代初，邓小平在总体设计和积极推进政治体制改革过程中反复强调，改革党和国家的领导制度以及组织制度、人事制度等，必须努力实现三个方面的任务：一是解放生产力、发展生产力，逐步改善人民的物质文化生活，为经济现代化建设提供有力的政治保障；二是充分发展社会主义民主，保证全体人民真正享有通过各种有效形式管理国家、特别是管理基层地方政权和各项社会事务的权力，享有各项

---

① 恩格斯：《反杜林论》，载《马克思恩格斯选集》第3卷，人民出版社，1995，第526页。

② 列宁：《马克思主义论国家》，人民出版社，1964，第52页。

公民权利，调动人民群众的积极性，巩固和发展安定团结、生动活泼的政治局面；三是大量培养、发现、提拔、使用社会主义现代化建设人才。邓小平特别强调，"党和国家的各项制度究竟好不好，完善不完善，必须用是否有利于实现这三条来检验"①。无疑，这也是检验党和国家领导制度改革是否顺利、能否成功的根本标准。这三大方面的改革任务，贯穿一条主线，就是理顺国家与社会的关系，运用党的领导和国家的力量"充分发挥社会主义制度的优越性，加速现代化建设事业的发展"。② 正是在邓小平改革思想的指引下，我国新时期党和国家领导制度改革，在理顺国家与社会的关系问题上取得了一系列重大突破。

1. 理顺"政企"关系，充分发挥市场配置资源的决定性作用，同时更好发挥政府作用。新时期改革开放在促进经济社会发展上的最重大成就，莫过于由传统计划经济社会转变为社会主义市场经济社会。以现代市场机制为导向的改革开放，极大地调动了亿万人民的积极性，使劳动、知识、技术、管理、资本等一切社会资源都充满了内在活力，同时也为如何调节国家与社会的关系赋予了新的内涵、提出了新的挑战。既要使市场在配置资源中发挥决定性作用，又要更好发挥政府作用，这是新时期国家改革的一个突出内容，也是一种内在逻辑。中国共产党在领导社会主义市场经济改革中，不断总结经验，既成功解决了市场机制不到位所造成的企业缺乏创新力和竞争力的问题，又进一步解决了市场运作"失灵"即由于利益驱动而导致对公平正义秩序的干扰和破坏的问题；既深入解决了政府干预过多从而造成对市场竞争规则的干扰和破坏的问题，又进一步解决了政府调控不力和服务不力，不作为、乱作为甚至懒政庸政等问题。总之，政府与市场关系的理顺与定位，充分彰显了新时期国家改革所释放出的强大国家力量。

---

① 邓小平：《党和国家领导制度的改革》，载《邓小平文选》第 2 卷，人民出版社，1994，第 322—323 页。

② 同上书，第 322 页。

2. 理顺"政社"关系，促进社会组织发育发展，充分激发社会机体活力。早在改革开放之初，邓小平就明确指出，增强社会机体活力，"充分调动人民和各行各业基层的积极性"，这是我国改革要达到的一个"总的目的"。① 新时期的政治改革和社会变革，逐步解决了传统国家管理模式下"一统就死、一放就乱"的体制性弊端，国家部分社会管理职能向社会转移，大力发展基层社会生活群众自治，促进各类社会组织规范有序发展，有力调动了社会各界的积极性。在国家与社会的关系问题上，由"管治"到"共治"、由"一元"到"多元"、由"控制型"到"服务型"，是新时期国家改革的重要内容，也是重大成果。国家还权于社会、放权于社会，充分支持和引导社会多元化发展，着力打造共建共治共享的社会治理新格局，这一国家改革的新内涵、新进展，充分彰显了中国共产党长期执政的执政自信和国家自信。

3. 理顺"党群"关系，紧紧依靠人民群众，不断夯实党执政的社会基础，确保国家"社会公仆"的本质功能。中国共产党是执政党，东西南北中、党政军民学，党是领导一切的。国家建设的基本方略和大政方针是由党领导制定的，国家机构中的主要岗位是由党员领导干部担任的，因此党的建设与国家建设不可分割地结合在一起，密切新时期党同人民群众的关系，不仅具有深邃的党的建设意义，而且具有鲜明的国家建设意义。改革开放伊始，邓小平就尖锐提出，改革党和国家领导制度，必须加强和改善党的领导，推进新时期党的建设伟大工程；新时期党的建设的核心问题是加强党的作风建设，这就是克服官僚主义、反对特权思想、纠正不正之风、坚决惩治腐败，真正取信于民。邓小平特别强调，"在目前的历史转变时期，问题堆积如山，工作百端待举，加强党的领导，端正党的作风，具有决定的意义。""只有搞好党风，才能转变社会

① 邓小平：《改革的步子要快》，载《邓小平文选》第3卷，人民出版社，1993，第241页。

风气，才能坚持四项基本原则"，① 才能有力推进国家改革和社会发展。民心是最大的政治。改革开放 40 多年的实践反复表明，我们党的最大政治优势是密切联系人民群众，最大政治危险是脱离人民群众；"党群"关系问题具有长期性和全局性，始终是国家改革和国家建设中的最核心问题。

（三）国家制度改革的根本价值：推进制度创新与定型

国家运行的核心问题是制度问题。恩格斯说，国家的存在就是"缓和冲突，把冲突保持在'秩序'的范围以内"②。从本质意义上说，国家即社会发展的"秩序"，而"秩序"的最大权威即制度。在现代社会，国家调节社会关系、化解社会矛盾、促进社会进步的主要政策、方略是通过各类制度来体现和实现的。社会生产力愈益发展，社会机体愈益发达，愈益要求增强国家制度的覆盖面和有效性。而国家制度的完善性和有效性，往往是社会机体充满生机活力的最集中体现。包括政治制度、经济制度、文化制度、社会制度、生态制度、政党制度在内的各种根本制度和基本制度，以及作为根本制度、基本制度具体展开和具体实现的各种体制、机制，是现代国家的根本支撑，对国家机器的正常运行和经济社会的顺利发展产生根本性的促进与保障作用。历史与现实反复表明，具有民主含量和运行效率的现代制度，是现代国家的最重要资源。以发展人民民主、提高行政效率为指向的制度改革与创新，是现代国家改革的根本价值取向。

以党和国家领导制度改革为重要内容和强大动力的我国新时期改革开放，所产生的最大政治效应就是创立并不断完善了中国特色社会主义制度。正是中国特色社会主义制度的不断完善和逐步定型，为实现中华

---

① 邓小平：《坚持四项基本原则》，载《邓小平文选》第 2 卷，人民出版社，1994，第 177—178 页。

② 恩格斯：《家庭、私有制和国家的起源》，载《马克思恩格斯文集》第 4 卷，人民出版社，2009，第 189 页。

民族和中国人民由"站起来"走向"富起来"提供了根本性的政治保障，为中国特色社会主义进入新时代提供了根本性的政治动力。

三、 以国家制度现代化治理推进和实现社会主义全面现代化

党的十八大以来，在以习近平同志为核心的党中央坚强领导下，**中国特色社会主义进入了新时代，国家建设迈开了新征程**。新时代、新征程，意味着中华民族和中国人民在实现站起来、富起来的基础上迎来了走向强起来的伟大飞跃，迎来了实现国家强盛、民族复兴的光明前景；意味着科学社会主义在 21 世纪的中国焕发出强大生机活力，社会主义中国在世界上高高举起了中国特色社会主义伟大旗帜；意味着中国特色社会主义道路、理论、制度、文化不断发展，有力拓展了发展中国家走向现代化的有效路径，给世界上那些既希望加快发展又希望保持自身独立性的国家和民族提供了全新选择，为解决人类问题贡献了中国智慧、提供了中国方案。总之，中国特色社会主义进入新时代，既是中国改革发展的新的历史方位，又是全面推进中国特色社会主义的新的历史起点，正如习近平总书记深刻强调的，"新时代中国特色社会主义是我们党领导人民进行伟大社会革命的成果，也是我们党领导人民进行伟大社会革命的继续，必须一以贯之进行下去"①。

中国特色社会主义进入新时代，不是一种主观的概念认定，而是一种客观的历史进程，即是在党的长期奋斗中尤其是在党的十八大以来以习近平同志为核心的党中央领导全党全国各族人民奋力开创中国特色社会主义新局面的发展进程中逐步形成的。**从国家制度建设层面来说，中国特色社会主义进入新时代的一个突出标志，就是鲜明提出了推进国家制度现代化和治理体系现代化的全面深化改革总目标，果断开启了以制**

---

① 习近平：《在学习贯彻党的十九大精神研讨班上的讲话》，《人民日报》2018 年 1 月 6 日。

度现代化和国家治理现代化推进和实现社会主义全面现代化的国家建设新征程。党的十八届三中全会在总结以往国家改革与建设历史经验的基础上，制定了"完善和发展中国特色社会主义制度，推进国家治理体系和治理能力现代化"的"全面深化改革的总目标"，确立了"到2020年，在重要领域和关键环节改革上取得决定性成果"，"形成系统完备、科学规范、运行有效的制度体系，使各方面制度更加成熟更加定型"的改革总任务。① 这些重大改革举措，紧紧抓住了新时代国家制度建设的最核心问题。党的十八届四中全会在深入总结国家民主和法制建设历史经验的基础上，制定了"建设中国特色社会主义法治体系，建设社会主义法治国家"的全面依法治国"总目标"，确立了"坚持依法治国、依法执政、依法行政共同推进，坚持法治国家、法治政府、法治社会一体建设，实现科学立法、严格执法、公正司法、全民守法，促进国家治理体系和治理能力现代化"的全面依法治国总方略，② 有力促进了当代中国走上"良法善治"的国家治理现代化新道路。党的十八届五中全会明确确立了"坚持以人民为中心"的治国理政根本立场和指导思想，明确提出了"创新、协调、绿色、开放、共享"五大发展理念，为新时代国家治理现代化注入了新的强大活力。党的十八届六中全会进一步提出了严肃党内政治生活、加强党内政治监督的党的建设新任务，开辟了全面从严治党的新境界，为全面提升党的执政能力、确保党的先进性和纯洁性，更好推进国家治理现代化提供了根本保障。

正是在深入总结党的十八大以来以国家治理现代化为核心内容的国家制度建设新成就、新经验的基础上，党的十九大报告着眼"决胜全面建成小康社会，开启全面建设社会主义现代化国家新征程"的国家建设宏伟目标，明确提出"两个十五年"的国家制度建设战略安排：第一个十五年，从2020年到2035年，"我国经济实力、科技实力将大幅跃升，

① 《中共中央关于全面深化改革若干重大问题的决定》，人民出版社，2013，第3页、第7页。
② 《中共中央关于全面推进依法治国若干重大问题的决定》，人民出版社，2014，第4页。

跻身创新国家前列；人民平等参与、平等发展权利得到充分保障，法治国家、法治政府、法治社会基本建成，各方面制度更加完善，国家治理体系和治理能力现代化基本实现"。第二个十五年，从 2035 年到 21 世纪中叶，在基本实现现代化的基础上，把我国建成富强民主文明和谐美丽的社会主义现代化强国；"到那时，我国物质文明、政治文明、精神文明、社会文明、生态文明将全面提升，实现国家治理体系和治理能力现代化，成为综合国力和国际影响力领先的国家"，中华民族将以更加昂扬的姿态屹立于世界民族之林。① 党的十九届四中全会进一步制定了坚持和完善中国特色社会主义制度、推进国家治理体系和治理能力现代化的"总体目标"：到建党 100 年时，在各方面制度更加成熟更加定型上取得明显成效；到 2035 年，各方面制度更加完善，基本实现国家治理体系和治理能力现代化；到新中国成立 100 年时，全面实现国家治理体系和治理能力现代化，使中国特色社会主义制度更加巩固、优越性充分展现。② 正是在全面推进和实现社会主义现代化这一时代"大坐标"上，新时代的国家制度现代化建设和国家治理现代化进程，蕴含着极其深刻的时代价值和时代逻辑。

（一）新时代国家制度和治理现代化，历史性地开启了中国特色社会主义新征程

明确提出并全面推进国家治理现代化，从社会主义整个历史进程来看，具有里程碑式的重大意义，标志着中国共产党领导人民创立的中国特色社会主义进入了一个新的历史阶段。

1. 全面推进国家制度和治理现代化，是深化国家现代化建设的必然选择。社会主义建设初期的国家制度建构，改革开放新时期的国家制度

---

① 习近平：《决胜全面建成小康社会，夺取新时代中国特色社会主义伟大胜利——在中国共产党第十九次全国代表大会上的报告》，人民出版社，2017，第 27—29 页。

② 《中共中央关于坚持和完善中国特色社会主义制度，推进国家治理体系和治理能力现代化若干重大问题的决定》，人民出版社，2019，第 5—6 页。

改革，明确回答和解决了社会主义发展进程中国家建设的一系列基本问题，随着社会主义改革和建设事业的深入推进，如何促进国家自身现代化治理，构建现代化的国家治理体系和治理能力，以适应经济社会现代化发展需要、适应人民群众日益增长的美好生活需要，这一深层次改革任务已经更加凸显到国家建设重要位置上来。明确提出推进国家治理体系和治理能力现代化的全面深化改革总目标和新任务，正是以习近平同志为代表的当代中国共产党人顺应时代要求，坚持问题导向，着力推进国家建设现代化新发展的生动彰显。

2. 全面推进国家制度和治理现代化，是实现中国特色社会主义制度定型化的重大战略。邓小平关于三十年"制度定型"论，高瞻远瞩，深刻揭示了中国特色社会主义制度的发展规律和内在逻辑。从 1992 年南方重要讲话到 2012 年党的十八大召开，我们党领导人民走过了整整二十年在深化改革中实现制度逐步定型的历史进程。2013 年党的十八届三中全会明确提出推进国家治理体系和治理能力现代化，标志着以习近平同志为代表的当代中国共产党人义无反顾地开启了实现中国特色社会主义制度走向更加"定型化"的更为关键更为辉煌的后十年新征程。

3. 全面推进国家制度和治理现代化，是深入解决中国特色社会主义新发展面临重大问题的根本措施。马克思说："问题就是公开的、无畏的、左右一切个人的时代声音。问题就是时代的口号，是它表现自己精神状态的最实际的呼声。"[1] 中国特色社会主义伟大进程，是不断地提出问题、深入地解决问题的过程；中国特色社会主义进入新时代，正是以习近平同志为核心的党中央领导人民把握时代脉搏、坚持问题导向，不失时机地回答和解决当代中国改革与发展面临重大现实问题的结果。鲜明提出并有效推进国家制度和治理现代化的核心要义和深远价值，就是

---

① 《马克思恩格斯全集》第 40 卷，人民出版社，1982，第 290 页。

坚持问题导向，解决重大问题。这一国家改革与建设新战略，表现在新时代改革与发展的各个层面：在经济领域，就是要紧紧抓住"政府与市场"的关系这一重大核心问题全面深化经济体制改革，充分发挥国家在充分发挥市场配置资源的决定性作用、促进经济高质量发展中的内在优势和强大功能；在政治领域，就是要紧紧抓住"权利与权力"的关系这一重大核心问题全面深化政治体制改革，充分发挥国家在制约权力有效运行、保证人民当家作主中的制度化作用；在文化领域，就是要紧紧抓住"文化个性与文化共性"的关系这一重大核心问题全面深化文化体制改革，充分发挥国家在传承传统文化、繁荣民族文化、吸纳外来文化中的文化自信作用；在社会领域，就是要紧紧抓住"管治与共治"的关系这一重大核心问题全面深化社会管理体制改革，充分发挥国家在打造共建共治共享社会治理新格局中的重要导向与保障作用；在生态领域，就是要紧紧抓住"人与自然"的关系这一重大核心问题全面深化生态治理体制改革，充分发挥国家在保护生态文明、促进人与自然和谐共处中的独特功能与重要作用。总之，新时代全面推进国家制度和治理现代化，多层面、多维度地彰显着国家现代化建设在促进经济社会现代化发展、开创中国特色社会主义新征程中的重大作用。

（二）新时代国家制度和治理现代化，创造性地开辟了以制度现代化为核心的全面现代化新境界

制度现代化，是后现代化理论关注的焦点问题，是现代国家建设和国家治理的核心内容。社会主义现代化的关键在于制度现代化。小治治事、中治治人，大治治制，制度是一种以规则或运作模式为主体的社会结构，包括经济制度、政治制度、文化制度、社会制度、生态制度以及各种类型的具体体制和运行机制，是国家治理职能及其行为的根本体现，对国家建设和国家运行发挥根本性的支撑和保障作用。在制度体系中，政治制度尤其居于统领全局、影响长远的位置。一定的政治制度，是一定的国家性质和国家形式的集中体现，是发挥国家职能、施行国家行为的主要载体；政治制度完善与成熟的程度，是国家和社会完善与成熟程度的集中体现。正是从这个根本意义上说，实现制度现代化，是推进国家治理现代化、实现政治现代化的最重要内容，是实现社会主义全面现代化的最关键任务。党的十八届三中全会在《中共中央关于全面深化改革若干重大问题的决定》中明确指出，"当前，我国发展进入新阶段，改革进入攻坚期和深水区。必须以强烈的历史使命感，最大限度集中全党全社会智慧，最大限度调动一切积极因素，敢于啃硬骨头，敢于涉险滩，以更大决心冲破思想观念的束缚、突破利益固化的藩篱"，"形成系统完备、科学规范、运行有效的制度体系"，① 使中国特色社会主义制度更加成熟更加定型。在庆祝改革开放 40 周年大会上的重要讲话中，习近平总书记进一步强调，"制度是关系党和国家事业发展的根本性、全局性、稳定性问题"，推进制度创新，增强制度优势，是我国改革开放的一条基本经验；在前进道路上，"我们要坚决破除一切妨碍发展的体制机制障碍和利益固化藩篱，加快形成系统完备、科学规范、运行有效的制度体系，推动中国特色社会主义制度更加成熟更加定型"。②

从社会主义国家的本质和功能来说，制度现代化与民主政治有机融为一体。 马克思深刻揭示，民主的实质和本质就是人民在国家制度中的位置。他指出，民主发展的基本逻辑关系是——"不是国家制度创造人民，而是人民创造国家制度"③。列宁从国家制度及其治理的角度进一步揭示了民主的实质："民主是国家形式，是国家形态的一种。""民主意味着在形式上承认公民一律平等，承认大家都有决定国家制度和管理国家

---

① 《中共中央关于全面深化改革若干重大问题的决定》，人民出版社，2013，第 7 页。
② 习近平：《在庆祝改革开放 40 周年大会上的讲话》，人民出版社，2018，第 28—30 页。
③ 马克思：《黑格尔法哲学批判》，载《马克思恩格斯全集》第 1 卷，人民出版社，1956，第 281 页。

的平等权利。"① 把确保人民当家作主权利的实现作为制度现代化的核心内容,这是当代中国全面推进国家治理现代化的重要目标和核心价值,从本质上开辟了新时代国家制度和改革与国家建设的新境界。

实现制度现代化,内在要求推进民主和法治现代化,这也是新时代全面推进国家治理现代化的重要内容。现代法治,是人类政治文明的重大成果,是现代国家治理的基本方式。正确处理法治与人治、法治与民主的关系,实行以民主为基础的现代法治,是建设现代国家的关键。法治与社会主义国家建设更是有着特殊的内在的逻辑联系。在社会主义发展史上,一些国家所以出现挫折甚至内乱,最终导致制度改变、国家分裂,一个根本性的原因就是没有走上依法治国的现代国家治理道路。正是在深入总结社会主义国家建设正反经验的基础上,以习近平同志为核心的党中央明确制定了全面依法治国重大战略,开辟了法治国家、法治政府、法治社会一体化建设的国家建设新道路,开启了"民主是法治的灵魂、法治是民主的保障"的现代国家治理新时代。

(三) 新时代国家制度和治理现代化,内生性地增强了中国人民和中华民族走向强起来的新内涵

中国特色社会主义进入新时代,具有特定的时空定位和丰富的内涵界定。新时代,是中国特色社会主义新时代而不是别的什么新时代,通过国家制度和治理现代化促进全面现代化,是中国特色社会主义新时代的主要任务。对于新时代的特有内涵和主要任务,党的十九大报告作出科学表述:"这个新时代,是承前启后、继往开来,在新的历史条件下继续夺取中国特色社会主义伟大胜利的时代,是决胜全面建成小康社会、进而全面建设社会主义现代化强国的时代,是全国各族人民团结奋斗、不断创造美好生活、逐步实现全体人民共同富裕的时代,是全体中华儿

---

① 《列宁选集》第 3 卷,人民出版社,2012,第 201 页。

女勠力同心、奋力实现中华民族伟大复兴中国梦的时代，是我国日益走近世界舞台中央、不断为人类作出更大贡献的时代"①。总之，这是一个中国人民和中华民族在独立自主自强不息发展中由站起来、富起来走向强起来的伟大时代。

"强起来"，这是一个具有现代化内涵和现代化指向的全面变革和全面发展的过程。中国特色社会主义不仅要实现经济强、文化强，而且要实现政治强、社会强；不仅要达到宏观强、总体强，而且要达到微观强、个体强；不仅要体现为强大的对外影响力和塑造力，而且要体现为强大的内质力和创新力。这其中，以全面推进国家现代化治理为动力，引领和促进社会全面改革和全面发展，实现国家强盛与社会强健的有机统一，不啻是中国人民和中华民族走向强起来的最重要内容和最突出标志。党的十八届三中全会开启、十九大以来持续推进的全面推进国家治理现代化的全面深化改革新征程，正是在这一根本方面不断释放着促进中国人民和中华民族走向强起来的重大国家效应。

社会主义建设初期的国家制度建构，改革开放新时期的国家制度改革，中国特色社会主义新时代的国家制度现代化实践，构成新中国 70 多年国家建设波澜壮阔、多彩多姿的现代化伟大进程。这三大国家制度建设进程不是相互孤立、相互割裂的，而是相互依存、相得益彰的：社会主义建设初期的国家制度建构，为改革开放新时期的国家制度改革提供了重要的政治基础和政治条件；改革开放新时期的国家制度改革，为中国特色社会主义新时代的国家制度现代化提供了强大的政治资源和政治动力；而新时代的国家制度现代化，本身就包含着继续推进国家制度建构和国家制度改革的重大任务，把社会主义新中国的国家制度建设提升到一个新的时代高度，为全面建成社会主义现代化强国、实现中华民族伟大复兴奠定了坚强的国家制度基础和国家定力。

---

① 习近平：《决胜全面建成小康社会，夺取新时代中国特色社会主义伟大胜利——在中国共产党第十九次全国代表大会上的报告》，人民出版社，2017，第10—11页。

第七讲

新时代中国政治发展新境界

　　中国特色社会主义进入新时代，这是我们深刻认识和科学把握中国制度自信和制度之治的时代坐标。**新时代具有丰富内涵和鲜明特点，与中国政治发展有着更为内在的逻辑关联：一方面，推进中国特色社会主义进入新时代的首要的决定性因素，是政治的变革和政治的发展；另一方面，新时代中国特色社会主义进一步开拓前进，首要的关键性因素，是进一步拓展当代中国政治改革和政治发展新境界，在全面深化改革中实现制度现代化和国家治理现代化。**政治从本质上说就是国家，"政治就是参与国家事务，给国家定方向，确定国家活动的形式、任务和内容"①。政治的这一特殊功能和实质，决定了在新时代中国特色社会主义新发展中，政治变革和政治发展始终居于统领全局的重要地位，具有"牵一发而动全身"的重要作用。

一、 进一步拓展政治现代化新境界

　　中国特色社会主义进入新时代，具有特定的时空定位和丰富的内涵

---

　　① 《列宁文稿》第 2 卷，人民出版社，1978，第 407 页。

界定。新时代，是在党的十八大以来中国特色社会主义开创性发展中逐步形成的，是中国特色社会主义新时代而不是别的什么新时代。"这个新时代，是承前启后、继往开来、在新的历史条件下继续夺取中国特色社会主义伟大胜利的时代，是决胜全面建成小康社会、进而全面建成社会主义现代化强国的时代，是全国各族人民团结奋斗、不断创造美好生活、逐步实现全体人民共同富裕的时代，是全体中华儿女勠力同心、奋力实现中华民族伟大复兴中国梦的时代，是我国日益走近世界舞台中央、不断为人类作出更大贡献的时代。"① 总之，这是一个中国人民和中华民族在独立自主自强不息发展中由站起来、富起来走向强起来的伟大时代。

强起来，是一个具有现代化内涵和现代化指向的全面变革与发展过程。中国特色社会主义不仅要实现经济强、文化强，而且要实现政治强、社会强；不仅要谋求国家强，而且要谋求人民强；不仅要达到宏观强，而且要达到微观强；不仅表现为强大的对外影响力和塑造力，而且表现为强大的内质力和发展力。从现代化的历史进程、本质特征和构成要素来分析，我国正在开启的决胜全面建成小康社会、全面建设社会主义现代化国家的新征程，是一个经济现代化、政治现代化、文化现代化、社会现代化、生态现代化相互作用、相得益彰、共同推进的全面现代化发展过程。其中，政治现代化又处于特殊的地位，蕴含特殊的功能，释放特殊的作用。**从现代化本质意义和现实任务来说，新时代走向强起来，关键在于进一步拓展政治现代化新境界。**

政治现代化，既是经济和社会现代化的必然要求和必然结果，又是推进经济和社会现代化的强大动力和根本保障。自 1840 年鸦片战争以来 170 多年的历史进程中，政治现代化，一直是中国人民和中华民族不懈的追求。自从英帝国主义坚船利炮轰开中国大门，中国人民和中华民族就沦入落后挨打、任人宰割的悲惨境地。近代中国的落后，归根到底是政

---

① 习近平：《决胜全面建成小康社会，夺取新时代中国特色社会主义伟大胜利——在中国共产党第十九次全国代表大会上的报告》，人民出版社，2017，第 10—11 页。

治的落后。从此，中国人民和中华民族也就开始了谋求现代化尤其是政治现代化的艰难奋斗，无数仁人志士、英雄儿女为实现现代化梦想奔走呼号、上下求索、浴血奋战、抛洒热血，乃至付出生命的代价。然而在那"长夜难明赤县天"的旧中国，政治腐败、国力羸弱、民族分裂，现代化终究不过是"水中月、镜中花"。只有中国共产党领导人民推翻了压在中国人民头上的帝国主义、封建主义、官僚资本主义三座大山，实现了政治独立、人民解放、国家统一、社会稳定，中国人民和中华民族真正站了起来，中国现代化才迈开了坚实的历史性步伐。

以为中国人民谋幸福、为中华民族谋复兴为初心和使命的中国共产党人，为实现中国现代化呕心沥血、久久探索、前赴后继、奋斗不息。以毛泽东为代表的中国共产党人，明确提出"四个现代化"的奋斗纲领，开辟了依托社会主义制度实现中国现代化的新征程。以邓小平为代表的中国共产党人，明确提出"中国式现代化"的奋斗目标，开辟了通过改革开放之路实现中国现代化的新纪元。党的十八大以来，以习近平同志为代表的中国共产党人，承接起实现中国现代化的"接力棒"，明确提出"国家治理现代化"的全面深化改革总目标，有力开辟了通过全面建成小康社会、全面深化改革、全面依法治国、全面从严治党实现中国现代化的新境界。中国现代化历史进程深刻告诉我们，以人民当家作主为核心内容的政治现代化，既是经济社会现代化的最重要前提，又是全面现代化的最重要内容。

从社会主义现代化的特质和发展规律来看，正在走向强起来的中国，现代化前进步伐已经行进到这样一个重要关节点上：既要继续完成工业现代化、农业现代化、科技现代化、国防现代化的历史任务，又要突出完成国家治理现代化、实现制度现代化的紧迫任务，制度现代化的实质就是政治现代化。不着力推进政治现代化，其他方面的现代化不可能上升到新的水平，现代化进程中面临的矛盾和问题不可能得以深入解决，甚至难以为继。**中国特色社会主义进入新时代，最紧迫的任务和最直接**

的要求就是加快中国政治现代化历史进程。

在习近平新时代中国特色社会主义思想中，包含着丰富的政治现代化战略思想，为当代中国政治改革和政治发展指明了根本方向；党的十九大确立的新时代新发展战略，在政治现代化的主要构成要素上，进一步开辟了当代中国政治现代化新境界。

（一）新时代进一步开辟了实现人的现代化新境界

现代化从其本意来说，就是实现和满足人的现代需要的行为和过程；因而现代化的最高指数和根本标准是人的现代素质的提升和人的全面发展。在政治变革和政治发展中实现人的现代化，尤其是社会主义政治现代化的核心要素。这一核心要素和重大任务，在新时代新征程中尤其居于愈益凸显的地位。无论是在全面建成小康社会的"决胜期"，还是在全面建设社会主义现代化国家的两个"十五年"，只有更加注重人的解放和现代素质的提升，把促进人的全面发展放在更加突出的位置，才能为最终实现建成富强民主文明和谐美丽的现代化强国和中华民族伟大复兴中国梦奠定更加坚实的基础。

全面建成小康社会的出发点和落脚点是人，其核心价值取向是人的解放和人的自由全面发展。"民亦劳止，汔可小康。"小康，从一开始就蕴含着人的解放和人的发展的朴素政治意义。改革开放初期，邓小平从中国最广大人民利益出发，着眼于解决贫困、实现温饱、走向富裕、全面发展的人的现实需求和发展目标，将这一通俗易懂且寓意深刻的概念引入我国现代化视野，赋予其崭新的时代内涵。小康社会，犹如中国现代化征途上一面光辉耀眼的旗帜，鼓舞着、激励着亿万中华儿女为实现美好梦想而辛勤劳作、不懈奋斗，同时在经济发展和社会进步中不断完善自己、发展自己。习近平总书记关于全面建成小康社会的重要思想，党的十九大关于决胜全面建成小康社会的战略部署，则更多凸显人的主体地位和现代发展的政治要素。全面建成小康社会的实质是"发展"，这个发展，核心内涵是人的发展，着力实现以人为中心的创新发展、协调发展、绿色发展、开放发展、共享发展，从而为人的全面自由发展奠定更加坚实的物质基础、营造更加健康的社会环境。全面建成小康社会的关键是"全面"，这个全面，核心内涵是促进人的全面发展，突出体现在覆盖的人群是全面的，全面小康社会是包括每一个地域在内的全面发展社会，是不让一个人掉队的全面发展社会；还突出体现在涉及的领域是全面的，是以人的全面自由发展为核心的经济、政治、文化、社会、生态"五位一体"全面发展的现代文明社会。在全面建成小康社会的"决胜期"，必须实施一系列以人为中心的发展战略，打好一系列以人为中心的攻坚战，使全面建成小康社会得到人民认可、经得起历史检验，更深层次地促进人的发展和社会全面进步。

（二）新时代进一步开辟了实现制度现代化新境界

制度现代化，是后现代化理论关注的焦点问题，是现代政治变革和政治发展的核心内容。社会主义现代化的关键在于制度现代化。现代国家治理历程及实践经验表明，小治治事、中治治人、大治治制，"治理国家，制度是起根本性、全局性、长远性作用的"[①]。制度是一种以规则或运作模式为主体的社会结构，包括经济制度、政治制度、文化制度、社会制度以及各种类型的具体制度，是对国家行为的规定和支撑，是对个体行为的规范和制约。在制度体系中，政治制度尤其居于统领全局、影响长远的位置。一定的政治制度，是一定国家性质和国家形式的集中体现；政治制度完善和成熟的程度，是国家和社会成熟与完善程度的集中体现。正是从这个意义上说，实现制度现代化，是推进国家治理现代化、实现政治现代化的最重要内容。作为中国特色社会主义进入新时代的重要标志之一，全面深化改革重大而深远的价值意义就在于，通过推进国

---

① 《习近平关于全面深化改革论述摘编》，中央文献出版社，2014，第28页。

家治理体系和治理能力现代化，进一步促进制度现代化，从而进一步开辟当代中国政治现代化新境界。

制度现代化进程与民主政治发展有机融为一体。马克思深刻揭示，民主的实质和本质就是人民在国家制度中的位置。列宁从国家制度及其治理角度进一步揭示了民主的实质："民主是国家形式，是国家形态的一种。""民主意味着在形式上承认公民一律平等，承认大家都有决定国家制度和管理国家的平等权利。"① 把确保人民当家作主的制度现代化作为推进国家治理现代化的核心内容和重要目标，这是党的十八大以来中国政治改革和政治发展的最鲜明特点，也是在新时代进一步开辟中国政治发展新境界的最关键环节。

（三）新时代进一步开辟了实现法治现代化新境界

现代法治，是人类政治文明的重大成果，是现代国家治理的基本方式。正确处理法治与人治的关系、法治与民主的关系，实行以民主为基础的现代法治，是建设现代国家的关键。法治与社会主义更是有着内在的逻辑联系，一些国家之所以出现挫折甚至内乱，归根到底是囿于人治思维和模式，未能走上依法治国现代化道路的结果，人存政举、人亡政息；在社会主义中国走过的历史征途上，既有法治彰显带来的政通人和，也有法治懈怠造成的严重挫折。正是在深入总结历史经验尤其是世界社会主义正反经验的基础上，以习近平同志为核心的党中央提出了全面推进依法治国的重大政治战略，开辟了法治国家、法治政府、法治社会一体化建设的政治发展新道路，开启了当代中国民主与法治建设新时代。

民主是法治的灵魂，法治离不开民主。马克思指出："在民主制中，不是人为法律而存在，而是法律为人而存在。"这也就是说，法律要由人民来制定，法治要为实现人的权利和利益服务。马克思将此称之为"民

---

① 《列宁选集》第3卷，人民出版社，2012，第201页。

主制的基本特点"①。中国特色社会主义进入新时代的显著政治标志就是把民主和法治有机地统一起来、融为一体，把坚持人民主体地位作为全面推进依法治国的一条基本原则，把保障人民根本权益作为全面依法治国的根本出发点和落脚点，从而有效推进了法治国家、法治政府、法治社会一体化建设，有力开辟了当代中国政治现代化新境界。

（四）新时代进一步开辟了实现党的建设现代化新境界

现代政治从根本上说是政党政治。政党的性质、纲领、组织、能力以及党员队伍状况，直接反映着一定国家和民族的政治发展状况，乃至决定着一个国家和民族的政治前途和命运。中国共产党的领导是我国政治制度和政治架构的最本质特征，当代中国现代化尤其是政治现代化，关键决定于坚持和加强党的全面领导，以现代化为坐标不断推进党的建设新的伟大工程。全面从严治党，是以习近平同志为核心的党中央直面新的形势、新的任务和新的挑战作出的重大政治战略，是在新时代推进党的建设现代化的关键政治抉择。

中国特色社会主义进入新时代，对全面从严治党提出了新要求，进一步开辟了党的建设现代化新境界。这就是，"以加强党的长期执政能力建设、先进性和纯洁性建设为主线，以党的政治建设为统领，以坚定理想信念宗旨为根基，以调动全党积极性、主动性、创造性为着力点，全面推进党的政治建设、思想建设、组织建设、作风建设、纪律建设，把制度建设贯穿其中，深入推进反腐败斗争，不断提高党的建设质量，把党建设成为始终走在时代前列、人民衷心拥护、勇于自我革命、经得起各种风浪考验、朝气蓬勃的马克思主义执政党"②。

人的现代化、制度现代化、法治现代化、党的建设现代化，在新时

---

① 《马克思恩格斯全集》第1卷，人民出版社，1972，第281页。

② 习近平：《决胜全面建成小康社会，夺取新时代中国特色社会主义伟大胜利——在中国共产党第十九次全国代表大会上的报告》，人民出版社，2017，第62页。

代新征程中相互影响、相得益彰，共同构成新时代政治现代化的主体内容，鲜明昭示着通过政治现代化推进中华民族走向强起来的历史大趋势。

二、 进一步拓展人民当家作主制度保证新境界

中国特色社会主义进入新时代，具有鲜明的问题导向和现实指向，这就是针对现阶段我国社会主要矛盾的新变化，深入解决"不平衡的发展"和"不充分的发展"的问题，更好满足人民日益增长的美好生活需要，在新时代新发展中不断增强人民群众的权利感、获得感、幸福感、安全感。

党的十九大报告深刻指出："中国特色社会主义进入新时代，我国社会主要矛盾已经转化为人民日益增长的美好生活需要和不平衡不充分的发展之间的矛盾。"[①] 改革开放40多年来，随着中国特色社会主义事业的不断发展，我国稳定解决了十几亿人的温饱问题，人民生活水平总体上达到了小康。在新时代，人民美好生活需要日益广泛，不仅对物质文化生活提出了更高要求，而且在民主、法治、公平、正义、安全、环境等方面的需要日益增长，而这些方面的需要归结到一点，就是对美好政治生活的需要。人天生是政治动物，人的政治需求是人的本质属性。**人民对美好政治生活需要的不断增长，既是社会变革和社会发展一般规律的时代呈现，又是中国特色社会主义民主政治发展的必然结果。**马克思主义经典作家一再强调，无产阶级政党必须善于从政治的高度看待问题、解决矛盾，把握人民对社会发展的需求。恩格斯指出，马克思十分注重政治在社会变革中所起的"特殊作用"；"如果政治权力在经济上是无能为力的，那么我们何必要为无产阶级的政治专政而斗争呢？"[②] 列宁强调：

---

① 习近平：《决胜全面建成小康社会，夺取新时代中国特色社会主义伟大胜利——在中国共产党第十九次全国代表大会上的报告》，人民出版社，2017，第 11 页。

② 《马克思恩格斯文集》第 10 卷，人民出版社，2009，第 601 页。

"一个阶级如果不从政治上正确地看问题，就不能维持它的统治，因而也就不能完成它的生产任务。"① 中国特色社会主义政治发展道路，是近代以来中国人民长期奋斗历史逻辑、理论逻辑、实践逻辑的必然结果，是中国共产党领导人民当家作主的必然选择，是坚持党的本质属性、践行党的根本宗旨的必然要求。发展新时代中国特色社会主义，就是要立足于不断满足人民日益增长的美好政治生活需要，更加"体现人民意志、保障人民权益、激发人民创造力，用制度体系保证人民当家作主"②。

坚持党的领导、人民当家作主、依法治国有机统一，巩固和完善我国基本的政治架构，是在新时代不断拓展人民当家作主制度保证新境界的根本政治前提。加强人民代表大会制度建设，改革和完善选举民主，是在新时代不断拓展人民当家作主制度保证新境界的根本政治保障。推动协商民主广泛多层制度化发展，更好发挥协商民主的国家治理功能，是在新时代不断拓展人民当家作主制度保证新境界的根本政治路径。 用制度体系保证人民当家作主，必须拓展民主渠道、丰富民主形式。习近平总书记深刻指出："实现民主的形式是丰富多样的，不能拘泥于刻板的模式，更不能说只有一种放之四海而皆准的评判标准。人民是否享有民主权利，要看人民是否在选举时有投票的权利，也要看人民在日常政治生活中是否有持续参与的权利；要看人民有没有进行民主选举的权利，也要看人民有没有民主决策、民主管理、民主监督的权利。社会主义民主不仅需要完整的制度程序，而且需要完整的参与实践。人民当家作主必须具体地、现实地体现到中国共产党执政和国家治理上来，具体地、现实地体现到中国共产党和国家机关各个方面、各个层级的工作上来，具体地、现实地体现到人民对自身利益的实现和发展上来。"③ 党的十八

---

① 《列宁专题文集〈论辩证唯物主义和历史唯物主义〉》，人民出版社，2009，第302—303页。
② 习近平：《决胜全面建成小康社会，夺取新时代中国特色社会主义伟大胜利——在中国共产党第十九次全国代表大会上的报告》，人民出版社，2017，第36页。
③ 习近平：《在庆祝中国人民政治协商会议成立95周年大会上的讲话》，《人民日报》2014年9月22日。

大以来，以习近平同志为核心的党中央在治国理政中既大力推进选举民主，不断巩固和完善人民代表大会制度，又高度重视发展协商民主，充分发挥社会主义协商民主在确保人民当家作主中的常态化作用，有力拓展了中国特色社会主义政治发展道路，鲜明彰显了人民民主的"制度程序"和"参与实践"有机融合的现代政治发展逻辑。

三、 进一步拓展国家治理现代化新境界

"政治的主要的和根本的问题"① 是国家问题。"政治就是参与国家事务，给国家定方向，确定国家活动的形式、任务和内容。"② 发展社会主义民主政治，说到底就是从政治的高度处理国家机构运行中的问题以及国家与社会的关系，不断提升国家治理现代化水平，从而有效发挥国家对经济和社会的特殊推进作用，更好地服务人民和造福人民。这是无产阶级执政党的执政使命，也是社会主义国家治国理政所特有的政治逻辑。

新时代中国政治发展的根本任务，就是要进一步回答和解决好坚持和发展什么样的中国特色社会主义制度、怎样坚持和发展中国特色社会主义制度这一重大时代课题。习近平总书记强调："新时代中国特色社会主义是我们党领导人民进行伟大社会革命的成果，也是我们党领导人民进行伟大社会革命的继续，必须一以贯之进行下去。"③ 把新时代中国特色社会主义继续推向前进，必须深入探索和回答一个根本性问题，这就是，如何从国家治理层面完善和发展中国特色社会主义制度？这样一个重大问题，在以往的理论和实践中，虽然有所涉及、有所回答，但并不深刻、并不系统，甚至并不清晰。我国新时期前三十多年的改革，重点

---

① 《列宁选集》第 4 卷，人民出版社，1992，第 42 页。
② 《列宁文稿》第 2 卷，人民出版社，1978，第 407 页。
③ 习近平：《在学习贯彻党的十九大精神研讨班上的重要讲话》，《人民日报》2018 年 1 月 6 日。

解决的是如何调整生产关系及社会关系，解放和发展社会生产力、解放和释放社会活力这样一个现实问题。在改革历史进程中，如何完善和发展中国特色社会主义制度、提升制度现代化水平，这样一个重大的根本性问题，被逐步地凸显出来，这就是邓小平在20世纪90年代初提出的著名的"制度逐步定型"论。在1992年南方重要讲话中，邓小平指出：中国特色社会主义在实践中，"恐怕再有三十年的时间，我们才会在各方面形成一整套更加成熟、更加定型的制度。在这个制度下的方针政策，也更加定型化"①。从邓小平1992年南方讲话到2012年党的十八大，恰好整整20年，实现中国特色社会主义制度"更加成熟、更加定型"，还需要进行十年的奋斗，时代将这一重大任务历史性地交付到以习近平总书记为代表的中国共产党人身上。这不啻是中国特色社会主义进一步开拓前进的新的着力点，也是当代中国政治发展新的逻辑起点。

新时代新征程，对中国特色社会主义制度定型和完善提出了新要求、确立了新目标，在推进国家治理现代化这一重大政治变革上进一步开辟了中国现代化新境界。以新时代中国特色社会主义为坐标，以习近平新时代中国特色社会主义思想为引领，党的十九大高屋建瓴谋划了决胜全面建成小康社会、开启全面建设社会主义现代化国家的总体战略，绘制了一幅气势恢宏、前景壮美的发展蓝图，展示了以习近平同志为代表的当代中国共产党人的雄心壮志，践行了新时代中国共产党人的历史使命。一个"决胜期"——到2020年如期建成得到人民认可、经得起历史检验的全面小康社会；一个"历史交汇期"——胜利实现第一个百年奋斗目标，乘势而上向第二个百年奋斗目标进军；两个"发展阶段"，即基本实现现代化的前十五年和建成现代化强国的后十五年。这一个一个目标宏伟的战略谋划和一步一个脚印的战略步骤，不啻是中国人民在由站起来、富起来走向强起来伟大征途上的一座座里程碑，是中华民族昂首阔步迈

---

① 《邓小平文选》第3卷，人民出版社，1993，第372页。

向伟大复兴宏伟目标的铿锵脚步声。新蓝图已经绘就，新征程已经开启，关键就在于我们把现代化的历史使命转化为扎扎实实的现代化社会实践。

未来三十五年的宏伟目标和历史使命，凸显着进一步推进制度的定型和完善、不断实现国家治理现代化的政治发展新目标、新境界。在全面建成小康社会的"决胜期"，必须紧扣我国社会主要矛盾新变化，适应人民日益增长的美好生活新需要，坚定实施科教兴国战略、人才强国战略、创新驱动发展战略、乡村振兴战略、区域协调发展战略、可持续发展战略、军民融合发展战略，抓重点、补短板、强弱项，统筹推进经济建设、政治建设、文化建设、社会建设、生态文明建设。贯穿和推进这一系列重大战略的主线就是进一步推进国家治理体系和治理能力现代化，在更本质的层面实现中国特色社会主义制度的定型和完善。能否抓住制度改革和创新这条主线，是能否顺利建成得到人民认可、经得起历史检验的全面小康社会的关键，也是能否顺利实现"历史交汇期"宏伟目标和艰巨任务的关键。在胜利实现第一个百年奋斗目标之后，推进国家治理现代化的步伐不能停止，制度定型和完善的社会革命任务依然十分繁重。在基本实现现代化的"前十五年"，进一步推进政治现代化步伐，使人民平等参与、平等发展的权利得到充分保障，使法治国家、法治政府、法治社会一体化的政治架构基本建成，使各方面制度更加完善，国家治理体系和治理能力现代化的改革总目标基本实现。只有这样，才能胜利完成"后十五年"的宏伟目标和任务，把我国建设成为有现代制度支撑、有现代治理能力保障的富强民主文明和谐美丽的社会主义现代化强国。

四、 进一步拓展权力监督体系合力新境界

坚持标本兼治，深入开展反腐败斗争，构建把权力关进制度笼子的长效体制和机制，不断净化优化党内政治生态，是党的十八大以来中国政治发展的最突出内容，也是最强大动力。**中国特色社会主义进入新时**

代，对反腐败斗争提出了新要求。党的十九大报告深刻指出："人民群众最痛恨腐败现象，腐败是我们党面临的最大威胁。只有以反腐败永远在路上的坚韧和执着，深化标本兼治，保证干部清正、政府清廉、政治清明，才能跳出历史周期率，确保党和国家长治久安。"习近平总书记着重强调："当前，反腐败斗争形势依然严峻复杂，巩固压倒性态势、夺取压倒性胜利的决心必须坚如磐石。要坚持无禁区、全覆盖、零容忍，坚持重遏制、强高压、长震慑，坚持受贿行贿一起查，坚决防止党内形成既得利益集团。"要"强化不敢腐的震慑，扎牢不能腐的笼子，增强不想腐的自觉，通过不懈努力换来海晏河清、朗朗乾坤。"① 在十九届中央纪委二次全会上的重要讲话中，习近平总书记再次强调："要深化标本兼治，夺取反腐败斗争压倒性胜利。标本兼治，既要夯实治本的基础，又要敢于用治标的利器。要坚持无禁区、全覆盖、零容忍，坚持重遏制、强高压、长震慑，坚持受贿行贿一起查，坚决减存量、重点遏增量。'老虎'要露头就打，'苍蝇'乱飞也要拍。要推动全面从严治党向基层延伸，严厉整治发生在群众身边的腐败问题。"② 这些铿锵有力、掷地有声的话语，深刻表达了新时代中国共产党人在治理权力腐败问题上的坚定决心和高度自觉，深刻昭示了新时代中国政治发展的新追求、新境界。

反对和根治腐败的利器是加强对公共权力的监督。加强权力监督，防止权力腐败，是马克思主义政党建设的一条重要原则，是社会主义政治发展的一项重要内容。对于执政的共产党来说，加强权力监督不啻是党的生命。恩格斯强调："为了防止国家和国家机关由社会公仆变为社会主人"，必须将国家机关的"一切职位交给由普选选出的人担任"，并且要加强对所有国家公职人员的监督，"规定选举者可以随时撤换被选举者"。③ 马克思指出：人民有权监督国家和国家机关工作人员，"这是人民

---

① 习近平：《决胜全面建成小康社会，夺取新时代中国特色社会主义伟大胜利——在中国共产党第十九次全国代表大会上的报告》，人民出版社，2017，第 67 页。

② 习近平：《在十九届中央纪委二次全会上的重要讲话》，《人民日报》2018 年 1 月 12 日。

③ 《马克思恩格斯选集》第 3 卷，人民出版社，1995，第 12—13 页。

群众把国家政权重新收回"的重要体现,"是人民群众获得社会解放的政治形式"。① 列宁对党内监督的性质和意义则作出更加明确的阐述:"党本身必须对它的负责人员执行党章的情况进行监督,而'监督'也不单单是口头上加以责备,而是要在行动上加以纠正"。② 党的性质和宗旨决定,一切共产党员尤其是担负重要领导职务的共产党员,都必须自觉接受党员和人民群众的批评监督意见,根据党和人民群众的愿望及时改正自己的错误。"一个政党对自己的错误所抱的态度,是衡量这个党是否郑重,是否真正履行它对本阶级和劳动群众所负义务的一个最重要最可靠的尺度。公开承认错误,揭露犯错误的原因,分析产生错误的环境,仔细讨论改正错误的方法——这才是一个郑重的党的一个标志,这才是履行自己的义务。"③ 党的十八大以来,习近平总书记坚持和发展了马克思主义权力监督思想,结合全面从严治党新的实践,就加强权力监督问题发表了一系列重要讲话;党的十八届六中全会专门讨论加强权力监督问题,通过了《中国共产党党内监督条例》;针对新的历史条件下权力腐败的新表现、新特点,我们党就加强权力监督体系建设进行了创造性的理论和实践探索。所有这些,共同构成了具有鲜明特色和时代特征的权力监督思想体系,这是习近平新时代中国特色社会主义思想的重要内容,是在新时代进一步拓展权力监督新境界的根本纲领和行动指南。

(一) 有权必有责,用权受监督

我们的权力是人民给予的,必须"健全权力运行制约和监督体系"来"保证人民赋予的权力始终用来为人民谋利益"。习近平总书记特别强调:"任何人都没有法律之外的绝对权力,任何人行使权力都必须为人民服务、对人民负责并自觉接受人民监督"。"不想接受监督的人,不能自

---

① 《马克思恩格斯选集》第 3 卷,人民出版社,1995,第 95 页。
② 《列宁全集》第 39 卷,人民出版社,1995,第 37 页。
③ 《列宁全集》第 9 卷,人民出版社,1995,第 292 页。

觉接受监督的人，觉得接受党和人民监督很不舒服的人，就不具备当领导干部的起码素质。"① "党内监督没有禁区、没有例外。信任不能代替监督。"② 深入反腐斗争揭露的各类案件表明，失去严格制约和监督的权力势必导致腐败；权力不论大小，只要不受制约和监督，都可能被滥用。

（二）把权力关进制度的笼子

在长期执政条件下，考验愈加严峻，权力愈易腐败，如何跳出"其兴也勃焉、其亡也忽焉"的"周期率"，这个问题并没有彻底解决。大量事实告诉我们，权力失去监督，腐败必然愈演愈烈，最终结果就是亡党亡国！解决权力腐败问题的关键是"要健全权力运行制约和监督体系，让人民监督权力，让权力在阳光下运行，确保国家机关按照法定权限和程序行使权力"。要把"把权力关进制度的笼子，形成不敢腐的惩戒机制、不能腐的防范机制、不易腐的保障机制"。③

（三）重点强化党内监督

党的执政地位，决定了党内监督在党和国家各类监督形式中是最基本的、第一位的。只有以党内监督带动其他监督、完善监督体系，才能为全面从严治党提供有力的制度保障。习近平总书记强调："全面从严治党，必须从根本上解决主体责任缺失、监督责任缺位、管党治党宽松软的问题，把强化党内监督作为党的建设重要基础性工程，使监督的制度优势充分释放出来。""党内监督是永葆党的肌体健康的生命之源，要不断增强向体内病灶开刀的自觉性，使积极开展监督、主动接受监督成为全党的自觉行动。"④

---

① 《习近平关于全面从严治党论述摘编》，中央文献出版社，2016，第 199 页。
② 《中国共产党党内监督条例》，载《中国共产党第十八届中央委员会第六次全体会议文件汇编》，人民出版社，2016，第 67 页。
③ 《习近平关于全面从严治党论述摘编》，中央文献出版社，2016，第 176—177 页。
④ 同上书，第 213 页、第 215 页。

（四）构建权力监督体系

党内监督是重要的，但不是权力监督的全部，必须同其他方面监督有机结合起来，相互支撑，共同形成监督合力。习近平总书记指出："党内监督在党和国家各种监督形式中是最根本的、第一位的，但如果不同有关国家机关监督、民主党派监督、群众监督、舆论监督等结合起来，就不能形成监督合力。"① "要坚持党内监督和群众监督相统一，以党内监督带动其他监督，积极畅通人民群众建言献策和批评监督渠道，充分发挥群众监督、舆论监督作用。"② 党的十九大报告明确提出"构建党统一指挥、全面覆盖、权威高效的监督体系"，强调要"把党内监督同国家机关监督、民主监督、司法监督、群众监督、舆论监督贯通起来，增强监督合力"，"实现对所有行使公权力的公职人员监察全覆盖"。③ 这是在新时代进一步构建权力监督体系的根本遵循。

（五）关键在于发展党内民主

在党的十八大以来逐步形成的权力监督制度体系中，最有特色、最有成效的就是充分发挥党的各级纪律检查委员会作为党内监督专职机关的作用和充分发挥党内巡视制度作为党内监督常态化制度的作用，自上而下建立各级监察委员会。一方面，大力推进纪委改革，加强制度创新，保证各级纪委监督权的相对独立性和权威性，推动党的纪律检查工作双重领导体制具体化、程序化、制度化，强化上级纪委对下级纪委的领导；另一方面，加强党内巡视制度改革，"剑指党风廉政方面存在的问题，重点就是'四个着力'，着力发现是否存在违反党的政治纪律问题，着力发现领导干部是否存在权钱交易、以权谋私、贪污贿赂、腐化堕落等违纪

---

① 《习近平关于全面从严治党论述摘编》，中央文献出版社，2016，第217页。
② 习近平：《在十九届中央纪委二次全会上的重要讲话》，《人民日报》2018年1月12日。
③ 习近平：《决胜全面建成小康社会，夺取新时代中国特色社会主义伟大胜利——在中国共产党第十九次全国代表大会上的报告》，人民出版社，2017，第68页。

违法问题，着力发现是否存在形式主义、官僚主义、享乐主义和奢靡之风等问题，着力发现是否存在选人用人上的不正之风和腐败问题"。[①] 强化权力监督体系合力，归根到底必须建立在完善党内民主制度、调动全党积极性主动性创造性、确保党员民主权利基础之上。

五、 进一步拓展全面从严治党新境界

中国特色社会主义进入新时代，对站在时代潮头的中国共产党提出了更高要求，对全面从严治党提出了更高标准。**党的全面领导与全面从严治党互为条件、相互作用、相得益彰，由此确保人民当家作主权利的实现，这是党的十八大以来中国政治发展的根本经验，也是在新时代推进党的建设新的伟大工程、进一步拓展中国政治发展新境界的基本逻辑。**百年大党，千秋伟业。中国共产党是承负庄严使命、具有远大目标的先进政党。应对严峻考验，全面从严治党，在引领新时代中焕发党的新气象，不啻是新时代中国政治发展新境界的"新"中之"新"、重中之重。

习近平总书记关于全面从严治党的精辟思想和党的十八大以来全面从严治党的丰富经验深刻表明，坚持思想建党、制度治党、纪律强党、质量兴党有机结合，是在新时代全面从严治党、引领开创中国政治发展新境界的基础工程和关键环节。

（一）坚持思想建党，夯实党的先进性纯洁性的思想基础

思想建设是马克思主义政党的基础性建设，是党在长期执政条件下和复杂环境中永不变色的根本性保证。早在 1929 年古田会议上，毛泽东就鲜明提出了"思想建党"的重要纲领，强调党员不仅要组织上入党，而且思想上要真正入党。思想建党，在长期执政条件下尤为关键和紧要。

---

① 《习近平关于全面从严治党论述摘编》，中央文献出版社，2016，第200—201页。

习近平总书记深刻指出："对党员、干部来说，思想上的滑坡是最严重的病变，'总开关'没拧紧，不能正确处理公私关系，缺乏正确的是非观、义利观、权力观、事业观，各种出轨越界、跑冒滴漏就在所难免了。思想上松一寸，行动上就散一尺。"① 在新的历史条件下坚持思想建党，必须紧紧抓住坚定理想信念、强化宗旨意识、践行群众路线、扭紧世界观人生观价值观权力观这个"总开关"四个关键环节。

坚定理想信念，是共产党人的政治灵魂和精神追求，是共产党人安身立命的根本。坚持思想建党、全面从严治党，必须把坚定理想信念作为根本任务和首要要求。习近平总书记尖锐指出："理想信念就是共产党人精神上的'钙'，没有理想信念，理想信念不坚定，精神上就会缺'钙'，就会得'软骨病'。现实生活中，一些党员、干部出这样那样的问题，说到底是信仰迷茫、精神迷失。"② 强化党的宗旨，就是要不忘初心、牢记使命，永远不要忘记中国共产党是为什么而建立的，不要忘记人民永远是党的生存之基、立命之本，"不能忘记走过的过去，不能忘记为什么出发"，"永远保持建党时中国共产党人的奋斗精神，永远保持对人民的赤子之心"。③ 践行群众路线，就是要时刻保持党同人民群众的血肉联系，一刻也不脱离群众。习近平总书记深刻指出："群众路线是我们党的生命线和根本工作路线，是我们党永葆青春活力和战斗力的重要传家宝。不论过去、现在和将来，我们都要坚持一切为了群众，一切依靠群众，从群众中来，到群众中去，把党的正确主张变为群众的自觉行动，把群众路线贯彻到治国理政全部活动之中。"④ 践行党的群众路线、密切党同人民群众的联系，是党的建设永恒的内容。"我们党作为马克思主义执政党，不但要有强大的真理力量，而且要有强大的人格力量；真理力

---

① 《习近平关于全面从严治党论述摘编》，中央文献出版社，2016，第 63 页。
② 同上书，第 57 页。
③ 同上书，第 69 页。
④ 同上书，第 156—157 页。

量集中体现为我们党的正确理论，人格力量集中体现为我们党的优良作风。"① 坚定理想信念、强化宗旨意识、践行群众路线，归根到底决定于扭紧世界观价值观人生观权力观这个"总开关"，这就是要真正坚持"三严三实"："严以修身、严以用权、严以律己"，"谋事要实、创业要实、做人要实"。"三严三实"是"共产党人最基本的政治品格和做人准则，也是党员、干部的修身之本、为政之道、成事之要"。②

（二）强化制度治党，把制度建设贯穿党的建设各个方面

制度建设是马克思主义政党的根本性建设，在党长期执政条件下尤其具有根本性、全局性、长远性意义。从毛泽东明确提出的"制度建党"，到邓小平明确提出的"制度管党"，再到习近平总书记明确提出的"制度治党"，深刻反映我们党在加强自身制度建设上认识不断深化、觉悟不断提升的过程。2014 年 10 月 8 日，在党的群众路线教育实践活动总结大会上的重要讲话中，习近平总书记首次提出"制度治党"，精辟指出：要"坚持思想建党和制度治党紧密结合。从严治党靠教育，也靠制度，二者一柔一刚，要同向发力、同时发力"。③ 2015 年 1 月 13 日，在十八届中纪委五次全会上的讲话中，习近平总书记明确强调："在改进作风问题上，我们不能退，也退不得，必须保持常抓的韧劲、长抓的耐心，在坚持中见常态，向制度建设要长效"。④ 2015 年 3 月 5 日，在参加十二届全国人大三次会议上海代表团审议时，习近平总书记深刻指出："从严治党，关键是要抓住领导干部这个'关键少数'，从严管好各级领导干部。从严管理干部，要坚持思想建党和制度治党紧密结合，既从思想教

---

① 《习近平关于全面从严治党论述摘编》，中央文献出版社，2016，第 157 页。

② 同上书，第 158 页、第 162 页。

③ 《习近平关于协调推进"四个全面"战略布局论述摘编》，中央文献出版社，2015，第 140 页。

④ 同上书，第 146 页。

育上严起来，又从制度上严起来"①。2015 年 6 月 28 日，在中央政治局第 24 次集体学习时，习近平总书记从反腐倡廉角度进一步强调："法规建设带有根本性、全局性、稳定性、长效性。要贯彻全面深化改革、全面依法治国的要求，加大反腐倡廉法规制度建设力度，把中央要求、群众期盼、实际需要、新鲜经验结合起来，本着于法周延、于事有效的原则制定新的法规制度、完善已有的法规制度、废止不适应的法规制度，努力形成系统完备的反腐倡廉法规制度体系"②。2016 年 1 月 12 日，在十八届中央纪委六次全会上的重要讲话中，习近平总书记从净化优化党内政治生态的高度进一步指明了强化制度治党的迫切性和重要性，指出："要抓住建章立制，立'明规矩'、破'潜规则'，围绕发生的腐败案例，查找漏洞，吸取教训，着重完善党内政治生活等各方面制度，压缩消极腐败现象生存空间和滋生土壤，通过体制机制改革和制度创新促进政治生态不断完善"③。这一系列重要论述，构成内涵丰富、思想深邃的制度治党思想。这一重要思想，是对毛泽东"制度建党"和邓小平"制度管党"思想的坚定传承和创新发展，是对马克思主义建党学说的进一步丰富和创造性贡献，为在新的历史条件下抓住根本问题和要害问题全面从严治党、净化优化党内政治生态、确保党的先进性和纯洁性，进一步指明了方向。

党的十九大进一步凸显了制度治党思想。十九大报告关于"新时代党的建设总要求"中明确强调，要"全面推进党的政治建设、思想建设、组织建设、作风建设、纪律建设，把制度建设贯穿其中"。在十九届中央纪委二次全会上的重要讲话中，习近平总书记深入总结了十八大以来全面从严治党的六条基本经验，第一条就是"要坚持思想建党和制度治党

---

① 《习近平关于协调推进"四个全面"战略布局论述摘编》，中央文献出版社，2015，第 149 页。

② 同上书，第 150 页。

③ 习近平：《在第十八届中央纪律检查委员会第六次全体会议上的讲话》，人民出版社，2016，第 15 页。

相统一，既要解决思想问题，也要解决制度问题，把坚定理想信念作为根本任务，把制度建设贯穿到党的各项建设之中"。①

制度治党和思想建党相互作用、相得益彰。思想教育是重要的，但不是万能的。任何党员、干部的思想和行为都离不开制度的规范和促进，任何领导干部手中的权力都需要用完善的制度加以制约、把权力关进制度的笼子。制度既是一种基本架构，又是一种行为规范，同时还是一种心理约束；对于党的整体来说，优良的制度是使党的组织得以正常运行并取得良好效果的根本支撑；对于党的个体来说，优良的制度是使党员、干部的积极因素得以充分调动、消极因素得以有力抑制的不可或缺的强制性力量。这正是在新时代全面从严治党中为什么要更加突出强化制度治党、把思想建党和制度治党有机结合起来的内在政治逻辑。

（三）严格纪律强党，把政治纪律和政治规矩摆在首位

无产阶级政党是由铁的纪律巩固和维系的特殊政治实体，纪律严明、步调一致，是党的鲜明特征，是党具有强大战斗力和生命力的重要保证。党的十八大以来，习近平总书记突出强调"严守党的政治规矩和政治纪律"，明确强调："严明党的纪律，首要的就是严明政治纪律"。"政治纪律是最重要、最根本、最关键的纪律，遵守党的政治纪律是遵守党的全部纪律的重要基础。政治纪律是各级党组织和全体党员在政治方向、政治立场、政治言论、政治行为方面必须遵守的规矩，是维护党的团结统一的根本保证。"② 在十八届中央纪委五次全会上，习近平总书记重点阐明了严肃党的政治纪律、严守党的政治规矩的根本方向，指出，党内政治规矩是党的各级组织和全体党员必须遵守的行为规范和规则；党内政治规矩包括丰富内容："其一，党章是全党必须遵循的总章程，也是总规矩。其二，党的纪律是刚性约束，政治纪律更是全党在政治方向、政治

---

① 习近平：《在十九届中央纪委二次全会上的重要讲话》，《人民日报》2018年1月12日。
② 《十八大以来重要文献选编》（上），中央文献出版社，2014，第131—132页。

立场、政治言论、政治行动方面必须遵守的刚性约束。其三，国家法律是党员、干部必须遵守的规矩，法律是党领导人民制定的，全党必须模范执行。其四，党在长期实践中形成的优良传统和工作惯例"①。党的十九大把纪律建设列为党的六大基本建设内容之一，对于新时代全面从严治党更加具有特殊意义。党的十九大报告明确要求："全党要坚定执行党的政治路线，严格遵守政治纪律和政治规矩，在政治立场、政治方向、政治原则、政治道路上同党中央保持一致。""要尊崇党章，严格执行新形势下党内政治生活若干准则，增强党内政治生活的政治性、时代性、原则性、战斗性，自觉抵制商品交换原则对党内生活的侵蚀，营造风清气正的良好政治生态。"② 全面加强纪律尤其是政治纪律建设，用严明的纪律管全党治全党，使铁的纪律转化为党员、干部的日常习惯和自觉遵循，无疑是在新时代强党兴党、确保党的先进性纯洁性的关键。

正确把握党纪与国法的关系，坚持纪严于法、纪在法前，用纪律管住全体党员尤其是党员领导干部，让纪律成为党员、干部不可逾越的底线，是全面从严治党必须始终坚持的基本原则。法律与纪律的关系，对于共产党员尤其是党员领导干部来说，是普遍性与特殊性的关系。法律是治国之重器，是任何组织和个人都必须遵守的底线，党的组织和个人也不例外，模范遵守国家法律，是每一个共产党员必须自觉履行的义务。但是仅仅做到这一点还远远不够，除了这个义务之外，党员个人尤其是领导干部还必须严守党的纪律，这是无条件的义务。因为我们党是肩负神圣使命的政治组织，是工人阶级和人民大众的先锋队，是由铁的纪律组织起来的先进政治实体。党的先锋队性质、历史使命和执政地位决定，党规党纪必然也必须严于国家法律，党员个人尤其是领导干部不仅要模范遵从国家法律，而且要自觉严守党的纪律。如果混淆了纪律和法律的

---

① 《十八大以来重要文献选编》（中），中央文献出版社，2016，第347页。

② 习近平：《决胜全面建成小康社会，夺取新时代中国特色社会主义伟大胜利——在中国共产党第十九次全国代表大会上的报告》，人民出版社，2017，第62页。

界限，认为只要守法就可以了，把违纪当成"小节"，不违法就没人管、不追究，久而久之必然会造成"要么是好同志，要么是阶下囚"的不正常现象。共产党员尤其党员领导干部只有既牢固树立法律意识，又不断强化纪律观念，把遵从国家法律当成基本行为规范，把严守党的纪律当成基本行为尺度，才能"从心所欲而不逾矩"，模范践履党和人民赋予的历史使命。

（四）落实质量兴党，用党的建设质量确保党始终走在时代前列

无产阶级政党是由先进分子组成的先进组织，党是否具有先进性和战斗力，归根到底决定于党员的质量。思想建党、制度治党、纪律强党，归根到底要落实到质量兴党上来。党的十九大报告鲜明提出"不断提高党的建设质量"的总要求，具有深刻的时代性和现实针对性。我们党已拥有 9000 多万党员，是世界最大的政党。习近平总书记尖锐指出："中国共产党是世界上最大的政党。大要有大的样子。"[①] "大的样子"，就是所有共产党员都像个党员的样子，所有党员领导干部都成为群众的表率，而绝不做列宁所说的那种"徒有其名"的党员。只有注重和落实质量兴党，我们党才能真正成为群众模范、人民公仆、时代先锋、民族脊梁，引领承载着 14 亿人的"中国特色号"巨轮劈波斩浪、奋勇前进，胜利驶向中华民族伟大复兴的光辉彼岸。

思想建党、制度治党、纪律强党、质量兴党——这四个方面相互作用、相得益彰，有机融汇成新时代全面从严治党新路径，给百年大党带来了新气象、新活力，共同开创新时代中国政治发展新境界。

---

① 习近平：《在十九届中共中央政治局常委同中外记者见面时的讲话》，《人民日报》2017 年 10 月 26 日。

第八讲

用制度体系保证人民当家作主

　　坚持人民当家作主，发展社会主义民主政治，是习近平新时代中国特色社会主义思想的重要内容，是坚持中国制度自信、推进中国制度之治的核心内涵。中国特色社会主义进入新时代，对坚持人民当家作主提出了新要求，为民主政治建设赋予了新内涵。党的十九大报告明确指出："我国社会主义民主是维护人民根本利益的最广泛、最真实、最管用的民主。发展社会主义民主政治就是要体现人民意志、保障人民权益、激发人民创造活力，用制度体系保证人民当家作主。"① 不断完善保证人民当家作主的制度体系，是中国特色社会主义政治发展和制度建设的长期任务。

一、 社会主义民主政治的核心要素和本质体现

　　中国特色社会主义民主是现代民主，现代民主的本质内涵和突出表

---

　　① 习近平：《决胜全面建成小康社会，夺取新时代中国特色社会主义伟大胜利——在中国共产党第十九次全国代表大会上的报告》，人民出版社，2017，第35—36页。

征是实现民主的制度化、法律化，用完善的制度和健全的法律确保人民当家作主权利的实现。**从国家制度层面定位民主政治的本质特征和发展走向，是马克思主义民主观的核心内容。**马克思指出："民主制是作为类概念的国家制。君主制则是国家制度的一种，并且是不好的一种。""在君主制中是国家制度的人民；在民主制中是人民的国家制度。"① 国家制度由人民创造，并由人民共治共享，这是现代国家的本质特征，也是现代民主政治的首要因素。民主的一般意义是指"人民的权力"或"人民进行统治"，而实现这一民主内涵的根本依托和主要途径就是完善的优良的国家制度。马克思强调："人民是否有权来为自己建立新的国家制度呢？对这个问题的回答应该是绝对肯定的。因为国家制度如果不再真正表现为人民的意志，那它就变成有名无实的东西了。"②

在人民当家作主的社会主义社会，国家虽然已经不是原本意义上的国家了，而是列宁所说的"半国家"，然而人民当家作主权利的实现仍然离不开国家制度的保障和促进。在社会主义民主政治运行过程中，无论是"多数人决定"还是"保护少数人利益"，无论是"制度化程序"还是"参与式实践"，民主的任何原则和要素都不能仅仅停留在善良的主观愿望和美好的道德约束上，而必须落实为实际而有效的制度设计、制度安排和制度建构。正是在深刻总结我国和苏东国家民主政治建设经验教训的基础上，邓小平在我国改革开放之初就精辟指出："领导制度、组织制度问题更带有根本性、全局性、稳定性和长期性。""必须使民主制度化、法律化，使这种制度和法律不因领导人的改变而改变，不因领导人的看法和注意力的改变而改变。"要"从制度上保证党和国家政治生活的民主化、经济管理的民主化、整个社会生活的民主化"。③

中国特色社会主义进入新时代，我国社会主要矛盾发生了新变化，

第八讲　用制度体系保证人民当家作主

---

① 《马克思恩格斯全集》第 1 卷，人民出版社，1972，第 280—281 页。

② 同上书，第 316 页。

③ 《邓小平文选》第 2 卷，人民出版社，1994，第 333 页、第 146 页、第 336 页。

把用制度体系保证人民当家作主提到更加紧迫、更加突出的位置。党的十九大报告明确指出："中国特色社会主义进入新时代，我国社会主要矛盾已经转化为人民日益增长的美好生活需要和不平衡不充分的发展之间的矛盾。"在全面建成小康社会和实现社会主义现代化进程中，"人民美好生活需要日益广泛，不仅对物质文化生活提出了更高要求，而且在民主、法治、公平、正义、安全、环境等方面的要求日益增长"①。民主、法治、公平、正义、安全，这些需要归结到一起，就是对美好政治生活的需要。人天生是政治的动物，任何正常的人都是要过政治生活的，人的政治生活需要是人的本质属性。人民美好政治生活需要的不断增长，既是社会变革和社会发展一般规律的时代呈现，又是中国特色社会主义民主政治发展的本质要求。中国特色社会主义政治发展道路，是近代以来中国人民长期奋斗的历史逻辑、理论逻辑、实践逻辑的必然结果，是中国共产党领导人民当家作主的必然选择，是坚持党的本质属性、坚守党的根本宗旨、践履党的历史使命的必然要求。发展新时代中国特色社会主义，就是要立足于不断满足人民日益增长的美好政治生活需要，不断健全和完善民主政治制度，用制度体系确保人民当家作主各项权利的切实实现。

二、 党的领导、 人民当家作主、 依法治国有机统一

中国共产党领导是中国特色社会主义的最本质特征，是人民当家作主和依法治国的根本保证；人民当家作主是社会主义民主政治的本质特征，是加强党的领导和坚持依法治国的根本基础；依法治国是党领导人民治理国家和社会的基本方式，是加强党的领导和人民当家作主的根本依托。三者有机统一于我国政治发展实践，体现了独具特色的政治发展

---

① 习近平：《决胜全面建成小康社会，夺取新时代中国特色社会主义伟大胜利——在中国共产党第十九次全国代表大会上的报告》，人民出版社，2017，第 11 页。

逻辑，为确保人民当家作主搭建起根本性的制度架构。习近平总书记反复强调："坚持中国特色社会主义政治发展道路，关键是要坚持党的领导、人民当家作主、依法治国的有机统一，以保证人民当家作主为根本，以增强党和国家活力、调动人民积极性为目标，扩大社会主义民主，发展社会主义政治文明。"[1]

在新时代民主政治发展新进程中，如何坚持党的领导、人民当家作主、依法治国的有机统一，尤其处理好加强党的全面领导与用完善法律和健全制度确保人民当家作主的关系，是涉及全局的、根本性的时代课题。在我国政治体系和政治生活中，党居于核心领导地位，党政军民学、东西南北中，党是领导一切的。这既是中国政治发展历史经验的深刻启示，又是新时代构建人民当家作主制度体系的根本要求。坚持和加强党的集中统一领导，是充分调动人大、政府、政协等主要政治实体以及法院、检察院等主要法治机构的积极性和能动性，依法依章程履行职能、开展工作、发挥作用，确保实现人民当家作主权利的根本保障。坚持和加强党的全面领导，内在要求必须改进党的领导方式和执政方式，领导人民有效治理国家，扩大人民有序政治参与，保证人民依法依宪实行民主选举、民主协商、民主决策、民主管理、民主监督，保障人民知情权、参与权、表达权、监督权的有效实现。

在这样一种总体政治架构下，寻求党的领导、人民当家作主、依法治国的有机结合点，是当代中国政治发展的重大任务，是用制度体系保证人民当家作主的重要关键。

（一）坚持党的全面领导，必须更加全面从严治党

中国共产党是中国特色社会主义的领导核心，是人民当家作主的集中政治体现和根本政治保证。中国特色社会主义进入新时代，对党的领

---

[1] 习近平：《在首都各界纪念现行宪法公布实行30周年大会上的讲话》，载中共中央文献研究室编《十八大以来重要文献选编》（上），中央文献出版社，2014，第88—89页。

导和党的建设提出了新要求。站在新时代前列、肩负引领新时代重任的各级党组织和广大共产党员，不仅要有新气象，更要有新作为。习近平总书记在新进中央委员会委员、候补委员和省部级主要领导干部学习贯彻十九大精神研讨班上的重要讲话中精辟指出："要把新时代坚持和发展中国特色社会主义这场伟大社会革命进行好，我们党必须勇于进行自我革命，把党建设得更加坚强有力"①。勇于自我革命，从严管党治党，是我们党最鲜明的品格，是加强党的领导的决定性要素。引领新时代中国特色社会主义更加开拓前进，确保人民更加享有当家作主的权利，要求必须更加全面从严治党，使党始终走在时代前列，成为时代先锋、人民公仆、民族脊梁。打铁必须自身硬。全面从严治党的程度和效果如何，直接关系着党在人民中的号召力和影响力如何，从而直接关系着能否加强党的全面领导。全面从严治党永远在路上。中国特色社会主义进入新时代，面对更加艰巨的执政任务和更加复杂的执政环境，面对党内存在的尚未从根本上解决的思想不纯、组织不纯、作风不纯等突出问题，习近平总书记在党的十九大之后反复强调，中国特色社会主义进入新时代，我们党一定要有新气象新作为，关键是党的建设新的伟大工程要开创新局面；要把新时代坚持和发展中国特色社会主义这场伟大社会变革进行好，我们党必须勇于进行自我革命，把党建设得更加坚强有力。加强党的全面领导，尤其要求更有力地推进党的建设新的伟大工程，更加全面从严治党。如果不能清醒认识党面临的严峻挑战和党内存在的严重危险，不能切实解决好党内存在的新的突出问题，促进党风政风根本好转，巩固十八大以来反腐倡廉斗争和政治生态建设所取得的伟大成果，加强党的全面领导就是一句空话。

新时代怎样通过全面从严治党加强党的全面领导？习近平总书记深刻分析指出："必须看到，决胜全面建成小康社会的艰巨任务、实现中华

---

① 习近平：《在学习贯彻党的十九大精神研讨班上的重要讲话》，《人民日报》2018 年 1 月 6 日。

民族伟大复兴的历史使命，对我们党提出了前所未有的新挑战新要求，影响党的先进性、弱化党的纯洁性的各种因素具有很强的危险性和破坏性。这决定了新时代党的建设新的伟大工程，既要培元固本，也要开拓创新，既要把住关键重点，也要形成总体态势，特别是要发挥自我革命精神。"他尤其强调："以史为鉴可以知兴替。功成名就时做到居安思危、保持创业初期那种励精图治的精神状态不容易，执掌政权后做到节俭内敛、敬终如始不容易，承平时期严以治吏、防腐戒贪不容易，重大变革关头顺乎潮流、顺应民心不容易。"① 这几个"不容易"，就是对担负新时代历史重任的各级领导干部的深刻警醒，就是对新时代全面从严治党极端重要性的深刻警示。在新时代新征途上，全党尤其党的各级领导干部只有时刻居安思危、忧党忧国，深刻认识党面临的各种严峻挑战和党内存在的各种严重危险，时刻保持战略定力，切实坚持问题导向，自觉全面从严治党，才能把加强党的全面领导真正落到实处，为用制度体系保证人民当家作主创造根本的条件。

（二）坚持人民当家作主，必须始终坚持以人民为中心

世上没有所谓"纯粹民主"和"绝对民主"，民主既不是只能为少数人所把玩的"奢侈品"，也不可能是所有人都能掌握的"廉价品"，民主总是同一定的阶级统治相联系并为一定的利益关系服务的，具有鲜明的阶级性和利益性。马克思主义经典作家拨开笼罩在民主问题上的种种迷雾，深刻揭示了社会主义民主的价值本质，这就是，民主作为一种国家形式，"意味着在形式上承认公民一律平等，承认大家都有决定国家制度和管理国家的平等权利"②。民主意味着人民进行统治和治理，人民拥有平等的参与国家治理的权利——这就是马克思主义民主政治观的精髓。

---

① 习近平：《在学习贯彻党的十九大精神研讨班上的重要讲话》，《人民日报》2018 年 1 月 6 日。

② 《列宁选集》第 3 卷，人民出版社，2012，第 201 页。

在社会主义条件下，人民当家作主不是抽象的、笼统的，而是具体地、本质地体现在国家一切政治生活中。人民当家作主的民主政治价值观，在习近平新时代中国特色社会主义思想及其实践中得到了创造性坚持和发展，突出体现在鲜明提出了"必须坚持以人民为中心"的发展思想，形成了"坚持以人民为中心"的基本方略。坚持以人民为中心，既是坚持人民当家作主的核心价值，又是把人民当家作主权利落到实处的根本出发点和落脚点。

（三）坚持党的全面领导和人民当家作主有机统一，必须以社会主义法治为保障

把坚持党的领导、人民当家作主同依法治国有机结合起来，是党领导人民和依靠人民共同治理国家的一条基本路径，是加强党的全面领导和实现人民当家作主的根本制度保障。新时代的全面依法治国，其精髓和真谛是民主与法治的有机统一。实现民主与法治的有机统一，离不开中国共产党的集中统一领导；坚持民主与法治有机统一的过程，也就是加强和改善党的全面领导的过程；必须把党的全面领导贯彻落实到全面依法治国全过程和各方面，坚定不移走中国特色社会主义法治现代化道路，完善以宪法为核心的中国特色社会主义法律体系和中国特色社会主义法治体系，建设社会主义法治国家。

三、 改革和加强人民代表大会制度， 健全和完善选举民主

选举民主是人类政治文明的重要成果，是实现人民当家作主权利的制度化程序。1954 年，在中国共产党领导下，经过人民普选，产生了1200 多名全国人大代表，胜利召开了第一届全国人民代表大会第一次会议，通过了《中华人民共和国宪法》，从此建立了我国的根本政治制度——人民代表大会制度，开启了人民当家作主制度化新纪元。习近平

总书记深刻指出，"中国这样一个有五千多年文明史、几亿人口的国家建立起人民当家作主的新型政治制度，在中国政治发展史乃至世界政治发展史上都是具有划时代意义的。"① 60 多年的实践雄辩证明，**以选举民主为支撑的人民代表大会制度，是我国根本政治制度，是坚持党的领导、人民当家作主、依法治国有机统一的根本制度体现，是人民当家作主的根本制度保障**。人民代表大会制度符合中国国情，体现了社会主义国家的性质，代表了最广大人民的意愿，在促进民主政治建设和经济社会发展、实现社会主义现代化和中华民族伟大复兴中发挥了根本性的制度作用。中国特色社会主义进入新时代，用制度体系保证人民当家作主，最根本的任务和最关键的环节，就是要进一步改革和加强人民代表大会制度建设，健全和完善具有中国特色的社会主义选举制度。

党的十八大以来，以习近平同志为核心的党中央着力加强党对人民代表大会制度的领导，支持和保证人民通过人民代表大会行使国家权力，不断推进人民代表大会制度改革和创新，着重解决选举过程中重形式轻内容甚至弄虚作假拉票贿选等弊端，在选举民主中切实坚持人民主体地位和当家作主权利，确保人民代表真实反映民心民意，有力发挥了各级人民代表大会密切联系人民群众、代表人民管理国家事务、强化对行使公权力的国家工作人员严格监督等功能。实践有力说明，人民代表大会制度必须在改革和创新中不断完善。中国特色社会主义进入新时代，对人民代表大会制度的改革和创新提出了新要求。遵循中国特色社会主义政治发展逻辑正确认识和把握人民代表大会制度建设中的若干重大关系，是发展社会主义民主政治、完善人民当家作主制度体系的突出任务。

---

① 习近平：《在庆祝全国人民代表大会成立60周年大会上的讲话》，载中共中央文献研究室编《十八大以来重要文献选编》（中），中央文献出版社，2016，第51页。

（一）正确认识和把握"国体"和"政体"的关系，坚持人民主权在人民代表大会制度建设中的主体地位

马克思主义民主观指明，民主既是国体，也是政体。作为国体，民主是指国家性质或国家形态；作为政体，民主是指国家形式或国家运行方式。列宁指出："民主是国家形式，是国家形态的一种。""民主意味着在形式上承认公民一律平等，承认大家都有决定国家制度和管理国家的平等权利。"① 国体和政体相互依存、有机统一，国体决定政体，政体体现国体。没有有效政体支撑的国体，国家性质和宗旨无法实现；离开国体抽象地谈论政体，政体则不可能有效地体现和实现国家的性质和宗旨。社会主义政治制度的选择和建立，必须始终坚持国体和政体的有机统一。习近平总书记深刻指出："设计和发展国家政治制度，必须注重历史和现实、理论和实践、形式和内容有机统一。""政治制度是用来调节政治关系、建立政治秩序、推动国家发展、维护国家稳定的，不可能脱离社会政治条件来抽象评判，不可能千篇一律、归于一尊。在政治制度上，看到别的国家有而我们没有就简单认为有欠缺、要搬过来；或者，看到我们有而别的国家没有就简单认为是多余的，要去除掉。这两种观点都是简单化的、片面的，因而都不是正确的。"② 这一精辟论述，蕴含着国体和政体有机统一的政治发展观，是加强人民代表大会制度改革和建设必须始终坚持的根本原则和正确方向。

我国的国名鲜明体现了国体即国家的性质。《宪法》明确规定："中华人民共和国的一切权力属于人民。""人民依照法律规定，通过各种途径和形式，管理国家事务，管理经济和文化事业，管理社会事务。"人民代表大会制度，则是人民行使管理国家和社会事务权利的一种制度化途径和形式，是体现中华人民共和国性质的根本政治制度，是人民当家作

---

① 《列宁选集》第 3 卷，人民出版社，2012，第 201 页。

② 习近平：《在庆祝全国人民代表大会成立 60 周年大会上的讲话》，载中共中央文献研究室编《十八大以来重要文献选编》（中），中央文献出版社，2016，第 59 页。

主的根本制度保障，是坚持党的领导、人民当家作主、依法治国有机统一的根本制度安排。我国政治发展实践充分证明："人民代表大会制度之所以具有强大生命力和显著优越性，关键在于它深深植根于人民之中"①，体现了人民当家作主的国体性质。因此，在改革和加强人民代表大会制度建设的一切工作中，必须时刻牢记和把握坚持人民当家作主这一国体性质和政治定位。正如习近平总书记深刻指出："我们国家的名称，我们各级国家机关的名称，都冠以'人民'的称号，这是我们对中国社会主义政权的基本定位。中国 260 多万各级人大代表，都要忠实代表人民利益和意志，依法参加行使国家权力。各级国家机关及其工作人员，不论做何种工作，说到底都是为人民服务。这一基本定位，什么时候都不能含糊、不能淡化"②。

（二）正确认识和把握"权力"和"权利"的关系，真正代表人民的权利行使好手中的权力

权力和权利的关系，是政体和国体的关系在人民代表大会制度运行中的具体化。人民代表大会及其常委会是国家的权力机构，确保这一权力机构正确运行和切实履职的根本基础是人民拥有的权利。马克思主义国家学说指明，任何国家机构及其工作人员所掌握的权力都不是天生固有的，而是社会对国家机构的一种委托，是社会赋予国家的一种功能与责任。权力来自社会又服务于社会，同时受社会监督，最终归于社会，这就是一切国家权力运行的内在逻辑。在社会主义制度中，公民之所以享有广泛的民主权利，是因为公民是国家的主人，每个公民都有一份主人的权力。从这个意义上说，凡享有公民权利的人，都有一定的权力；权力是权利的内核，也是行使权利的保证，这就是广义上的政治权力。

---

① 习近平：《在庆祝全国人民代表大会成立 60 周年大会上的讲话》，载中共中央文献研究室编《十八大以来重要文献选编》（中），中央文献出版社，2016，第 58 页。

② 同上。

这种广义上的权力，需要通过国家机构的运行加以保障和实现，这就是国家机构工作人员手中所掌握的政治上的强制力量，这可以说是狭义上的政治权力。狭义上的政治权力具有两个重要特征：一是政治权力同国家职位紧密联系，只能为少数人所掌握；二是政治权力同利益关系紧密联系，直接影响到社会成员的利益实现。政治权力的这两种基本特征，要求一切国家机关及其工作人员，必须时刻牢记手中的权力是人民权利的委托，全心全意代表人民权利和意志秉公用权、谨慎用权，严格防止滥用权力以权谋私行为。这样一种权力与权利的内在逻辑关系，尤其是改革和加强人民代表大会制度建设中必须时刻遵循和坚守的。习近平总书记深刻指出："各级国家机关加强同人民代表的联系、加强同人民群众的联系，是实行人民代表大会制度的内在要求，是人民对自己选举和委派代表的基本要求。各级国家机关及其工作人员一定要为人民用权、为人民履职、为人民服务，把加强同人民代表和人民群众的联系作为对人民负责、受人民监督的重要内容，虚心听取人大代表、人民群众意见和建议，积极回应社会关切，自觉接受人民监督，认真改正工作中的缺点和错误。"① 这一重要论述，是所有国家机关及其工作人员尤其是各级人民代表大会常委会履职尽责的根本遵循。

（三）正确认识和把握"选民"和"代表"的关系，确保人民代表真正由人民选举产生，真正向选民负责

人民代表是人民代表大会制度建设的主体力量。能否真正通过民主选举制度及其完善的选举程序产生具有政治责任感和参与国家治理能力并深得人民认同和拥护的人民代表，直接关系到人民代表大会制度建设的质量和水平。这就需要，一方面，切实增强民主选举的真实性和广泛性，使人民代表具有真实的、广泛的群众基础，严格防止和清除选举工

---

① 习近平：《2014 年 9 月 5 日在庆祝全国人民代表大会成立 60 周年大会上的讲话》，载《十八大以来重要文献选编》（中），中央文献出版社，2016，第 58 页。

作中弄虚作假甚至拉票贿选等腐败行为。另一方面，切实增强人民代表的政治责任感和履行职责能力，做真正代表人民、取信于民的人民代表。习近平总书记深刻指出："人大代表肩负人民重托，责任重大，使命光荣。每一位人大代表都要站稳政治立场，严格遵守政治纪律，做政治上的明白人。要增强政治观念、法治观念、群众观念，履行宪法法律赋予的职责，发挥来自人民、植根人民的特点，接地气、察民情、聚民智，努力做到民有所呼、我有所应。要严格要求自己，自觉弘扬和践行社会主义核心价值观，加强道德修养，清清白白做人、干干净净做事。"① 这一论述，深刻指明了人民代表应当具有的根本素质，切中了各级人民代表大会制度建设中的要害部位，是改革和创新人民代表大会制度要着力强化的关键环节。

（四）正确认识和把握"立法"和"监督"的关系，切实履行人民代表大会及其常委会的政治监督责任

人民代表大会是国家立法机构，民主立法、科学立法、依宪立法，提高立法质量、完善法律体系，是人民代表大会的根本职责。同时，人民代表大会又是国家权力监督机构，必须充分履行权力监督职责。立法和监督，是人民代表大会及其常委会的两大基本职责，是实现人民代表大会制度性质和宗旨的两个基本方面，两大职能相互支撑、相辅相成，任何一个方面都不可或缺。那种把立法和监督割裂开来，重立法而轻监督，认为只要立好法就尽到人大职责了，监督可松可紧、可有可无的认识和做法，是片面的，有损于人民代表大会保证人民当家作主的根本制度功能。习近平总书记深刻指出："人民的眼睛是雪亮的，人民是无所不在的监督力量。只有让人民来监督政府，政府才不会懈怠；只有人人起来负责，才不会人亡政息。人民代表大会制度的重要原则和制度设计的

---

① 习近平：《在参加十二届全国人大五次会议辽宁代表团审议时的讲话》，载中共中央文献研究室编《习近平关于社会主义政治建设论述摘编》，中央文献出版社，2017，第49—50页。

基本要求，就是任何国家机关及其工作人员的权力都要受到制约和监督。"① 履行人民代表大会政治监督职责，是维护国家法制统一、尊严、权威的重大措施，是促进人民政府服务人民、为人民办事的重大措施，是确保司法公正、司法为民的重大措施，归根到底是保证人民当家作主的重大制度安排。

四、 充分发挥协商民主的政治功能， 扩大人民有序政治参与

在中国特色社会主义政治发展理论与实践中，选举民主和协商民主相互支撑、相得益彰，是两种最基本的政治制度安排。**健全人民当家作主制度体系，用完善制度保证人民当家作主，必须拓展民主渠道、丰富民主形式，不断扩大制度化的大众政治参与。**党的十八大以来，以习近平同志为核心的党中央在治国理政中既大力推进选举民主，不断巩固和完善人民代表大会制度，又高度重视发展协商民主，充分发挥社会主义协商民主在确保人民当家作主中的常态化作用，有力拓展了中国特色社会主义政治发展道路，鲜明彰显了人民当家作主"制度程序"和"参与实践"有机融合的现代政治发展逻辑。中国特色社会主义进入新时代，对协商民主提出了新要求、赋予了新功能。党的十九大报告明确指出："有事好商量，众人的事情由众人商量，是人民民主的真谛。""要推动协商民主广泛、多层、制度化发展，统筹推进政党协商、人大协商、政府协商、政协协商、人民团体协商、基层协商以及社会组织协商。加强协商民主制度建设，形成完整的制度程序和参与实践，保证人民在日常政治生活中有广泛持续深入参与的权利。"② 社会主义协商民主理论及其实践，是习近平新时代中国特色社会主义理论的重要内

---

① 习近平：《在庆祝全国人民代表大会成立 60 周年大会上的讲话》，载中共中央文献研究室编《十八大以来重要文献选编》（中），中央文献出版社，2016，第 57 页。

② 习近平：《决胜全面建成小康社会，夺取新时代中国特色社会主义伟大胜利——在中国共产党第十九次全国代表大会上的报告》，人民出版社，2017，第 38 页。

容，深刻彰显了新时代中国共产党人在大国治理上的政治智慧和用制度体系保证人民当家作主的政治自觉，是对马克思主义民主政治理论的重大创新和发展。

在习近平新时代中国特色社会主义思想中，蕴含着丰富的社会主义协商民主理论，着重从三个维度深刻揭示了协商民主在推进国家治理、保证人民当家作主中的特殊功能和意义。

社会主义协商民主，是中国特色社会主义民主政治的特有形式，是中国共产党领导人民治理国家和社会的重要路径，是实现党的领导的重要方式。从推进国家治理现代化的角度，选举民主和协商民主具有相互支撑、相得益彰、不可相互取代的重大意义。协商民主以尊重多数、照顾少数和求同存异为原则，不仅注重民主的结果而且注重民主的过程，既强调决策前也注重执行中各种利益的博弈和融合，可以最大限度地形成最大公约数，对于动员和组织人民群众广泛持续深入地参与国家治理、实现人民当家作主的权利，具有特殊的效能和意义。

社会主义协商民主，是中国共产党的群众路线在政治领域的重要体现，是党治国理政智慧和能力的重要源泉。在新的历史条件下推进国家治理现代化的过程，从根本意义上说就是贯彻执行党的群众路线的过程；从群众中来、到群众中去，一切为了群众、一切依靠群众，这样一种群众路线的实践过程，本身就是民主协商、凝聚共识的过程。中国共产党的群众路线与社会主义协商民主，在推进国家治理现代化这一根本之点上有机地契合在一起，这是我国社会主义协商民主的独特政治优势，也是强大生命力所在。

社会主义协商民主，是调动一切积极因素、凝聚各方资源共同治理国家和社会的有效制度安排，具有广泛的社会基础和充沛的政治潜能。社会主义协商民主推进国家治理、实现人民当家作主的意义，突出体现在"有事好商量，众人的事情由众人商量"这一人民民主的真谛上。涉及国家整体治理的事情，涉及全国各族人民利益的事情，在全体人民和

163

第八讲 用制度体系保证人民当家作主

全社会中广泛商量；涉及国家局部治理的事情，涉及某个地域人民群众利益的事情，在这个局部和地域的群众中广泛商量；涉及某些具体国家事务治理的事情，涉及一部分群众利益和特定群众利益的事情，在这部分群众中广泛商量；涉及基层社会治理的事情，涉及基层群众利益的事情，在相应基层范围群众中广泛商量。总之，在人民内部各方面广泛商量的过程，就是发扬民主、集思广益的过程，就是统一思想、凝聚共识的过程，就是科学决策、民主决策的过程，归根到底就是实现人民当家作主的过程。

中国特色社会主义进入新时代，对加强协商民主制度建设提出了新要求，迫切要求适应人民美好政治生活的需要，进一步开辟协商民主保证人民当家作主的新境界。

（一）进一步拓展协商民主政治参与功能新境界，保证人民广泛持续深入地参与国家民主管理

协商本身就是参与，民主协商的过程就是吸引社会各界和广大群众广泛参与国家治理的过程。通过常态化、制度化的政党协商、人大协商、政府协商、政协协商、人民团体协商、社会基层协商，尤其充分发挥政党协商的导向、示范和推进作用，建构起社会各界和人民群众知情明政机制和参政议政平台，可以使人民群众经常性地参与到国家治理具体实践中来。协商民主在给人们提供广阔参与空间和机会的同时，也内在地要求提升参政议政水平，把实现自身利益和维护国家利益有机地统一起来，从而形成一种多元主体共同参与良性互动的政治过程，使各种政治资源和社会资源都能有效地整合到确保人民当家作主上来。正是从这样一种政治运行逻辑来说，协商民主蕴含着丰富的广泛性、常态化的大众参与政治功能。

（二）进一步拓展协商民主决策修补功能新境界，保证党和国家决策更好地反映民意、为民谋利

现代国家治理，从决定意义上说，就是决策的科学制定和正确实施。习近平总书记强调："国家治理体系和治理能力是一个国家的制度和制度执行能力的集中体现，两者相辅相成，单靠哪一个治理国家都不行。治理国家，制度是起根本性、全局性、长远性作用的。然而，没有有效的治理能力，再好的制度也难以发挥作用。"[①] 在我国现行国家治理实践中，进一步改革和完善国家治理体系是十分重要的，但在某些领域、某些层面，进一步提升国家治理能力尤其是重大决策能力尤为重要。任何一项决策制定的偏颇或决策实施过程中的疏漏，都有可能带来社会不安定甚至造成对人民生命财产的损害，这是为许多事实所证明了的教训。社会主义协商民主，正是在提升决策能力、促进科学决策方面彰显了不可或缺的国家治理功能。协商民主的一个鲜明特点就是在决策形成之前和决策实施过程之中开展广泛协商，把民主协商贯穿于、渗透于决策制定和决策实施的全过程，努力形成有利于减少决策失误、弥补决策疏漏的民主共识。因此从一定意义上说，民主协商的过程，也就是决策修补的过程，也就是从决策层面保证人民当家作主的制度化过程。

（三）进一步拓展协商民主多元共治功能新境界，保证人民共建共治共享和谐社会

传统治理与现代治理的本质区别在于是"统治"还是"共治"、是"一元"还是"多元"。中国特色社会主义进入新时代，我国社会治理进入"多元共治"新阶段，这是保证人民当家作主的最重要制度化平台。在广泛、多层、制度化的民主协商平台上，各种意见、建议、愿望、诉

---

① 习近平：《在省部级主要领导干部学习贯彻十八届三中全会精神全面深化改革专题研讨班上的讲话》，载中共中央文献研究室编《习近平关于全面深化改革论述摘编》，中央文献出版社，2014，第27—28页。

求得以充分合理的表达，政治权力和行政权力趋于"软化"，权力的运作需要经过充分协商、多元共议的过程才能具有合法性和有效性。这样一种民主协商过程，无疑一方面可以使民愿民意进入决策层，最大程度发挥在推进国家治理和社会治理中的基础性作用；一方面可以有力促进党政机构顺应民意改进工作，最大程度代表人民的意愿管理国家和社会。

（四）进一步拓展民主监督功能新境界，保证人民有效监督公共权力

反对和根治权力腐败的利器是民主监督。对于社会主义国家治理来说，民主监督的实质是政治监督，也是权力监督。有权必有责、有责要担当、用权受监督、失责必追究，这是公共权力的本质特征和运行原则。民主监督是否有用、有效，关键取决于我们的政治制度和政治架构是否有利于将权力置于人民监督之下，取决于人民是否拥有真正的民主监督权利。人民对公共权力的监督，不仅表现在选举权上，即在民主选举时通过对候选人的投票表达自己的民主监督权；而且更重要的是在日常政治生活中，即拥有广泛而经常的知情权、参与权，通过参与民主决策和民主管理充分表达自己的民主监督权。这就是选举民主和协商民主在人民民主监督权上的各自功能及其实现。对于人民依法有序监督国家权力来说，选举民主是重要的、有效的，然而能否确保国家权力按照人民的意志、符合人民的利益健康运行，关键还在于人民能否在广泛持续深入的政治参与中充分表达自己的民主监督意愿、行使自己的民主监督权利。社会主义协商民主，则在更广泛的社会层面开辟了人民持续参与国家治理从而有效监督公共权力的伟大实践。

新时代协商民主制度推进国家治理新境界

社会主义协商民主，既是对中华民族"天下为公、同舟共济、兼容并蓄、求同存异"优秀政治文化和中国共产党与各民主党派"长期共存、互相监督、肝胆相照、荣辱与共"优良政治传统的创造性继承，又是适应中国特色社会主义新发展、探索"用制度体系保证人民当家作主"[①]政治发展新实践的伟大政治创造。党的十九大报告进一步指出："有事好商量，众人的事情由众人商量，是人民民主的真谛。协商民主是实现党的领导的重要方式，是我国社会主义民主政治的特有形式和独特优势。要推动协商民主广泛、多层、制度化发展，统筹推进政党协商、人大协商、政府协商、政协协商、人民团体协商、基层协商以及社会组织协商。加强协商民主制度建设，形成完整的制度程序和参与实践，保证人民在日常政治生活中有广泛持续深入参与的权利。"[②] 正是在把协商民主纳入党领导人民共同治理国家、不断拓展协商民主推进国家治理功能的政治发展逻辑中，愈益彰显了中国共产党治理社会主义国家的高超政治智慧。

[①] 习近平：《决胜全面建成小康社会，夺取新时代中国特色社会主义伟大胜利——在中国共产党第十九次全国代表大会上的报告》，人民出版社，2017，第36页。

[②] 同上书，第38页。

一、 人类社会发展史上源远流长的政治传统

政治协商，是人类政治文明的重要成果，具有源远流长的政治传统。在传统政治文化中，不论东方还是西方，都产生过明确的政治协商理念，甚至出现过丰富的政治协商实践。

在东方，我国早在三皇五帝时期就出现了带有政治协商性质的原始民主。《诗经·大雅》中记载："先民有言，询于刍荛"。中国历史上不同时期都曾有过会盟行动，其中就包括不同政治实体相互之间协商合作的内容。《史记·廉颇蔺相如列传》中"渑池会盟"，讲的就是秦赵两国进行政治协商活动。在西方，古希腊民主理论与实践，为近现代西方政治制度奠定了最初基础，并衍生出对各种类型民主概念、民主模式的试验和探索。那时，在选举竞争之外，协商合作是一种重要的民主形式。雅典城邦的民主政治制度，就出现过一定意义上的政治协商，比如"公民大会"，是古希腊城邦的最高权力机关；"五百人议事会"，是古希腊城邦民主政体的核心。古罗马元老院建立伊始，就作为咨询议会，实际上是一个协商性的审议团体，在罗马帝国政府中扮演着极其重要的角色。古希腊柏拉图的《理想国》、亚里士多德的《政治学》和《雅典政制》、古罗马时代波里比乌斯的《通史》、西塞罗的《论共和国》等经典著作，对古代协商民主都有详细记载。古希腊、古罗马的民主思想通过众多古代学者的著作流传下来，经中世纪到文艺复兴再到近代，对西方政治理念和政治制度乃至东方近现代政治实践和政治理论产生了重大影响。

20 世纪 80 年代以来，西方学术界兴起协商民主的研究，这是对选举民主过于强调自由而忽视平等倾向的一种补充或纠正。1980 年，西方学者约塞夫·毕赛特在《协商民主：共和政府的多数原则》一文中首次从政治学意义上使用"协商民主"这一概念。此后，在罗尔斯、哈贝马斯、詹姆斯等著名政治哲学家推动下，协商民主被当作不同于选举民主的一

种相对独立的民主形式，逐渐赢得越来越多人的认同，成为当代西方民主理论研究的一大热点问题。"在过去20到30年中，协商民主是西方政治思想最重要的成果之一，……即使从现实政治角度看，协商民主也是当代西方国家最重要的政治发展之一。"① 一些西方学者甚至断言："民主的本质是协商，而不是投票、利益聚合与宪法权利，甚或自治。"② 哈贝马斯则把协商民主分为国家制度内和公民社会内两个领域，即"双规模式的协商"，从而赋予协商民主更加宽泛的政治社会意义。③ 澳大利亚学者约翰·德雷泽克则认为协商民主可以发生在三个层面的不同领域，即国家制度、普通公民或政治鼓吹者发起的特设论坛以及公共领域。④ 西方学者对协商民主的政治热衷和探讨兴趣，从一个层面反映了协商民主在当代政治发展中的必要性和合理性。

在中国共产党领导人民实现和推进民主政治实践中，也包含着丰富的协商民主政治传统。 1927年大革命失败后，毛泽东领导党组织在农村建立革命根据地，开始了建立与国民党政权相抗衡的工农武装割据的局部政权尝试。抗日战争爆发后，我们党积极倡导建立抗日民族统一战线，力促与国民党的协商合作。抗日战争转入相持阶段后，国共两党较量不仅表现在抗日的态度上，而且表现在民主政权的建构上。毛泽东强调，我们反对国民党的一党专政，也不搞共产党的一党专政。在我们党领导的抗日根据地政权建设中，吸取土地革命时期政权建设中只有工农两大阶级的教训，努力探索包容各阶级、阶层的统一战线民主政权。1940年3月，毛泽东为中共中央起草的对党内指示《抗日根据地的政权问题》中，明确规定抗日民族统一战线政权在人员分配上的"三三制"原则：

① 詹姆斯·博曼：《〈公共协商：多元主义、复杂性与民主〉总序》，黄相怀译，中央编译出版社，2006，第1页。

② 约翰·德雷泽克：《协商民主及其超越：自由与批判的视角》，丁开杰译，中央编译出版社，2006，第1页。

③ 哈马贝斯：《在事实与规范之间》，童世骏译，北京三联书店，2003年版。

④ 德雷泽克：《不同领域的协商民主》，《浙江大学学报（人文社会科学版）》2005年第3期。

"共产党员占三分之一，非党的左派进步分子占三分之一，不左不右中间派占三分之一。"在当时党中央所在地陕甘宁边区推行了"三三制"的民主政权建设实践，使陕甘宁边区政权成为与国民党一党专制政权形成鲜明对比的民主政权模范，吸引大批进步青年和民主人士投奔汇聚于此。与此同时，在国统区，我们党在国民参政会等机构中，同各民主党派密切合作，加强协商沟通，组织和依靠抗日进步势力，积极争取中间势力，分化瓦解顽固势力，为推动全民族抗战发挥了重要作用。我们党在抗日民主政权建设中的协商民主实践和以协商民主为特征的新民主主义议事精神，可以说是今天发展社会主义协商民主的"源头活水"。

在新民主主义革命即将取得全国胜利前夕，经过认真组织和筹备，中国人民政治协商会议第一届全体会议于 1949 年 9 月在北京召开。这次大会代行全国人民代表大会职权，主题是协商建国，标志着协商民主这种新型的社会主义民主形式在全国范围开展。这次大会讨论通过了具有临时宪法作用的《中国人民政治协商会议共同纲领》以及《中国人民政治协商会议组织法》《中华人民共和国中央人民政府组织法》，这三个重要文献，为新中国诞生奠定了理论和组织基础。这次大会选举产生了中华人民共和国中央人民政府委员会，并赋予其行使国家权力的职责。这次大会作出了关于中华人民共和国国都、国旗、国歌、纪年四个重要决议，对社会主义新中国的长治久安发挥了根本性保证作用。在此后几年内，国家的大政方针、重要法案，都经全国政协协商，然后由中央人民政府委员会或政务院通过并公布实施。特别是 1954 年正式制定的过渡时期总路线，即："逐步实现国家的社会主义工业化，并逐步实现国家对农业、对手工业和对资本主义工商业的社会主义改造"，从党的最高决策层反复酝酿，到在党内展开充分讨论，再到与党外人士充分协商，同时在全民中开展普遍学习宣传，最后形成党的决议并将其载入宪法，形成为国家意志，组织全体人员贯彻执行，体现了鲜明的协商民主精神。这一民主协商过程，主题鲜明、步骤清晰、环节完整、衔接紧密，不啻是新中国成立后我们党领导和开展社会主义协商民主的一次成功实践。

改革开放以来，中国共产党在传承我国历史上协商对话优良传统和推进政治协商成功经验的基础上，积极借鉴西方现代协商民主理论，将协商民主作为社会主义民主的一种重要形式引进我国政治生活领域，并在实践中不断扩大和推进，为中国特色的社会主义协商民主制度的形成进行了有益的探索。

1987年党的十三大明确提出要建立社会协商对话制度。党的十三大报告将中国共产党领导的多党合作制度和政治协商制度并提为"中国共产党领导的多党合作和政治协商制度"，同时提出"建立社会协商对话制度"的政治构想，强调要"正确处理和协调各种不同的社会利益和矛盾"，要发扬"从群众中来，到群众中去"的优良传统，"及时地、畅通地、准确地做到下情上达，上情下达，彼此沟通，互相理解"，建立国家、地方和基层协商对话制度。1991年3月，江泽民在全国"两会"的共产党员负责人会议上的讲话中首次明确提出："人民通过选举、投票行使权利与人民内部各方面在选举、投票之前进行充分协商，尽可能就共同性问题取得一致意见，是我国社会主义民主的两种重要形式。这是西方民主无可比拟的，也是他们所无法理解的。两种形式比一种形式好，更能真实地体现社会主义社会里人民当家作主的权利。"[1] 2006年2月《中共中央关于加强人民政协工作的意见》进一步明确界定："人民通过选举、投票行使权利和人民内部各方面在重大决策之前进行充分协商，尽可能就共同性问题取得一致意见，是我国社会主义民主的两种重要实现形式。"2007年11月国务院新闻办公室发布的《中国的政党制度》白皮书明确强调："选举民主与协商民主相结合，是中国社会主义民主的一大特点。"这些重要论断，是对中国特色社会主义政治发展理论的创造性贡献。在中国共产党协商民主理念、方针指导下，我国社会各领域民主

---

① 《江泽民论有中国特色社会主义（专题摘编）》，学习出版社，2002，第374页。

协商机制及实践不断丰富发展，效果和影响不断提升扩大，愈益成为中国特色社会主义政治发展不可忽视的制度形态和重要环节。

二、 协商民主推进国家治理现代化的特殊含义

尽管在人类政治发展史上协商民主具有源远流长的政治传统，在中国共产党领导民主政治建设史上也有过协商民主的成功实践，但是把协商民主转化为人民民主的制度化实践和推进国家治理现代化的制度性安排，则是在党的十八大以来中国特色社会主义新发展的理论与实践中。而实现协商民主制度化提升的根本基点则是坚持人民当家作主的政治制度。古代东方协商民主传统，固然有许多可传承之处，但那种协商民主有一个根本性缺陷，就是参与协商的主体不可能是普通民众，各种类型的政治协商不过是统治阶级的政治权术和政治谋略罢了。现代西方协商民主理论，固然有许多可借鉴之处，但是各种协商民主主张，都只是囿于公共政策讨论和制定的领域，很难涉及国家治理的制度层面。与古代协商民主传统及西方协商民主理论不同，在中国共产党领导人民开辟中国特色社会主义新境界、推进中国特色社会主义进入新时代伟大实践中逐步形成的社会主义协商民主，其主体是人民群众，其基点是人民当家作主，其功能是参与国家治理。**新时代我国协商民主的本质特征和创新之处在于，它是党领导人民共同治理国家的一种独特的政治形式，是把人民当家作主"具体地、现实地体现到中国共产党执政和国家治理上来"**[①] **的一种有效的制度安排，是"健全民主制度，丰富民主形式，拓宽民主渠道，保证人民当家作主落实到国家政治生活和社会生活之中"**[②] **的一种内涵丰富、特色鲜明的政治创造。**

---

① 习近平：《在庆祝中国人民政治协商会议成立 65 周年大会上的讲话》，《人民日报》2014 年 9 月 22 日。

② 习近平：《决胜全面建成小康社会，夺取新时代中国特色社会主义伟大胜利——在中国共产党第十九次全国代表大会上的报告》，人民出版社，2017，第 22 页。

习近平新时代中国特色社会主义思想，蕴含着丰富的社会主义协商民主理论，并从三个维度深刻揭示了协商民主在推进国家治理现代化中的特殊含义。

（一）社会主义协商民主，是中国特色社会主义民主政治的特有形式，是中国共产党领导人民有效治理国家和社会的重要路径，是实现党的领导的重要方式

中国特色社会主义制度是以人民当家作主为本质特征和价值取向的先进制度。中国共产党人领导人民发展人民民主，不断拓展中国特色社会主义政治发展道路，根本目的就是保证和支持人民当家作主。保证和支持人民当家作主，不是一句口号，更不是一句空话，不能仅仅停留在政治宣言和抽象原则上，而必须落实到国家政治生活和社会生活的各个层面和全部过程，其中最重要也是最根本的，就是保证人民依法参与国家和社会治理，名副其实地行使管理国家事务、管理经济和文化事业、管理社会事务的权利。要达到这一目的，就需要健全民主制度、丰富民主形式、拓宽民主渠道，使各项政治制度"体现人民意志、保障人民权益、激发人民创造活力，用制度体系保证人民当家作主"[1]。以选举民主为核心内容和根本形式的人民代表大会制度和以协商民主为核心内容和根本形式的中国共产党领导的多党合作和政治协商制度，就是保证和实现人民当家作主的两种基本的制度安排，是党领导人民共同治理国家和社会的两种有效的制度选择。习近平总书记深刻指出："人民是否享有民主的权利，要看人民是否在选举中有投票的权利，也要看人民在日常政治生活中是否有持续参与的权力；要看人民有没有进行民主选举的权利，也要看人民有没有民主决策、民主管理、民主监督的权利。社会主义民主不仅需要完整的制度程序，而且需要完整的参与实践。人民当家作主

① 习近平：《决胜全面建成小康社会，夺取新时代中国特色社会主义伟大胜利——在中国共产党第十九次全国代表大会上的报告》，人民出版社，2017，第36页。

必须具体地、现实地体现到中国共产党执政和国家治理上来，具体地、现实地体现到中国共产党和国家机关各个方面、各个层级的工作上来，具体地、现实地体现到人民对自身利益的实现和发展上来。"①

从推进国家治理现代化的角度，选举民主和协商民主具有相互支撑、相得益彰、不可相互取代的重要功能和重大意义。选举民主是人类政治文明的重要成果，是现代国家治理的重要形式，从一定意义上说，没有选举民主，人民就没有选择权和决定权，当然也就无民主可言，人民当家作主和参与国家治理也就成了一句空话。同时我们又必须清醒地看到，选举民主对于国家治理并不是唯一的完美无缺的选择，甚至存在着某些自身难以弥补的缺陷。这是由于，选举民主是一个"二者择一"的过程，要么赞成、要么反对，要么通过、要么否决，容不得中性选择和中性结果。从一定意义上说，选举民主是一个"你上我下"的对决过程，失利者一方尽管是少数，但因其民主诉求得不到实现而有可能引起不满乃至对抗，而获胜的多数也很容易滋生"胜者为王"的心态，极端情况下甚至会导致"多数人暴政"。这样一种短缺，正是协商民主的优长。协商民主以尊重多数、照顾少数和求同存异为原则，不仅注重民主的结果而且注重民主的过程，既强调决策前也注重执行中各种利益的博弈和融合，可以最大限度地凝聚社会各界和广大民众的智慧，形成最大公约数。习近平总书记深刻指出："在我们这个人口众多、幅员辽阔的社会主义国家里，关系国计民生的重大问题，在中国共产党领导下进行广泛协商，体现了民主和集中的统一；人民通过选举、投票行使权利和人民内部各方面在重大决策之前进行充分协商，尽可能就共同性问题取得一致意见，是中国社会主义民主的两种重要形式。在中国，这两种民主形式不是相互替代、相互否定的，而是相互补充、相得益彰的，共同构成了中国社

① 习近平：《在庆祝中国人民政治协商会议成立65周年大会上的讲话》，《人民日报》2014年9月22日。

会主义民主政治的制度特点和优势。"① 从动员和组织人民群众广泛性经常性参与国家治理来说，协商民主尤其具有特殊的功能和意义。

（二）社会主义协商民主，是中国共产党的群众路线在政治领域的重要体现，是党治国理政智慧与能力的重要源泉

中国共产党是执政党，是中国特色社会主义事业的领导核心。推进国家治理现代化，发展社会主义现代化，实现中华民族的伟大复兴，关键在党，关键在提升党的执政能力和治理水平。党的执政能力和治理水平从哪里来？归根到底来自人民的支持和拥护，来自人民的智慧和力量。习近平总书记深刻指出："中国共产党来自人民、服务人民，这就决定了中国共产党领导人民建立的中华人民共和国必须紧紧依靠人民治国理政、管理社会。中国共产党在自己的工作中实行群众路线，坚持一切为了群众，一切依靠群众，从群众中来，到群众中去，把自己的正确主张变为群众的自觉行动。中华人民共和国宪法规定，国家的一切权力属于人民，一切国家机关和国家工作人员必须依靠人民的支持，经常保持同人民的密切联系，倾听人民的意见和建议，接受人民的监督，努力为人民服务。无论是中国共产党执政，还是国家机关施政，都必须坚持贯彻群众路线，紧紧依靠人民。"②

这一重要论述，从推进国家治理现代化的内在逻辑出发，深刻揭示了党的群众路线的真谛，进而赋予社会主义协商民主以更深刻的国家治理意义。新时代推进国家治理现代化的过程，从根本意义上说也就是贯彻执行党的群众路线的过程；从群众中来，到群众中去，一切为了群众，一切依靠群众，这样一种群众路线的实践过程，本身就是民主协商、凝聚共识的过程。在中国共产党统一领导下，通过多种形式的民主协商，

---

① 习近平：《在庆祝中国人民政治协商会议成立 65 周年大会上的讲话》，《人民日报》2014 年 9 月 22 日。

② 同上。

广泛听取意见和建议，广泛接受批评和监督，可以广泛达成决策和工作的最大共识，有效克服不同党派和利益集团为了自己的利益而相互竞争甚至相互倾轧的弊端；可以广泛畅通各种利益要求和诉求进入决策程序和渠道，有效克服不同政治力量为了维护和争取自身的利益而固执己见甚至排除异己的弊端；可以广泛形成发现和改正失误和错误的机制，有效克服决策中情况不明和自以为是的弊端；可以广泛形成人民群众参与国家和社会各层次管理和治理的机制，有效克服人民群众在国家政治生活和社会治理中无话语权更难以实际参与的弊端；可以广泛凝聚全社会推进改革发展的智慧和力量，有效克服各项政策和工作共识度不高因而难以落实的弊端。总之，中国共产党的群众路线与社会主义协商民主，无论是在本质内涵上还是在具体过程中都是有机地契合在一起的，协商民主使党的群众路线实施过程更加丰富多彩、更加切实有效，这是社会主义协商民主的独特优势，也是强大生命力所在。

（三）社会主义协商民主，是调动一切积极因素、凝聚各方资源共同治理国家和社会的有效制度安排，具有广泛的社会基础和充沛的政治潜能

人民是真正的英雄，是创造历史的主人，是现代国家治理的主体。马克思主义唯物史观的这一基本原理，是我国社会主义协商民主深蕴国家治理含义的最有力逻辑证明。国家运行的政治逻辑决定，"中国共产党的一切执政活动，中华人民共和国的一切治理活动，都要尊重人民主体地位，尊重人民首创精神，拜人民为师，把政治智慧的增长、治国理政本领的增强深深扎根于人民的创造性实践之中，使各方面提出的真知灼见都能运用于治国理政"[①]。历史经验反复证明，国家的强盛不仅在于国家机构自身的力量，而且在于社会力量的广泛参与和坚实支持。只有不

---

① 习近平：《在庆祝中国人民政治协商会议成立 65 周年大会上的讲话》，《人民日报》2014 年 9 月 22 日。

断增强社会成员对国家发展目标和运行机制的认同，同时顺应社会发展趋势和人民大众诉求适时调整国家发展战略及其具体方针政策，才能调动一切积极因素，整合一切社会资源，凝聚成推进国家治理现代化的巨大正能量。

在优化治国理政、推进新时代中国特色社会主义新发展的伟大实践中，习近平总书记对人民群众的主体力量和伟大精神给予了高度重视、进行了深刻凝练，精辟指出："人民是历史的创造者，人民是真正的英雄。波澜壮阔的中华民族发展史是中国人民书写的！博大精深的中华文明是中国人民创造的！历久弥新的中华民族精神是中国人民培育的！中华民族迎来了从站起来、富起来到强起来的伟大飞跃是中国人民奋斗出来的！"习近平总书记对中国人民的伟大民族精神进行了高屋建瓴、鞭辟入里的总结与提炼，这就是：伟大创造精神、伟大奋斗精神、伟大团结精神、伟大梦想精神。习近平总书记满怀信心地指出："有这样伟大的人民，有这样伟大的民族，有这样伟大民族精神，是我们的骄傲，是我们坚定中国特色社会主义道路自信、理论自信、制度自信、文化自信的底气，也是我们风雨无阻、高歌行进的根本力量！"[1] 这一重要讲话，彰显着唯物史观的巨大真理力量，为我们充分认识人民群众在国家和社会治理中的政治智慧和政治作用，更加自觉地发展和完善社会主义协商民主，进一步指明了方向。

社会主义协商民主动员和凝聚人民群众力量参与国家和社会治理，突出体现在"有事好商量，众人的事情由众人商量"这一"人民民主的真谛"上。[2] 协商即商量。发展社会主义民主，保证人民当家作主权利，使人民群众能够经常广泛并真实地参与对国家和社会事务的治理，一个最有效最便捷的方法就是同人民多商量。涉及国家整体治理的事情，涉

---

① 习近平：《在第十三届全国人民代表大会第一次会议上的讲话》，《人民日报》2018 年 3 月 21 日。

② 习近平：《决胜全面建成小康社会，夺取新时代中国特色社会主义伟大胜利——在中国共产党第十九次全国代表大会上的报告》，人民出版社，2017，第 37—38 页。

及全国各族人民利益的事情，要在全体人民和全社会中广泛商量；涉及国家局部治理的事情，涉及某个地域人民群众利益的事情，要在这个局部和地域的群众中广泛商量；涉及某些具体国家事务治理的事情，涉及一部分群众利益和特定群众利益的事情，要在这部分群众中广泛商量；涉及基层社会治理的事情，涉及基层群众利益的事情，要在相应基层范围群众中广泛商量。总之，"在人民内部各方面广泛商量的过程，就是发扬民主、集思广益的过程，就是统一思想、凝聚共识的过程，就是科学决策、民主决策的过程，就是实现人民当家作主的过程。这样做起来，国家治理和社会治理才能具有深厚基础，也才能凝聚起强大力量"①。

三、 进一步开辟协商民主新境界

（一）进一步开辟协商民主政治参与新境界

中国特色社会主义进入新时代，对中国民主政治建设提出了新要求。**作为中国特色社会主义民主政治的特有形式和独特优势，作为实现党对一切工作领导的重要方式，作为党领导人民共同治理国家和社会的制度化渠道，社会主义协商民主必将在新时代新征程中更加充分地彰显推进国家治理现代化的特殊功能。而在新时代进一步开辟协商民主国家治理功能新境界，根本依据和价值指向首当其冲的是我国社会主要矛盾的新变化。**

党的十九大报告明确指出："中国特色社会主义进入新时代，我国社会主要矛盾已经转化为人民日益增长的美好生活需要和不平衡不充分的发展之间的矛盾。"② 这是一个全新的战略判断，是中国特色社会主义进

---

① 习近平：《在庆祝中国人民政治协商会议成立 65 周年大会上的讲话》，《人民日报》2014 年 9 月 22 日。

② 习近平：《决胜全面建成小康社会，夺取新时代中国特色社会主义伟大胜利——在中国共产党第十九次全国代表大会上的报告》，人民出版社，2017，第 11 页。

入新时代所要着力解决的主要问题。人民日益增长的美好生活需要是全方位的、多层次的，不仅对物质文化生活提出了更高要求，而且在民主、法治、公平、正义、安全、环境等方面的要求日益增长，期待从社会全面发展中获得更多的幸福感、权利感、安全感。坚持以人民为中心，不断满足人民日益增长的美好生活需要，是新时代中国特色社会主义的根本出发点和落脚点。新时代新发展，必须着力解决好不平衡的发展和不充分的发展的突出问题。所谓不平衡的发展，主要表现为经济发展结构不平衡、地域发展不平衡、城乡发展不平衡、贫富发展不平衡等；所谓不充分的发展，主要表现为制度优势还未得到充分发挥，社会活力还未得到充分释放，国家治理和社会治理现代化功能还未得到充分整合，公平正义和社会安全保障体系还未得到充分巩固等。由不平衡到平衡、由不充分到充分，是在新时代优化治国理政、推进改革发展所要着力完成的主要任务。

在新时代，人民日益增长的民主、法治、公平、正义、安全、环境等方面的需要，归结到一点就是对美好政治生活的需要。人天生是政治的动物。人民美好政治生活需要的不断增长，既是社会变革和社会发展一般规律的时代呈现，更是中国特色社会主义民主政治发展的本质体现。马克思主义经典作家一再强调，无产阶级政党必须善于从政治的高度看待问题、解决矛盾，把握人民对社会发展的需求。恩格斯指出，马克思十分注重政治在社会变革中所起的"特殊作用"，"如果政治权力在经济上是无能为力的，那么我们何必要为无产阶级的政治专政而斗争呢?"[1] 列宁强调："一个阶级如果不从政治上正确地看问题，就不能维持它的统治，因而也就不能完成它的生产任务。"[2] 中国特色社会主义政治发展道路，是近代以来中国人民长期奋斗历史逻辑、理论逻辑、实践逻辑的必然结果，是中国共产党领导人民当家作主的必然选择，是坚持党的本质

---

① 《马克思恩格斯文集》第 10 卷，人民出版社，2009，第 601 页。

② 《列宁专题文集〈论辩证唯物主义和历史唯物主义〉》，人民出版社，2009，第 302—303 页。

属性、践行党的根本宗旨的必然要求。发展新时代中国特色社会主义，就是要立足于不断满足人民日益增长的美好政治生活需要，通过民主政治建设的不断推进，更加"体现人民意志、保障人民权益、激发人民创造活力，用制度体系保证人民当家作主"①。

新时代人民日益增长的美好政治生活需要，突出体现在人民政治参与意识的不断增强，希望有更多机会参与对国家和社会生活的治理。

"民主"的原意是"人民的权力"或"人民进行统治"。在世界政治发展历史长河中，不同阶级的思想家和政治家，对民主作出不同的解释和定位，处于不同社会地位的政治群体和社会成员，对民主也持有不同的理解和认知。马克思主义经典作家运用唯物史观拨开笼罩在民主之上的种种迷雾，深刻揭示了民主的实质和本质，这就是：人民在国家制度和国家治理中的位置。马克思指出：民主发展的基本逻辑关系是——"不是国家制度创造人民，而是人民创造国家制度"②。列宁进一步揭示："民主是国家形式，是国家形态的一种。""民主意味着在形式上承认公平一律平等，承认大家都有决定国家制度和管理国家的平等权利。"③ **从作为国体的国家形态，到作为政体的国家形式，确认公民平等的政治地位和参与权利，这就是民主。从这个本质意义上可以说，民主就是参与国家治理。**

现代民主理论及实践开辟了两种人民参与国家治理的基本形式：一是竞争式民主亦即选举民主；二是参与式民主亦即协商民主。人民通过公平竞争和依法选举，将管理国家的权利委托给少数公职人员行使，从而实现由"权利"向"权力"转移、"权力"代行"权利"职责，这是维系国家运行、推进国家治理的一种必要选择。对于社会主义国家治理来说，选举民主依然是十分重要的，是一种最基本的国家治理方式。我

① 习近平：《决胜全面建成小康社会，夺取新时代中国特色社会主义伟大胜利——在中国共产党第十九次全国代表大会上的报告》，人民出版社，2017，第 36 页。

② 《马克思恩格斯全集》第 1 卷，人民出版社，1972，第 281 页。

③ 《列宁选集》第 3 卷，人民出版社，2012，第 201 页。

国宪法规定："中华人民共和国的一切权力属于人民。""人民依照法律规定，通过各种途径和形式，管理国家事务，管理经济和文化事业，管理社会事务。"人民是国家和社会治理的主体，但是不可能做到人人都去专司国家治理事务，而只能实行权力委托式治理。全国人民代表大会和地方各级人民代表大会是代表人民行使国家权力、参与国家治理的权力机关和政治载体；选民是否具有平等的选举权和被选举权，候选人是否具有公平的民主竞争权利和竞争机会，直接关系到能否选择好真正代表人民利益和意愿的国家政治架构和权力委托人。同时我们也必须清醒地看到，竞争式民主亦即选举民主不是万能的，"票决"更不可能完全解决国家治理中大量的直接涉及人民群众切身利益的问题。对于绝大多数公民来说，假如只有投票的权利而没有广泛参与的权利，人民只有在投票时被唤醒、投票后即进入"休眠"状态，人民代表只有在集中开会时行使表决权、会议结束后即处于被闲置状态，这样的民主显然是形式主义的，解决不了国家治理中大量的日常性事务。因此，社会主义民主不仅需要完整的选举制度程序，而且需要广泛的民主参与实践。人民群众通过各种制度化的协商平台，广泛地持续地参与民主决策、民主管理、民主监督，这样，才能既促进选举民主更好地代表民声、表达民意，又能使人民群众对国家治理中的重大问题和涉及自身利益的实际问题有直接表达意见与愿望的机会，同时还能有效地防止和克服由于民主参与渠道不畅而导致的某些非制度化参与现象和过激化参与作为。这就是参与式民主亦即协商民主所承负的不可或缺的国家治理功能。

协商民主本身就是政治参与，民主协商的过程就是吸引社会各界和广大群众广泛参与国家治理的过程。通过经常性、制度化的政党协商、人大协商、政府协商、政协协商、人民团体协商、社会基层协商，尤其充分发挥政党协商的导向、示范和推进作用，建构起社会各界和人民群众知情明政机制和参政议政平台，使人民群众有机会经常性地参与到国家和社会治理的具体实践中来。协商民主在给人们提供广阔参与空间和机会的同时，也内在地要求人们提升参政议政水平，把实现自身利益和维护国家利益有机地统一起来，从而形成一种多元主体共同参与的良性互动过程，使各种政治资源和社会资源都能有效地整合到推进国家治理现代化上来。正是从这样一种政治运行逻辑来说，协商民主蕴含着丰富的广泛性、常态化的大众参与国家治理的政治功能。

（二）进一步开辟协商民主决策修补新境界

现代国家治理，从决定意义上说就是决策的科学制定和正确实施。国家治理决策体现为具体的政策和策略。毛泽东曾说过，政策和策略是党的生命。同样我们可以说，政策和策略是国家的生命。能否制定并实施正确的政策和策略，直接关系着国家机构能否代表人民和服务人民，直接关系着能否实现国家繁荣昌盛和人民幸福安康。党的十八届三中全会确定的推进国家治理现代化的"全面深化改革总目标"，包括"治理体系"和"治理能力"两个方面。治理体系主要是指制度架构和体制机制，治理能力则主要是指决策能力和执行能力。习近平总书记一再强调："国家治理体系和治理能力是一个国家的制度和制度执行能力的集中体现，两者相辅相成，单靠哪一个治理国家都不行。治理国家，制度是起根本性、全局性、长远性作用的。然而，没有有效的治理能力，再好的制度也难以发挥作用。同时，还要看到，国家治理体系和治理能力虽然有紧密联系，但又不是一码事，不是国家治理体系越完善，国家治理能力自然而然就越强。纵观世界，各国各有其治理体系，而各国治理能力由于客观情况和主观努力的差异又有或大或小的差异，甚至同一个国家在同一种治理体系下不同历史时期的治理能力也有很大差异。正是考虑到这一点，我们才把国家治理体系和治理能力现代化结合在一起提。"① 这一重要论述，突出强调了治理能力对于推进国家治理现代化的特殊意义。

① 《习近平关于全面深化改革论述摘编》，中央文献出版社，2014，第27—28页。

在我国现行国家治理实践中，进一步改革体制和制度、完善国家治理体系是十分重要的，但在某些领域、某些层面，进一步提升国家治理能力尤其是重大决策能力，尤为迫切和重要。能否密切适应新时代新征程新发展的需要，紧紧围绕改革发展稳定的重大问题和涉及人民群众切身利益的实际问题，科学制定和适时调整重大决策和相关政策、措施，直接关系到能否实现国家长治久安和人民幸福安康。任何一项决策制定的偏颇或决策实施过程中的疏漏，都有可能带来社会不安定甚至造成对人民生命财产的损害，这是为许多事实所证明了的教训。习近平总书记在党的十九大报告中明确提出"全面增强执政本领"，强调"领导 13 亿多人的社会主义大国，我们党既要政治过硬，也要本领高强"。[①] 这一要求意义重大而深远。**担负着国家治理重任和人民幸福期待的决策制定者和执行者，尤其应当清醒意识到自己的政治责任和政治担当，深入探索国家治理规律，努力提升国家治理能力，以科学的决策能力和坚定的执行能力释放国家治理体系的政治功能和社会效能。**

决策权力和决策能力相辅相成，但又不完全是一回事情，拥有决策权力不可能自然而然地产生科学决策能力，更不意味着决策权力越大决策能力就越强。对于任何一级决策集体和任何一个决策者而言，决策能力都不是决策权力所自然生发的，更不是一蹴而就、一劳永逸的。尤其在中国特色社会主义进入新时代，在当前全面建成小康社会的决胜期和全面深化改革的攻坚期，我们面对着许多前所未有的新情况新问题，需要着力化解许多前所未有的新矛盾新风险，这就要求各级决策者和执行者更深入地把握社会发展规律，更谙熟地掌握治国理政本领。习近平总书记在新进中央委员会委员、候补委员和省部级主要领导干部学习贯彻党的十九大精神研讨班上的重要讲话中深刻指出："当前，我国正处于一个大有可为的历史机遇期，发展形势总的是好的，但前进道路上不可能

---

① 习近平：《决胜全面建成小康社会，夺取新时代中国特色社会主义伟大胜利——在中国共产党第十九次全国代表大会上的报告》，人民出版社，2017，第 68 页。

一帆风顺，越是取得成绩的时候，越是要有如履薄冰的谨慎，越是要有居安思危的忧患，绝不能犯战略性、颠覆性错误。面对波谲云诡的国际形势、复杂敏感的周边环境、艰巨繁重的改革发展稳定任务，我们既要有防范风险的先手，也要有应对和化解风险挑战的高招；既要打好防范和抵御风险的有准备之战，也要打好化险为夷、转危为安的战略主动战。我们要继续进行具有许多新的历史特点的伟大斗争，准备战胜一切艰难险阻，朝着我们党确立的伟大目标奋勇前进"①。这一科学判断和精辟分析，为在新时代进一步提升领导水平和国家治理能力，指明了正确方向、提供了根本遵循。

科学的决策能力和正确的执行能力从哪里来？只能来自虚心学习，向人民群众学习、向社会实践学习，广听民意、广集民智、广开言路、广谋良策。**社会主义协商民主，正是在提升决策能力、促进科学决策方面彰显了不可或缺的国家治理功能。**社会主义协商民主的一个鲜明特点是在决策形成之前和决策实施过程之中开展广泛协商，把民主协商贯穿于、渗透于决策制定和决策实施的全过程，努力形成有利于减少决策失误、弥补决策疏漏的民主共识。任何重大决策都是一种不断完善的过程，都不可能天然完美无缺，因此从一定意义上说，民主协商的过程，也就是决策修补的过程。这是社会主义协商民主在决策问题上的突出优势和特有功能，这一优势和功能显然是选举民主所不可能具备的。选举民主往往侧重于结果的评判，根据决策实施效果，通过投票的方式决定对有关决策者的信任度。显然，如果某项决策含有纰漏并已经在执行过程中产生了负面效应，那么即使选举民主程序再周密，也挽救不了决策过失带来的损失。

---

① 习近平：《在学习贯彻党的十九大精神研讨班开班式上的重要讲话》，《人民日报》2018 年 1 月 6 日。

（三）进一步开辟协商民主多元共治新境界

传统治理与现代治理的本质区别在于是"统治"还是"共治"、是"一元"还是"多元"。中国特色社会主义进入新时代，我国社会治理进入"多元共治"新阶段，这是推进国家治理现代化的深层动因和重要基础。党的十九大报告明确提出"打造共建共治共享的社会治理格局"，强调"加强社会治理制度建设，完善党委领导、政府负责、社会协同、公众参与、法治保障的社会治理体制，提高社会治理社会化、法治化、智能化、专业化水平"。[①] 在当前全面建成小康社会的决胜时期和全面深化改革的攻坚阶段，社会成员政治价值诉求和政治参与行为愈益呈现多元化态势，对国家发展和社会事务，人们会作出多样性的价值评判，也希望更广泛更深入地参与对国家和社会事务的治理，以期更充分地表达自己的民主企望和民主权利。**这样一种多元政治价值诉求和政治参与行为，是发展社会主义民主政治的宝贵政治资源，是推进国家治理现代化不可或缺的民心基础和民意参照。党的十八大以来，社会主义协商民主所以被提到更加凸显的位置并赋予新的时代内涵，其深层社会动因正在于此。**在各类民主协商平台上，各种意见、建议、愿望、诉求得以充分的合理的表达，政治权力和行政权力趋于"软化"，权力的运作需要经过充分协商、多元共议的过程才能具有合法性和有效性。这样一种民主协商过程，无疑一方面可以使民愿民意顺利进入决策层，最大限度地发挥在国家和社会治理中的基础性作用；一方面可以有力促进党政机构顺应民意改进工作，最大限度地减少决策制定中的失误和决策执行中的疏漏，不断提升国家和社会治理能力现代化水平。这样一种民主协商、多元共治过程，其真谛就是习近平总书记所深刻揭示的："在人民内部各方面广泛商量的过程，就是统一思想、凝聚共识的过程，就是科学决策、民主决策的过

---

① 习近平：《决胜全面建成小康社会，夺取新时代中国特色社会主义伟大胜利——在中国共产党第十九次全国代表大会上的报告》，人民出版社，2017，第49页。

程，就是实现人民当家作主的过程。这样做起来，国家治理和社会治理才能具有深厚基础，也才能凝聚起强大力量"①。

多元共治的基本前提和必要条件，一是平等，二是包容。这也是社会主义协商民主的鲜明特质。平等是民主的精髓，民主即意味着人人享有平等的地位和平等的权利，在国家治理、社会事务、法律地位面前人人平等。没有平等的地位和平等的权利，人民民主无从谈起，国家治理无所依托。在全面建成小康社会决胜期，社会成员多元化政治价值诉求突出表现为平等性政治价值期待——人们不仅期待结果平等，希望从国家现代化和社会民主进程中享有更多更加平等的民主权益，不断增强民主获得感和安全感；而且期待过程平等，希望有更多平等的机会参与公共治理，充分表达自己的民意诉求。社会主义协商民主的一个本质特征就是平等对话、平等商量。参与协商各方以平等的身份、平等的姿态就共同性话题进行平等协商、寻求共识。在协商民主平台上，没有我说你听、我拍板你照办现象，更没有高低尊卑之分。执政党、参政党、国家权力机构、政府组织、社会团体、社会各界人士以及普通民众在共同协商平台上进行平等交流和坦诚对话，无疑可以极大地增进政治发展共识，激发人民的参与积极性和创造活力，最大程度确保人们平等期待的表达和平等权利的实现，从而形成推进国家治理和社会治理的强大合力。

社会主义民主是绝大多数人的民主。在人民当家作主这一共同政治价值目标下，最广泛地凝聚一切政治团体和社会力量，形成最广泛的爱国统一战线，促进政党关系、民族关系、宗教关系、阶层关系、海内外同胞关系的和谐，是中国式民主的内在优势和本质体现，是推进国家治理现代化的重要基础。**实现和巩固这样一种生动活泼的政治局面，就要正确处理一致性和多样性的关系，充分释放社会主义民主的包容性功能。社会主义协商民主从其实现路径和表现形态来说就是包容性民主。**我国

---

① 习近平：《在庆祝中国人民政治协商会议成立 65 周年大会上的讲话》，《人民日报》2014 年 9 月 22 日。

协商民主的主体涵盖各党派、各团体、各民族、各阶层、各界别和各方面人士，通过广泛多层制度化的民主协商，围绕治国理政、国计民生重大问题以及人民群众关注的热点难点问题进行广泛充分商量，有事多商量，遇事多商量，做事多商量，众人的事情由众人商量，最大限度地兼容各方面利益，最大限度地包容各方面诉求，最大限度地汇融各方面建议，无疑可以形成各方面均可接受与采纳的公共政策和公共措施，找到符合全社会意愿和要求的最大公约数，共同推进政治民主、社会和谐和国家繁荣。

（四）进一步开辟协商民主民主监督新境界

加强对公共权力的监督与制约，防止权力被滥用而产生权力腐败，既是现代国家治理题中应有之义，又是推进国家治理现代化最要害的环节。权力腐败，是自有国家以来就一直存在的现象，古今中外，概莫能外。国家是凌驾于社会之上的公共权力，任何公共权力都有脱离社会的可能，都时刻面临被腐蚀的危险。如果权力失去制约和监督，就必然导致以权谋私、恃权腐败。权力腐败，是寄生在国家机构上的最大毒瘤，腐败不除，国家治理现代化无从谈起。

反对和根治权力腐败的利器是民主监督。当年黄炎培访问延安向毛泽东提出如何防止"政怠宦成""人亡政息"现象重演，跳出"其兴也勃焉，其亡也忽焉"的"周期率"问题时，毛泽东明确回答，我们已经找到了新路，我们能够跳出这种周期率。这条新路，就是民主监督。只有让人民来监督政府，政府才不敢松懈；只有人人起来负责，才不会人亡政息。① 对于社会主义国家治理来说，民主监督的实质是政治监督，核心是权力监督。有权必有责、有责要担当、用权受监督、失责必追究，这是公共权力的本质特征和运行原则。民主监督是否有用、有效，关键

---

① 黄炎培：《八十年来》，文史资料出版社，1982，第148—149 页。

取决于我们的政治制度和政治架构是否有利于将权力置于人民监督之下，取决于人民是否拥有真正的民主监督权利。人民对公共权力的监督，不仅表现在选举权上，即在民主选举时通过对候选人的投票表达自己的信任度和监督权；而且更重要的是在日常政治生活中，即拥有广泛而经常的知情权、参与权，通过参与民主决策和民主管理充分表达自己的监督权利。这就是选举民主和协商民主在民主监督权上的各自功能及其实现。**对于人民依法有序监督国家权力来说，选举民主是重要的、有效的，然而能否确保国家权力按照人民的意志、符合人民的利益健康运行，关键还在于人民是否拥有经常广泛的政治参与机会，能否在政治参与中充分表达自己的民主监督意愿、行使自己的民主监督权利。**

加强社会主义监督体系建设，构建以把权力关进制度的笼子、让权力在阳光下运行为目的多元监管体系，是党的十八大以来全面从严治党的突出内容，是推进国家治理现代化的关键环节。习近平总书记深刻指出："强化党内监督是为了保证党立党为公、执政为民，强化国家监察是为了保证国家机器依法履职、秉公用权，强化群众监督是为了保证权力来自人民、服务人民。要把党内监督同国家监察、群众监督结合起来，同法律监督、民主监督、审计监督、司法监督、舆论监督等协调起来，形成监督合力，推进国家治理体系和治理能力现代化。"[①] 党的十九大报告进一步强调：要"实现对所有行使公权力的公职人员监察全覆盖。""构建党统一指挥、全面覆盖、权威高效的监督体系，把党内监督同国家机关监督、民主监督、司法监督、群众监督、舆论监督贯通起来，增强监督合力。"[②] 社会主义协商民主，则在更广泛的社会层面开辟了人民持续参与国家治理从而有效监督国家权力的民主监督伟大实践。

社会主义协商民主具有民主参与的过程性，通过全过程的民主协商，

---

① 习近平：《在第十八届中央纪律检查委员会第六次全体会议上的讲话》，人民出版社，2016，第24页。

② 习近平：《决胜全面建成小康社会，夺取新时代中国特色社会主义伟大胜利——在中国共产党第十九次全国代表大会上的报告》，人民出版社，2017，第68页。

确保重大决策不发生偏漏，更好地顺乎民意、合乎实际。人民是协商民主的主体，社会主义协商民主的基础在人民、重点也在人民。所谓民主协商，说到底就是要全过程地听取民意，协商于决策之前和决策之中，根据人民群众的意见和建议来决定和适时调整党和国家的决策和工作，包括及时修正某些决策及其实施过程中的不完善、不准确之处，从制度上保障协商成果进入决策、落到实处，使各级党政机关的工作更好地顺乎民意、为民谋利。显然，这样一种民主参与的过程，也就是一种权力监督的过程。

社会主义协商民主具有民主参与的直接性，通过面对面的民主协商，使党和国家机关工作人员直接倾听人民群众的批评意见。在国家政治生活和广泛社会生活的各个层面大力发展协商民主，就经济社会发展的重大问题和涉及人民群众利益的实际问题及时地经常地开展民主协商，让公民与官员之间开展面对面的对话和讨论，这无疑既是对民意民智的最好反映，又是对政治权力的最好监督，可以有力督促党政机关改进工作作风，树立良好形象，及时防止脱离人民群众。

社会主义协商民主具有民主参与的平等性，通过平等参与和平等对话，使公共权力自觉置于人民群众监督之下。平等是民主监督的前提。参与协商各方以平等的身份、平等的姿态就共同性话题进行平等协商、坦诚对话，有事多商量，遇事多商量，做事多商量，众人的事情由众人商量，无疑可以有效地消除公共权力与社会成员之间的某些误解和隔阂，极大地增进政治发展共识，找到有利于协同治理和合作治理的最大公约数。正是从这个意义上说，建立在平等基础上的协商民主本身就是一种有效的民主监督。

四、 基层协商民主的制度化实践

基层协商民主是社会主义协商民主的重要组成部分，是发展中国特色社会民主政治的基础工程。习近平总书记深刻指出："人民群众是社会主义协商民主的重点。涉及人民群众利益的大量决策和工作，主要发生在基层。要按照协商于民、协商为民的要求，大力发展基层协商民主，重点在基层群众中开展协商。"①

（一）坚持党委引领、党建保障，把党组织的领导作用和凝聚功能渗透到广泛社会协商之中

办好中国的事情，关键在党。坚持和改善党的领导，是推进国家治理现代化和社会治理现代化的根本保证。在经济市场化和社会多元化背景下，基层社会治理如何发挥党组织的领导作用、释放党组织的政治优势，这是基层党组织面临的现实问题和严峻挑战。新形势下基层社会多元复杂、矛盾问题层出不穷、群众需求五彩缤纷，基层社会治理单靠党组织自身的力量远远不够，必须充分依靠人民群众的力量。基层协商民主，就是党组织动员群众、发动群众、组织群众，依靠人民群众力量共同治理社会的重要渠道，是把党组织的领导作用和凝聚功能与人民群众的主体作用和参与功能有机结合起来的重要制度支撑。实践经验表明，充分发挥基层党组织在发展基层协商民主中的重要作用，必须着重履行四个方面的功能。

1. 领导功能：确保协商民主的正确方向。基层协商民主具有利益性和复杂性的特点。一方面，协商议题与群众利益密切相关，人民群众极为关注；另一方面，群众利益诉求多种多样，协调和平衡各方利益关系是一个异常复杂的过程。基层党组织和基层政府与人民群众最贴近，往往成为社会矛盾甚至利益冲突的聚焦点。这就要求在通过民主协商解决利益矛盾时，必须牢牢把握正确导向，始终坚持以人民为中心，把实现和维护最广大人民利益作为党的工作的根本出发点和落脚点。一是发挥

---

① 习近平：《在庆祝中国人民政治协商会议成立 65 周年大会上的讲话》，《人民日报》2014 年 9 月 22 日。

党组织在民主协商中总揽全局的功能，坚持"民事、民意、民决"的协商原则，坚持协商于民、协商为民，通过小区协商、业主协商、居民决策听证、民主评议等多种形式，使相关利益主体充分表达自己的利益诉求，平等理性地共同商量，让人民群众自己解决自己的问题、自己决定自己的事情。二是发挥党组织在民主协商中的核心领导功能，形成以党委（支部）领导、政府主导、社会组织协同、职能组织服务、企事业组织共建、居民个人参与的"六元合一、政社共治"社区治理新格局，在遇到重大或紧急事件时，党组织能够迅速召集由各部门、社区、相关企业、居民参与的多元协商会议，共同协商达成共识，及时拿出解决问题的对策。三是发挥党组织在协商民主中的引领协调功能，制定一系列民主协商制度和机制，设置组织协商民主的机构和人员，确保民主协商成果有效落到实处。

2. 导向功能：坚持协商民主的问题导向。着力化解涉及人民群众切身利益的现实矛盾和社会问题，是发展基层协商民主的基本出发点和落脚点。从一定意义上可以说，社会前进是以问题为导向和动力的。基层党组织的职责就是化解矛盾、解决问题。坚持问题导向，勇于直面问题，善于在依靠群众广泛参与协商中积极解决问题，是一个有作为的基层党组织充满自信和力量的表现。概括而言，基层社会主要存在着五大类问题：一是邻里纠纷问题。"德不孤，必有邻。"邻里纠纷看起来是一些鸡毛蒜皮的小事，但如果不能及时化解，小问题会酿成大矛盾，影响家庭和睦、邻里团结、社会稳定。这方面的问题，是基层协商民主必须大量面对的。二是公共环境问题。社区卫生环境、文化环境、绿化环境、治安环境，直接关系到人民群众的身心健康和生活安全，这方面的问题，是基层协商民主必须高度关注的。三是社区发展问题。社区是人民群众共同生活的家园。有关社区发展的规划和重要决策及相应措施，通过基层民主协商广泛听取各方面群众的意见，凝聚大家在社区发展上的共识，这是基层协商民主题中之义。四是党政决策问题。基层党组织和政府与人民群众距离最近,必须实行开门决策、民主决策。这是基层协商民主的重要着力点。五是突发事件问题。这类问题虽然带有偶然性,但偶然性中隐藏着某种必然性,既需要基层党组织和政府当机立断、迅速化解,又需要在解决问题过程中尽可能多地开辟协商民主渠道、发挥民主协商作用,依靠人民群众的力量从根源上有效化解矛盾、彻底解决问题。围绕以上五大类问题,一些城市街道党工委在实践中不断探索、勇于创新,逐步形成了"汇民连心"的民主协商机制,开创了网格协商、社区协商、社会协商和民声论坛等不同层次、不同规模、不同方式的协商民主形式,有针对性地解决了不同类型的社会问题。

3. 保障功能:营造协商民主的良好环境。基层协商民主离不开一定的环境和条件。基层党组织的一项重要任务就是为顺利开展民主协商创造良好的环境、提供有利的条件,把支持人民群众当家作主扎扎实实地落实到广泛开展协商民主的各个层面。一是加强制度环境建设。制定和完善社区协商民主的制度和机制,不断创新协商民主的工作方法,为基层协商民主制度化运行提供完备的制度保障。二是建立机构、配备人员。成立协商民主工作领导小组,总体负责推进民主协商工作;通过政府购买的方式,在社区聘用专业社工人员和专职网格员,具体组织社区民主协商;在各社区设立楼(院)长和党员志愿者队伍,担负走访入户、收集民意、沟通民情的任务,及时为开展社区协商提供民意参照。三是加强场所环境建设。积极筹措资金、整合资源,改善开展民主协商的活动场所。这也是发展基层协商民主不可或缺的重要方面。

4. 示范功能:发挥党员在协商民主中的带头作用。共产党员是基层党组织的主体,基层党组织对协商民主的引领和支持作用,必须扎扎实实地落实到每一个党员带头参与民主协商的行为上。建立党建工作联系点制度,党员领导干部包挂联系点,党员走门入户,及时了解社情民意,并加以分类整理和及时反馈,作为开展民主协商活动的重要参照。结合社区网格化治理,实行基层党建工作网格化,支部设置与网格划分对接,支部建在网格上，党小组建在楼院上，党小组组长担任"网格民主协商点"负责人，为党组织和党员组织引领网格协商、促进社区协商，提供了稳定的组织保证平台。这些来自基层的实践经验，凝结着广大共产党员的智慧和心血，彰显着基层党组织的凝聚力、影响力和战斗力。

（二）坚持协商于民、协商为民，把解决民生、发展民主贯穿于民主协商全过程

涉及人民群众权益的大量决策和工作，主要发生在基层。加强基层协商民主，应当紧紧围绕涉及人民群众切身利益的具体现实问题和难点热点问题。只有协商主题符合实际、贴近群众，协商于民、协商为民，才能真正体现社会主义协商民主的本质，彰显社会主义协商民主的作用。在新的历史条件下，人民群众关心的最大问题说到底就是两大类：一是民生问题，教育、就业、看病、住房、养老，仍然是当前人民群众最大的民生需求；二是民主问题，如何落实人民群众当家作主的权利，充分调动人民群众自我管理自我发展的积极性，是发展基层民主的最突出任务。基层党组织领导和推进协商民主的政治优势，就要在民生和民主这两大问题上充分体现出来、释放出来。

1. 坚持民生优先。民生问题是最大的社会问题，与每一位社会成员息息相关，具有广泛性、基础性和多元性，是基层协商民主必须下大气力解决的首要问题，也是基层党组织增强凝聚力、战斗力和执政能力的关键所在。一些城市街道党工委坚持把民生优先作为组织和推动协商民主的根本出发点和落脚点，把解决好群众关心的最直接、最现实的利益问题作为开展协商民主的根本着力点和根本标准。一方面，注重从居民需求中选择民主协商议题，建立民意诉求议题库，采用民事、民议、民决的多元协商形式，切实解决各类实际问题，从而使得每一次协商内容都紧贴群众需求，吸引群众积极参加。另一方面，注重协商成果的民生转化，通过民主协商着重解决方便于民、造福于民的民生工程，比如供

水供气、环境整治、停车治理、扶弱帮困等具体而实际的问题，给人民群众带来了实实在在的利益。

2. 关注民主诉求。民生与民主密切相连、不可分割。坚持民生优先，解决民生问题，离不开人民群众民主意识的增强和民主能力的提升。协商民主是发展人民民主的重要形式，基层协商民主的重要意义不仅在于它能充分表达人民群众多元利益诉求，使人民群众共享改革发展成果，而且在于它能激发人民群众当家作主意识，调动人民群众自我管理、自我发展的积极性，最大限度地发挥人民群众的主体作用。实践表明，要激发人民群众的民主意识，实现基层社会生活自我管理，就需要着力改善党的领导方式，善于在各方民主诉求中找到最大公约数，力求多数人的事情由多数人决定，而不是简单地由党组织或主管部门说了算。为了激发广大群众的民主意识，一些城市街道社区通过民主选举成立了业主委员会、自管委员会以及专业协调小组等自治组织，有效实现了社区居民的自我管理和自我服务。加强社区政治文化建设，打造社区特色文化品牌，营造积极健康向上的政治生态，是关注民主诉求、发展社区民主的重要路径。一些城市社区通过营造民主自由宽松和谐的政治环境，有力促进了人民群众勇于作为、善于作为的民主意识和民主能力，有力提升了城市社区民主政治生活质量。

3. 共同治理社会。适应社会多元化发展趋势，改进社会治理方式，吸引各方面力量共同推进社会治理，是基层协商民主的重要内容，也是基层党组织把党的政治优势转化为共同治理社会优势的重要体现。一些城市街道党工委积极探索通过协商民主吸引多元社会力量参与社会治理的体制和路径，形成了社区、社工、社会组织、社区志愿者紧密联系共同治理的"四社联动"。其一，积极引进社会组织，激活社会力量，拓展社会服务空间。街道以政府购买服务的形式将多个社会组织引入社区，成立了公益志愿类、教育培训类、便民服务类等社会组织，以最大限度地满足居民的多元需求，改善社区服务。其二，从高校引进专业社工和社会组织提供的社工，共同形成社区专业服务队伍，服务内容涉及社区养老、志愿服务、文化发展等多个方面，形成了热情周到的社区服务网络。其三，注重培养公民公共服务精神，鼓励、引导居民积极参与社区公共事务的协商与管理，对热心参与民主协商和积极为社区服务的志愿者给予表彰并授予荣誉称号，有力激发了居民参与社区公共治理的积极性。

4. 促进协调发展。相对于经济社会整体发展来说，协商民主是重要杠杆和手段。基层协商民主担负着促进经济和社会协调发展的重任；同时也只有在促进经济和社会协调发展、不断造福人民群众中，基层协商民主才能获得强大的动力与活力。一些城市街道党工委十分注重推进协商民主与经济和社会协调发展的有机结合，把经济和社会发展中的难点问题列为协商民主的焦点问题，把能否凝聚协调发展共识、激活协调发展动力作为衡量协商民主是否有成效的重要标准，形成了"抓经济发展不松劲，抓社会发展不动摇"的良好协调发展局面。

（三）坚持多层推进、制度固化，把党的领导、人民当家作主、依法治理有机统一起来

小治治事、中治治人、大治治制。制度优化是国家治理和社会治理的关键要素。基层协商民主健康持续发展，关键在于制度的优化与完善。

1. 开展网格协商。网格协商也称"微协商"。从协商内容来说，主要是就社区居民邻里关系、家庭关系以及日常生活遇到的问题进行及时协商。只有从解决这些"微问题"入手，使广大群众从具体问题中深切感受到民主协商的用处和好处，才能有力增强协商民主的凝聚力和有效性。从协商形式来说，主要是从小处着手、大处着力，在空间维度上对社区管理进行整合，按照不同区域划分网格，健全项目定期调度制度、项目工作员管理制度、项目服务管理制度等一系列规章制度，实现辖区内网格化服务科学规范。网格协商点以党小组组长为负责人，网格员为

联络人，广泛联系网格内相关的协商主体。这样，一些具体问题就能在网格内通过"微协商"及时得到化解，做到"问题不出网格、难题网格内解决"。这种网格化的"微协商"模式，不啻是基层协商民主的一种成功探索。

2. 强化社区协商。社区是社会成员的生活共同体，是适应社会多元化趋势实现由"单位人"向"社会人"转化的一种有效社会载体，是提升城市现代化水平的重要社会基础。强化社区协商，是发展基层协商民主的重中之重。随着政府"精兵简政"向社会放权，社区的地位和作用越来越凸显，迫切要求深入探索社区协商的制度体系和具体运行机制，使社区协商真正成为"老百姓的事由老百姓自己商量着办"的重要渠道，成为化解矛盾、凝聚共识、实现共治的重要依托。社区协商主要应关注两方面问题：一是社区治理问题，为居民提供良好的社区环境；二是民间矛盾问题，及时化解社区内的矛盾和纠纷，促进社区和谐。比如一些城市旧房拆迁、道路整修等民生工程，原先由于征求居民意见不及时、不全面，一些人对项目不理解、不支持，严重影响了项目进展。通过开展社区协商，把项目进展情况和遇到的困难交给社区居民，透明公开、共商共议，很快得到广大居民的理解和支持，问题得到了圆满化解。

3. 拓展社会协商。基层协商民主具有广泛社会性，涉及社会各个方面因素，需要社会各个方面参与。通过平等讨论和共同商量的办法将各种社会力量凝聚到发展基层民主、推进社会治理、改善民生状况上来，可以形成强大的制度化的社会参与力量。一些城市街道党工委十分重视整合辖区内相关社会因素，把驻地企业、党政机关、高校等都作为发展协商民主不可或缺的社会力量，通过制度整合和机制运作，形成多元参与的社会治理力量，从而使许多长期不得解决的"老大难"问题迎刃而解。实践有力证明，吸引社会力量广泛参与，是发展基层协商民主的关键；有事多商量、遇事多商量，关系人民群众切身利益的事情靠大家共同商量，是发展基层协商民主的真谛。多元化的社会协商，是基层党组织密切联系群众的重要方式，是提升基层党组织执政能力的重要基础，是凝聚民心、集中民智共同推进社会治理的重要法宝。

4. 打造"民声论坛"。所谓"民声论坛"，就是为广大群众的民主建议、民主诉求和参与民主协商建立一种制度化的表达平台，使人民群众对党委、政府的"心里话"能得以及时充分的表达，使党委、政府能及时充分地听到人民群众的声音，畅通民意、联络民心，这不啻是一种更高层次的基层民主协商。在一些城市街道，"民声论坛"已经成为广大居民意见汇集和利益表达的重要制度化渠道，成为提升党委、政府公共服务能力的制度化基础，许多公益性民生项目都是在"民声论坛"上广集民意、广采民智进行民主协商而得以及时解决的。"民声论坛"也架起了党委、政府与广大居民之间的"连心桥"，极大地增强了人民群众对党委、政府的认同度、信任度和满意度。

发展基层协商民主是社会主义协商民主的基础工程，是中国特色社会主义民主政治的广泛实践。实践有力表明，基层协商民主具有旺盛的生命力和广泛的影响力，只要我们紧跟时代，勇于实践，把基层协商民主作为发展社会民主、推进社会治理的支撑和手段，不断探索基层协商民主广泛多层制度化发展路径，"有事好商量、众人的事情由众人商量的中国式民主的制度优势一定会在广袤的中国大地愈益彰显"。

第十讲

人民政协制度的独特制度优势

人民政协是具有中国特色的政治制度安排。**这一适合中国国情、具有鲜明中国特色的重大制度安排，源自中国共产党把马克思主义基本原理同中国实际相结合的伟大理论创造和实践创造，是植根中国大地、立足深厚中华文明根基、深得人民拥护的基本政治制度，具有深邃的理论逻辑、历史逻辑和实践逻辑。**习近平总书记在中央政协工作会议暨庆祝中国人民政治协商会议成立 70 周年大会上的讲话中深刻指出："人民政协是中国共产党把马克思列宁主义统一战线理论、政党理论、民主政治理论同中国实际相结合的伟大成果，是中国共产党领导各民主党派、无党派人士、人民团体和各族各界人士在政治制度上进行的伟大创造。""70 多年的实践证明，人民政协制度具有多方面的独特优势。"[①] 在深入贯彻落实党的十九届四中全会《决定》，充分发挥中国制度优势深入推进国家治理现代化的新征程上，在凝聚各方共识同心勠力实现中华民族伟大复兴的关键时期，深入揭示人民政协制度的理论逻辑，充分发挥人民

---

① 习近平：《在中央政协工作会议暨庆祝中国人民政治协商会议成立 70 周年大会上的讲话》，《人民日报》2019 年 9 月 21 日。

政协的制度优势，无疑具有"牵一发而动全身"的重大意义。

一、 努力形成最大公约数的独特制度优势

统一战线理论，是马克思主义关于无产阶级革命和党的建设学说的重要组成部分。马克思恩格斯早在《共产党宣言》中明确指出，无产阶级政党视野中的人民群众，具有广泛的意义，不仅包括"无产阶级"这个"真正革命的阶级"，这是党所依靠的主体阶级力量，而且包括"小工业家、小商人、手工业者、农民"等"中间阶级"，这是党所依靠的重要社会力量。[①] 以毛泽东为代表的中国共产党人从中国社会实际和阶级结构状况出发，创造性地运用马克思主义统一战线理论指导中国革命实践，形成了我们党独特的统一战线理论。早在1939年10月，毛泽东在《〈共产党人〉发刊词》中就明确地把统一战线、武装斗争、党的建设并列为党领导人民夺取革命胜利的"三大主要的法宝"，并把统一战线放在"三大法宝"之首。[②] 毛泽东精辟指出，中国"革命要胜利，没有一个包括全民族绝大多数人口的最广泛的统一战线，是不可能的"[③]。"我们的统一战线，是无产阶级领导的、人民大众的、反帝反封建的统一战线。"[④] 正是由于以毛泽东为代表的中国共产党人始终站在大局的高度定位和开展统一战线工作，才最大限度地调动了一切拥护革命、支持革命的积极因素，形成了浩浩荡荡的革命大军，确保新民主主义革命取得了伟大胜利。

统一战线作为中国共产党人的政治法宝，其政治地位和政治功能，随着党的目标任务的变化而不断丰富发展。**统一战线的性质，经历了由"革命的统一战线"到"爱国的统一战线"再到"新时代最广泛的爱国统一战线"的历史性飞跃；统一战线的功能，也经历了"由手段到目的"**

---

① 《马克思恩格斯选集》（第2版）第1卷，人民出版社，1995，第282—283页。
② 《毛泽东选集》（第2版）第2卷，人民出版社，1999，第606页。
③ 《毛泽东选集》（第2版）第4卷，人民出版社，1999，第1257页。
④ 《毛泽东文集》第5卷，人民出版社，1996，第21页。

"由策略到制度""由广度到深度"的不断深化过程。党的十八大以来，以习近平同志为代表的当代中国共产党人继承我们党在各个历史时期形成的统一战线思想理论，并紧密结合新时期到新时代的新形势和新任务，对统一战线理论作出许多创新性发展，形成了内涵丰富、特色鲜明的关于加强和改进新时代统一战线工作的重要思想。尤其是2015年5月18日习近平总书记在中央统战工作会议上的重要讲话和2015年9月22日中共中央印发的《中国共产党统一战线工作条例（试行）》，对新的历史条件下统一战线的性质、地位、功能、任务和做好统战工作的基本方针、制度保障作出精辟论述，对如何巩固发展中国共产党领导的多党合作和政治协商制度进一步作出顶层设计，把党的统一战线理论提升到时代的高度。习近平总书记关于加强和改进统一战线工作的重要思想，是习近平新时代中国特色社会主义思想的重要内容，是对马克思主义统一战线学说和我们党统一战线理论的重大发展。这一重要思想，是进一步开创新时代统战工作新局面的根本纲领，也是深刻认识人民政协制度的性质定位、进一步加强人民政协制度建设、发挥人民政协制度优势的根本遵循。

一脉相承而又与时俱进的党的统一战线理论与实践表明，统一战线，既是一项重大政策措施，又是一项基本制度安排。作为重大政策措施，统一战线体现的是为了赢得最广泛社会力量支持，壮大共同奋斗力量，党必须采取灵活包容的政策和措施，团结一切可以团结的力量，调动一切可以调动的积极因素，为践行党的政治纲领服务，为实现党的奋斗目标服务；作为基本制度安排，统一战线体现的是我们党孜孜以求为之不懈奋斗的民主政治制度的本质，即最大限度地尊重人民的民主权利，最广泛最充分地发挥人民的主体作用。重大政策措施和基本制度安排的完美统一，体现了我们党宽广的政治视野、博大的政治胸怀和高超的政治智慧，为统一战线注入了不竭的政治活力和深邃的制度内涵。正如习近平总书记深刻指出："几十年的实践证明，这个制度是适合我国国情的，植根于我国土壤，构成了中国特色社会主义制度的一个鲜明特色。"

人民政协是在党的统一战线理论直接指导下诞生的。人民政协制度与统一战线理论有着天然的内在联系。"人民政协是最广泛的爱国统一战线组织",这既是人民政协一以贯之的性质定位,又是人民政协制度充分彰显的最基础要素。在新的历史条件下进一步坚持和发展人民政协制度,核心要义就是要深刻把握"最广泛的爱国统一战线组织"的历史逻辑、理论逻辑和实践逻辑,坚持发扬民主和增进团结相互贯通,坚持建言资政和凝聚共识双向发力,坚持一致性和多样性有机统一,不断巩固共同思想政治基础,加强思想政治引领,努力寻求最大公约数、画出最大同心圆,最大限度地团结一切有利于中国特色社会主义现代化事业的积极因素,汇聚起实现中华民族伟大复兴的磅礴力量。

人民政协作为"最广泛的爱国统一战线组织"的制度优势蕴含丰富内涵,体现在人民政协工作的各个方面。习近平总书记对人民政协在发展和壮大新时代统一战线中的独特政治优势、组织优势和制度优势进行了多维度定位:其一,人民政协"代表性强、联系面广、包容性大",可以通过调动社会各界力量"为改革发展出实招、谋良策","为改革发展添助力、增合力"。其二,人民政协"人才荟萃、智力密集",是一个"大智库",可以把社会"各界智力凝聚起来、创造活力激发出来"。其三,人民政协的"睿智之言、务实之策植根于人民",要通过开展专题调查研究,汲取人民群众的智慧,为党和国家工作"提出更多建设性、可操作的意见和建议"。其四,要充分"发挥人民政协协调关系、汇聚力量、建言献策、服务大局的重要作用,促进政党关系、民族关系、宗教关系、阶层关系、海内外同胞关系的和谐,最大限度调动一切积极因素,共同致力于实现中华民族伟大复兴"。其五,要充分发挥人民政协专门协商机构的功能与作用,通过广泛多层制度化的政协协商,"寻求最大公约数","着力增进共识、促进团结",最大限度凝聚社会各界力量,为实现党和国家的奋斗目标和工作任务而共同发力。以上几个方面,贯穿一条主线,这就是,通过人民政协制度的独特优势,把最广泛的爱国统一战线转化成用制度体系保证人民当家作主、推进国家治理现代化的巨大政治效能和社会效能。

二、 推进新型政党制度建设的独特制度优势

现代政治是政党政治。不同政党的竞争或合作，是国家政治架构和政治发展的直接决定因素；各类政党不同的性质、宗旨、目标、任务和策略，直接影响着国家政治生态和政治发展。马克思恩格斯在《共产党宣言》中明确指出："共产党人不是同其他工人政党相对立的特殊政党。他们没有任何同整个无产阶级的利益不同的利益。"在领导无产阶级革命和争取民族解放的斗争中，"共产党人强调和坚持整个无产阶级共同的不分民族的利益"①，代表整个运动的未来。中国共产党是马克思主义政党理论的坚定践行者，正是从阶级的民族的整体利益出发，我们党坚定依靠工人阶级和农民阶级，同时最广泛地团结民族资产阶级、小资产阶级和一切爱国力量，形成了浩浩荡荡的革命、建设队伍。这是中国共产党所以能取得胜利并且能长期执政的一个根本性原因。

在中国共产党领导和团结各阶级、阶层、党派、团体为着共同目标进行长期奋斗实践中，新型的中国政党制度形成了。2018 年 3 月 4 日，习近平总书记在看望参加全国政协十三届一次会议的有关民主党派和无党派人士时，对中国新型政党制度进行了深刻阐释，指出："中国共产党领导的多党合作和政治协商制度作为我国一项基本政治制度，是中国共产党、中国人民和各民主党派、无党派人士的伟大政治创造，是从中国土壤中生长出来的新型政党制度"。习近平总书记着重强调，这一新型政党制度，"新就新在它是马克思主义政党理论同中国实际相结合的产物，能够真实、广泛、持久代表和实现最广大人民根本利益、全国各族各界

---

① 《马克思恩格斯文集》第 2 卷，人民出版社，2009，第 44 页。

根本利益，有效避免了旧式政党制度代表少数人、少数利益集团的弊端；新就新在它把各个政党和无党派人士紧密团结起来、为着共同目标而奋斗，有效避免了一党缺乏监督或者多党轮流坐庄、恶性竞争的弊端；新就新在它通过制度化、程序化、规范化的安排集中各种意见和建议、推动决策科学化民主化，有效避免了旧式政党囿于党派利益、阶级利益、区域和集团利益决策施政导致社会撕裂的弊端"。这一新型政党制度，"不仅符合当代中国实际，而且符合中华民族一贯倡导的天下为公、兼容并蓄、求同存异等优秀传统文化，是对人类政治文明的重大贡献"。习近平总书记关于中国新型政党制度的鲜明论断和科学阐释，为我们进一步深刻认识人民政协制度的内在逻辑、充分彰显人民政协的制度优势，开拓了广阔的空间和视野。

人民政协制度既是中国新型政党制度长期形成和发展的必然结果，又是中国新型政党制度的集中体现。从历史逻辑来说，先有中国共产党同各民主党派和无党派人士的亲密合作，后有人民政协组织的建立和制度的形成；从实践逻辑来说，各民主党派、各人民团体和各界爱国人士，是人民政协制度的主要组织载体，是履行人民政协基本职能、彰显人民政协制度优势的主要实现力量；而贯穿历史逻辑和实践逻辑之中的，就是中国共产党人把马克思主义政党理论同中国政治发展实践有机相结合的深邃理论逻辑和伟大政治创造。深刻认识人民政协的新型政党制度属性，充分发挥人民政协作为专门协商机构在推进中国新型政党制度建设中的重大作用，是新时代加强和改进人民政协工作的重要内容。

充分发挥人民政协专门协商机构作用，彰显人民政协的制度优势，有利于加强党的领导，为中国新型政党制度建设提供根本保障。中国共产党的领导，是中国特色社会主义政治发展的最本质特征。坚持中国共产党的领导，是包括各民主党派、各团体、各民族、各阶层、各界人士在内的全体中国人民的共同选择，是人民政协成立时的初心所在，也是人民政协制度的最大优势。这一制度优势集中体现在，人民政协专门协商机构，在践行党的群众路线上具有独特的功能与作用。协商民主是党的群众路线在政治领域的重要体现，是实现党的领导的重要方式。我们党在长期革命、建设和改革实践中逐步形成并不断完善的群众路线，既是党的生命线，也是党的工作路线，是党以坚强的领导能力和执政能力攻坚克难、不断取得胜利的传家宝。党的群众路线与社会主义协商民主，无论是在依靠主体上还是在价值指向上都是完全一致的。从群众中来、到群众中去，一切为了群众、一切依靠群众，这样一种群众路线的实践过程，本身就是就是通过广泛协商凝聚共识的过程。**人民政协专门协商机构的功能，突出体现为把党的群众路线优势转化为协商民主优势的功能。**通过多种形式的民主协商，有事好商量，众人的事情由众人商量，可以广泛集中群众智慧，调动广大群众参与国家治理和社会治理的积极性，沟通党同人民群众的密切联系，奠定党的领导的强大社会基础。许多实践经验表明，协商民主与党的群众路线，在本质上高度契合、在过程中有机融合，人民政协协商民主使群众路线实施过程更加丰富多彩、更加卓有成效。这是社会主义协商民主的独特优势，也是人民政协制度的强大生命力所在。

充分发挥人民政协专门协商机构作用，彰显人民政协的制度优势，有利于巩固发展平等合作的政党关系，为中国新型政党制度建设增添强大活力。新型政党制度主要由"执政党"和"参政党"两大要素构成，这两大要素相辅相成、缺一不可。新型政党制度有三个关键词，一是"领导"，表达的是中国共产党在新型政党制度中的领导作用；二是"合作"，表达的是中国共产党与各民主党派在新型政党制度中的相互关系；三是"商量"，表达的是新型政党制度价值实现的主要方式。这三个方面，都离不开人民政协这一基本政治制度的重要载体，都需要充分发挥人民政协的制度优势和专门协商机构的重要作用。正是在人民政协这一重要制度平台上，中国共产党与各民主党派和无党派人士亲密合作、荣辱与共，做到相互尊重、平等协商而不强加于人，遵循规则、有序协商而不各说各话，体谅包容、真诚协商而不偏激偏执，形成既畅所欲言、各抒己见，又理性有度、合法依章的良好协商氛围。总之，中国新型政党制度建设的广阔政治前景和特有政治生态，赋予人民政协制度以厚重的制度内涵和强大的制度活力。

三、 彰显人民民主真谛的独特制度优势

统一战线、政党政治，其要义和精髓都是民主政治。民主从根本意义上说是一种政治制度；社会主义民主是人民当家作主的国家制度。马克思精辟指出："'民主的'这个词在德语里的意思是'人民当权的'。"[①]民主政治是人类政治文明的伟大成果和根本体现；建立并巩固人民当家作主的国家制度，是一切进步人类孜孜以求的奋斗目标；马克思主义民主政治理论，是推进人类社会民主政治建设的根本指南。

马克思主义民主政治理论指明，民主制度没有统一的可以到处照搬的模式，不同的政治传统、不同的现实国情、不同的社会制度，必然形成不同的关于民主制度的价值意蕴和实现形式。马克思恩格斯指出："民主是什么呢？它必须具备一定的意义，否则它就不能存在。因此全部问题在于确定民主的真正意义。"[②]"履不必同，期于适足；治不必同，期于利民。"民主的真正意义就在于，一是要适合本国特有的政治文化传统和现实国情；二是要有利于人民民主权利的有效实现。**人民政协制度，就是中国共产党领导人民在长期奋斗中实现的、在中国传统政治文化土壤中生长起来的、有利于人民广泛政治参与和当家作主的中国式的民主政治制度。"中国式民主"，既是人民政协制度的核心要义，又是人民政协制度的强大生命力所在。**

中国共产党一贯高举民主政治的光辉旗帜。在中国共产党领导人民

---

① 《马克思恩格斯文集》第 3 卷，人民出版社，2009，第 443 页。

② 转引自习近平《在中央政协工作会议暨庆祝中国人民政治协商会议成立 70 周年大会上的讲话》，《人民日报》2019 年 9 月 21 日。

为实现民主政治而不懈奋斗的长期实践中，逐步形成了两种有利于人民当家作主的政治制度，一种是以"选举式"民主为核心内容和根本形式的人民代表大会制度；一种是以"协商式"民主为核心内容和根本形式的中国共产党领导的多党合作和政治协商制度。这两种民主政治制度安排，不是相互排斥的，更不是相互取代的，而是在为人民当家作主共同目标不懈奋斗中应运而生的，两种民主政治形式相互补充、相得益彰，共同构成中国特色社会主义民主政治制度的本质特征和内在优势。选举民主是人类政治文明的重要成果，是保证和实现人民当家作主权利的根本制度形式，从一定意义上说，没有选举民主，人民没有自主选择权和决定权，当然也就无民主权利可言。因此新中国建立不久，人民共和国的缔造者们就积极着手筹备，并于 1954 年 9 月胜利召开了第一届全国人民代表大会，建立起不同于西方议会制度的人民代表大会制度，这是中国人民在人类政治制度史上的伟大创造，是中国人民当家作主、掌握自己命运的必然选择。

从一般意义上说，选举民主是一个"二者择一"的政治选择过程，要么赞成、要么反对，要么通过、要么否决，容不得中性选择和中性结果，甚至是一个"你上我下""你输我赢"的对决过程。少数服从多数，失利者一方尽管是少数，但因其民主诉求得不到实现而有可能引起不满乃至对抗，而获胜者多数也很容易滋生"胜者为王"的心态，极端情况下甚至会导致民主的滥觞和"多数人暴政"。在中国特色社会主义政治发展实践中，这种现象得到了有效避免，这就是把选举民主和协商民主有机地统一起来。协商民主以尊重多数、照顾少数和求同存异为基本原则，既注重民主的结果更注重民主的过程，既强调决策前也注重执行中各种利益的博弈和融合，可以最大限度地凝聚社会各界和广大人民的智慧，形成有利于凝聚共识、融汇力量的最大公约数。**选举民主和协商民主相互促进、相互补充、相得益彰，这不啻是"中国式民主"的最鲜明特征和最突出优势**。正如习近平总书记深刻指出："在我们这个人口众多、幅员辽阔的社会主义国家里，关系国计民生的重大问题，在中国共产党领导下进行广泛协商，体现了民主和集中的统一；人民通过选举、投票行使权利和人民内部各方面在重大决策之前进行充分协商，尽可能就共同性问题取得一致意见，是中国社会主义民主的两种重要形式。在中国，这两种民主形式不是相互替代、相互否定的，而是相互补充、相得益彰的，共同构成了中国社会主义民主政治的制度特点和优势。"①

中华民族一贯倡导天下为公、兼容并蓄、求同存异的政治文化，中国共产党一贯具有联系群众、依靠群众，动员各方面力量为实现党的目标和任务而共同奋斗的政治智慧，这是以协商民主为鲜明特质和根本职责的人民政协制度所以能够产生、巩固和不断发展的根本基础。**把马克思主义民主政治理论同中国政治发展实践有机结合起来，着力探索"中国式民主"的核心价值和有效实现形式，这是以协商民主为鲜明特质和根本职责的人民政协制度所以具有强大生命力的内在逻辑。**从新中国建立前夕的协商立国，到社会主义建设和改革开放时期的协商建国，再到中国特色社会主义进入新时代的协商治国，鲜明彰显了人民政协制度所内蕴的历史逻辑、理论逻辑和实践逻辑，深刻凸显了人民政协制度所具有的独特政治优势和制度优势。正是在深入总结社会主义协商民主的实践经验和人民政协发展历程的基础上，习近平总书记在党的十九大报告中创造性地指出："有事好商量，众人的事情由众人商量，是人民民主的真谛。""人民政协是具有中国特色的制度安排，是社会主义协商民主的重要渠道和专门协商机构。"② 充分发挥人民政协专门协商机构的作用，着力彰显有事好商量、众人的事情由众人商量的人民民主的真谛，推进"中国式民主"朝着更加制度化、规范化、程序化、法治化方向发展，无疑是新时代人民政协制度建设的重中之重。

---

① 习近平：《在庆祝中国人民政治协商会议成立65周年大会上的讲话》，载中共中央文献研究室编《十八大以来中央文献选编》（中），中央文献出版社，2016，第74页。

② 习近平：《决胜全面建成小康社会，夺取新时代中国特色社会主义伟大胜利——在中国共产党第十九次全国代表大会上的报告》，人民出版社，2017，第37—38页。

第十一讲

中国制度自信和制度之治的文化底蕴

中国特色社会主义制度具有应对风险挑战、克服艰难险阻的强大制度威力，具有动员社会力量、凝聚人民群众的强大制度魅力，坚定不移坚持和完善中国特色社会主义制度，我们的事业无往而不胜。中国特色社会主义制度所以具有多方面显著优势和内生性自信，从根本意义上说，就是由于这一制度"是以马克思主义为指导、植根中国大地、具有厚重中华文化根基、深得人民拥护的制度"①。马克思主义的根本指导，赋予中国制度以坚定的立场自信；中华传统文化的核心价值，赋予中国制度以鲜明的价值自信；人民群众的认同拥护，赋予中国制度以强大的力量自信。正是在中国制度自信所特有的文化底蕴的基础上，推进中国制度之治、实现经济社会全面发展，具有坚定的方向和强大的底气。

一、 马克思主义的根本指导， 赋予中国制度以坚定的立场自信

制度从本质上说是一种文化，是文化的制度载体和表现形式。纵观

---

① 《中共中央关于坚持和完善中国特色社会主义制度、推进国家治理体系和治理能力现代化若干重大问题的决定》，人民出版社，2019，第 3 页。

人类社会发展史，凡是能够推动社会发展进步、给人民带来实际利益的社会制度，无不深蕴着代表当时社会发展方向和人民利益要求的价值理念和观念文化。马克思主义，就是指导中国制度形成、完善与发展的根本价值理念。

马克思主义是中国共产党领导人民创立社会主义制度并推进制度改革和完善的根本指导思想。 正是依据马克思主义国家学说和关于社会主义制度构建的基本原理，以毛泽东为代表的共和国缔造者们先后创建了中国共产党领导的多党合作人民政协制度和人民代表大会制度，确保了新生国家政权的巩固和人民民主权利的实现。正是由于我们党深刻总结历史经验和教训，以科学的态度坚持和发展马克思主义，才通过改革开放果断选择了中国特色社会主义道路，奠定了中国特色社会主义制度形成和完善的根本基础。正如邓小平反复强调，"把马克思主义的普遍真理同我国的具体实际结合起来，走自己的道路，建设有中国特色的社会主义，这就是我们总结长期历史经验得出的基本结论"[1]。

马克思主义是指导人类解放的学说，其根本特质是它的人民性。 习近平总书记指出："马克思主义是人民的理论，第一次创立了人民实现自身解放的思想体系。马克思主义博大精深，归根到底就是一句话，为人类求解放。"[2] 对于社会主义制度的建立和巩固，马克思主义的人民性既是根本立场，又是科学方法。作为根本立场，马克思主义深刻揭示，人民是社会主义制度的主人。正如马克思所说，"不是国家制度创造人民，而是人民创造国家制度"。"人民是否有权来为自己建立新的国家制度呢，对这个问题的回答应该是绝对肯定的，因为国家制度如果不再真正表现人民的意志，那它就变成有名无实的东西了。"[3] 作为科学方法，马克思

① 邓小平：《中国共产党第十二次全国代表大会开幕词》，载《邓小平文选》第3卷，人民出版社，1993，第3页。

② 习近平：《在纪念马克思诞辰200周年大会上的讲话》，《人民日报》2018年5月5日。

③ 马克思：《黑格尔法哲学批判》，载《马克思恩格斯全集》第1卷，人民出版社，1956，第281页、第316页。

主义明确认定，人民是创建社会主义制度的主体。正如列宁指出，"生气勃勃的创造性的社会主义是由人民群众自己创立的"。① 马克思主义人民性的根本立场和科学方法，赋予中国特色社会主义制度以内在生命力和强大自信力。中国特色社会主义制度的形成、完善及其优势的不断彰显，正是中国共产党人坚定不移坚持马克思主义人民性的结果。改革开放 40 多年来，我们党在推进制度改革和制度创新上积累了许多成功的经验，其中最根本也是最宝贵的经验，就是尊重人民群众的首创精神，发挥人民群众的主体作用，把增进人民福祉、创造人民幸福生活作为制度建设的核心内涵，把人民高兴不高兴、满意不满意、放心不放心作为衡量制度改革成效的根本标准。我国改革开放实践雄辩表明，**中国特色社会主义制度，是结合中国实际坚持马克思主义根本立场和科学方法的结晶；中国特色社会主义制度所以具有显著优势，所以具有坚定自信，归根到底源自马克思主义的根本立场和科学方法。**

作为马克思主义在当代中国的新发展，**习近平新时代中国特色社会主义思想赋予中国特色社会主义制度以深刻的时代内涵和坚定的立场自信，突出体现在"坚持以人民为中心的发展思想"在制度建设和制度创新中的根本指导地位。**以人民为中心的发展思想，集中体现了人民是推动社会发展的根本力量的唯物史观。坚持以人民为中心，既是新时代经济社会发展观，又是新时代制度建设和国家治理观，对于进一步彰显中国制度优势、坚定中国制度自信，具有根本性指导意义。在坚持和完善中国特色社会主义制度、推进国家治理体系和治理能力现代化新征程新实践中，只有始终坚持以人民为中心，把促进公平正义、增进人民福祉作为制度建设和制度创新的根本出发点，把坚决破除制度性障碍和利益固化藩篱、激发人民创造活力作为制度建设和制度创新的根本着力点，把全体人民共享改革发展成果、不断增强获得感幸福感安全感作为制度

---

① 列宁：《全俄中央执行委员会会议文献》，载《列宁专题文集〈论社会主义〉》，人民出版社，2009，第399页。

建设和制度创新的根本落脚点，才能把我国制度优势更好转化为国家治理效能，更充分地彰显中国特色社会主义制度自信和在推进中国发展、实现中国之治中的独特作用。

二、 中华传统文化的核心价值， 赋予中国制度以鲜明的价值自信

文化自信的核心是价值自信。价值自信是推动社会进步尤其是建立和巩固先进社会制度不可缺少的文化因素。马克思说："'价值'这个普遍的概念是从人们对待满足他们需要的外界物的关系中产生的。"① 价值来自生产关系和社会关系，又深深地融入社会变革和社会发展实践之中，在社会进步尤其是社会制度构建中发挥着重要的价值导向作用。人类制度文明发展史表明，任何一种进步的社会制度，都深蕴着一定的制度价值，制度价值是制度的灵魂，决定着制度的发展方向，体现着制度的价值追求。中国特色社会主义制度深深植根于中国大地，具有厚重的中华文化根基，源远流长、价值深邃的中华优秀传统文化，潜移默化地浸透到中国制度的各个领域和各个方面，有机地融入中国制度形成完善和改革创新的全部过程。中华优秀传统文化与我们党一贯坚守的马克思主义先进文化和无产阶级革命文化相互交融、相互渗透，赋予中国制度以鲜明的价值导向，也为中国制度自信奠定了厚重的价值自信。中国制度中的价值元素和价值自信，是这一制度能够推进中国发展、实现中国之治的最重要力量。

党的十八大以来，在全面深化体制改革和制度创新、推进中国特色社会主义制度进一步走向定型化过程中，习近平总书记对中华优秀传统文化所蕴含的核心价值元素在中国制度建设中的重大作用作出精辟分析，

---

① 马克思：《评阿·瓦格纳的〈政治经济学教科书〉》，载《马克思恩格斯全集》第19卷，人民出版社，1963，第406页。

明确提出"坚持创造性转化、创新性发展，不断铸就中华文化新辉煌"的思想文化战略，对如何在"创造性转化和创新性发展"中弘扬中国制度价值作出明确设计。① 他深刻指出："人类社会发展的历史表明，对一个民族、一个国家来说，最持久、最深层的力量是全社会共同认可的核心价值观。核心价值观，承载着一个民族、一个国家的精神追求，体现着一个社会评判是非曲直的价值标准。""中华文明绵延数千年，有其独特的价值体系。中华优秀传统文化已经成为中华民族的基因，植根在中国人内心，潜移默化影响着中国人的思想方式和行为方式。"② 他尤其强调，中华优秀传统文化所强调的"修齐治平"价值观，对于今天的社会进步和制度建设具有强基固本的重要作用："中国古代历来讲格物致知、诚意正心、修身齐家、治国平天下。从某种角度看，格物致知、诚意正心、修身是个人层面的要求，齐家是社会层面的要求，治国平天下是国家层面的要求"③。这样一种传统价值观，与中国特色社会主义制度的价值方向和价值功能是完全吻合的。

中华优秀传统文化所蕴含的核心价值元素，包括许多方面，对于我们在新的历史条件下坚持和完善中国特色社会主义制度，更加自觉地坚定中国制度自信、推进中国制度之治，最重要的莫过于以下几个方面：

家国一体的价值情怀。在中华文化价值观中，家国融为一体，国是大的家、家是小的国，保家和卫国内在地统一在一起，成为支撑社会进步的重要精神力量。家国一体的政治情怀，源于崇尚群体利益的价值取向，这是以个体利益为本位的西方文化价值观所不可能具有的。国家利益高于个人利益，国家发展先于个体发展；先有国后有家，没有国、哪有家；位卑未敢忘忧国，以身许国成大德……这就是中华民族所特有的

---

① 习近平：《决胜全面建成小康社会，夺取新时代中国特色社会主义伟大胜利——在中国共产党第十九次全国代表大会上的报告》，人民出版社，2017，第41页。

② 习近平：《青年要自觉践行社会主义核心价值观》，载《习近平关于社会主义文化建设论述摘编》，中央文献出版社，2017，第112页、第115页。

③ 同上书，第114页。

价值认知，也是判断一种社会制度是否具有凝聚力和感召力的价值标准。中国特色社会主义制度所以具有强大的凝聚力、向心力和号召力，其深层文化基因正是在于传承了中华文化家国一体的政治情怀。举国动员、万众一心、前仆后继抗击新冠肺炎疫情的伟大实践，再一次彰显了家国一体政治情怀在制度自信中的厚重价值力量。

以民为本的价值理念。中华文化的一个突出特点是追求人文至上，坚守"人本主义"。所谓"刚柔交错，天文也；文明以止，人文也。观乎天文，以察时变；观乎人文，以化成天下"。这与西方文化的"神本主义"、坚守人受上帝主宰的理念有着根本区别。人文至上的价值理念体现在传统治理国家上，就是"民为贵，社稷次之，君为轻。"人是万物之灵，也是国家之本，一切社会制度，只有坚持以民为本、坚守民惟邦本，才能够巩固长久。否则，"水能载舟，亦能覆舟"。人文至上、民惟邦本的传统政治价值观，深深融入中国特色社会主义制度建立巩固和不断创新完善之中，与中国共产党人"坚持以人民为主体""坚持以人民为中心"的政治价值观有机地融为一体，成为中国制度自信的坚定价值基础，也成为中国制度之治的强大价值力量。

立德修身的价值追求。人文至上、以民为本价值理念的必然延伸，就是十分重视统治者自身的节操和道德修养，追求完美的人格。这就是孔子所强调的，"为政以德""政者声也"；也就是孟子所主张的，"天将降大任于斯人也，必先苦其心志，劳其筋骨，饿其体肤，空乏其身，行拂乱其所为，所以动心忍性，曾益其所不能"。立德修身有机地渗透于国家制度建设和治国理政行为实践之中，这不啻是中国制度文化的鲜明亮点。"为天地立心，为生民立命，为往圣继绝学，为万世开太平"，中国古代知识分子的价值追求，传承数千年，内在地融入今天我们推进中国制度变革和社会进步的人文价值追求之中。

三、 人民群众的认同拥护， 赋予中国制度以强大的力量自信

制度作为国家秩序的载体，作为社会发展的规则，历来围绕人而形成、为了人而存在、为了人而发展。制度生命力的背后是广大人民的认同和拥护，这是一种强大的制度文化力量；离开人民群众的认同和拥护，任何制度都不可能长久，这是为古今中外朝代更迭、制度转换的事实所反复证明的真理。社会主义制度，是无产阶级政党领导人民翻身求解放的重要成果，是实现和维护人民当家作主权力、不断改善人民生活条件的根本保障，建立在全体人民共同利益基础之上，这是社会主义制度所以能取代一切剥削制度并充满无限发展前景的根本原因。马克思说："只有在共同体中，个人才能获得全面发展其才能的手段，也就是说，只有在共同体中才可能有个人自由。"① 恩格斯说："没有共同的利益，也就不会有统一的目的，更谈不上统一的行动。"② **正是在实现人的利益和自由、并向"自由人联合体"的目标不断迈进的过程中，社会主义制度不断得到广大人民的理解、认同和拥护，这是社会主义制度所以能产生并不断巩固发展的深层文化力量。**中国特色社会主义制度，是中国共产党领导人民在新中国 70 多年，尤其是在改革开放 40 多年的不断奋斗中逐步形成的，是不断造福人民、深得人民拥护的先进制度，是能够持续推动拥有 14 亿人口大国进步和发展、确保拥有 5000 多年文明史的中华民族实现"两个一百年"奋斗目标进而实现伟大复兴的先进制度。在全国各族人民愈来愈自觉认同和真心拥护的基础上，中国制度充满坚定自信、中国制度之治充满强大威力。

中国特色社会主义制度所以能得到全国人民的自觉认同和真心拥护，

---

① 马克思：《德意志意识形态》，载《马克思恩格斯文集》第 1 卷，人民出版社，2009，第 571 页。

② 恩格斯：《德国的革命和反革命》，载《马克思恩格斯文集》第 2 卷，人民出版社，2009，第 359 页。

归根到底是因为这一先进制度给人民带来了幸福、给国家带来了富强、给民族带来了希望。这一制度本质和制度优势，体现在中国制度形成与发展的一切过程和各个方面：从中国制度建设的根本出发点来说，就是维护社会公平正义、增进人民福祉；从中国制度建设的根本功能来说，就是在解放生产力和发展生产力基础上逐步实现人民共同富裕；从中国制度建设的根本路径来说，就是依靠人民共同参与、实现共建共治共享；从中国制度建设的根本标准来说，就是让人民满意、人民高兴、人民放心；从中国制度建设的发展前景来说，就是不断满足人民日益增长的美好生活需要，不断消除制约人民美好生活的制度短板，推进"两个一百年"奋斗目标顺利实现，进而实现中华民族伟大复兴的中国梦。总之，中国制度为了人民、造福人民的根本价值导向，中国制度深得人民认同和拥护的内在品质和文化魅力，赋予中国制度以强大的力量自信。

四、 中国制度之治中的 "内生性" 文化自信

正是在中国特色社会主义制度深厚文化底蕴的基础上，文化自信内在地融入中国制度功能实现的各个方面和全部过程，为推进中国制度之治提供了根本支撑和最大底气。正如习近平总书记反复强调，"文化自信，是更基础、更广泛、更深厚的自信，是更基本、更深沉、更持久的力量。坚定文化自信，是事关国运兴衰、事关文化安全、事关民族精神独立性的大问题"。①

文化是民族生存和发展的重要力量，是历史传承和文明演进的重要结晶。毛泽东指出："一定的文化是一定社会的政治和经济在观念形态上的反映。"② 世界各国文化发展史表明，作为观念形态的文化，一般有两种生成类型。**一种是外发性文化**，即是在外民族入侵或殖民统治过程中

---

① 习近平：《坚定文化自信，建设社会主义文化强国》，《求是》2019 年第 12 期。
② 毛泽东：《新民主主义论》，载《毛泽东选集》第 2 卷，人民出版社，1999，第 694 页。

形成的，具有明显外民族特点与价值取向的文化形态。这种外发性文化，在与本民族文化交融过程中将会产生种种矛盾和冲突，甚至会对本民族优秀文化产生阻滞或破坏作用。**一种是内生性文化**，即是在本民族人民长期奋斗创造和历史传承中逐步积淀而成的文化形态，这种内生性文化，具有深厚的文化根基和民族文化特质，根深叶茂、源远流长，是维护民族独立性和自主性、坚定民族文化自信不可或缺的基础性文化形态。中国特色社会主义制度中的文化自信和文化力量，自然是一种内生性的文化自信和文化力量。

中国制度之治中的内生性文化自信，根源于历史悠久、内涵厚重的中华文化，具有强大的文化生命力和历史穿透力。正如习近平总书记深刻指出，"中华民族有着 5000 多年的文明史，近代以前中国一直是世界强国之一。在几千年的历史流变中，中华民族从来不是一帆风顺的，遇到了无数艰难困苦，但我们都挺过来、走过来了，其中一个很重要的原因就是世世代代的中华儿女培育和发展了独具特色、博大精深的中华文化，为中华民族克服困难、生生不息提供了强大精神支撑"①。今天我们坚定中国特色社会主义文化自信、推进中国特色社会主义制度之治，一个基础性工程就是对中华优秀传统文化进行"创造性转化"和"创新性发展"，从中华文化厚土中挖掘和培育中国制度之治的文明因素，不断释放中华文化作为中华民族精神标识的时代价值，不断增强中华文化在凝心聚力、强基固本中的当代功能。

对于植根于中华文化厚土的内生性文化自信在中国之治中的重要功能，我们可以从多个维度进行梳理和阐释。

（一）从中国道路选择的维度

中国特色社会主义道路是一条深蕴文明基因之路，是建立在内生性

---

① 习近平：《坚定文化自信，建设社会主义文化强国》，《求是》2019 年第 12 期。

文化自信基础之上的成功之路。习近平总书记在十二届全国人大闭幕会上的讲话中深刻指出，中国特色社会主义道路来之不易，它是在改革开放三十多年的伟大实践中走出来的，是在中华人民共和国成立六十多年的持续探索中走出来的，是在对近代以来 170 多年中华民族发展历程的深刻总结中走出来的，是在对中华民族 5000 多年悠久文明的传承中走出来的，具有深厚的历史渊源和广泛的现实基础。"数千年来，中华民族走着一条不同于其他国家和民族的文明发展道路。我们开辟了中国特色社会主义道路不是偶然，是我国历史传承和文化传统决定的。""独特的文化传统，独特的历史使命，独特的国情，注定了中国必然走适合自己特点的发展道路。我们走出了这样一条道路，并且取得了成功。"[①] 正是由于中国道路具有厚重的内生性文化自信基因，因而这条道路具有了巨大的民族向心力和精神凝聚力，是实现中国之治、推进中国发展的根本道路选择，引领中华民族和中国人民实现由站起来到富起来并昂首阔步走向强起来的历史性飞跃。

（二）从深化改革开放的维度

当代中国改革开放有着深厚的历史渊源和厚重的文化根基，内生性的民族文化自信是改革开放不断深化的强大动力，是在全面深化改革开放中推进制度完善创新的强大动力。中华民族历来是勤劳勇敢、不懈进取的民族，在中华民族发展史上一贯充满变革和开放精神。新时期改革开放铸就的伟大改革开放精神，是中华民族精神的时代升华，是中华民族所固有的变革精神和开放精神的时代彰显。习近平总书记精辟指出，几千年前，中华民族的先民们就秉持"周虽旧邦，其命维新"的革故鼎新精神，开启了缔造中华文明的伟大实践。自古以来，中国大地上发生了无数变法变革图强运动，留下了"治世不一道，便国不法古"等豪迈

第十一讲　中国制度自信和制度之治的文化底蕴

---

① 习近平：《在布鲁日欧洲学院的演讲》，《人民日报》2014 年 4 月 2 日。

宣言。自古以来，中华民族就以"天下大同""协和万邦"的宽广胸怀，自信而又大度地开展同域外民族交往和文化交流，曾经谱写了万里驼铃万里波的浩浩丝路长歌，也曾经创造了万国衣冠会长安的盛唐气象。正是这种"天行健，君子以自强不息""地势坤，君子以厚德载物"的变革开放精神和民族文化自信，使中华文明成为人类历史上唯一一个绵延五千多年至今仍具有强大生命力的灿烂文明。"以数千年大历史观之，变革和开放总体上是中国的历史常态。中华民族以改革开放的姿态继续走向未来，有着深远的历史渊源、深厚的文化根基。"① 正是这种内生性的民族文化自信，支撑着新时期改革开放历尽曲折而不衰、排除万难而辉煌，成为决定当代中国命运的关键一招，成为实现两个"一百年"宏伟奋斗目标、实现中华民族伟大复兴中国梦的关键一招。

（三）从优化治国理政的维度

中华优秀传统文化蕴藏着丰富的有利于推进国家和社会治理、有利于解决当代人类面临共同性难题的重要思想；尤其是儒家思想推崇的"修身齐家治国平天下"的价值观、政治观、社会观，成为内生性民族文化自信元素的最集中体现。近三千年前，中国就出现了诸子百家共同探讨如何治国理政的思想解放，形成了百花齐放、百家争鸣的思想盛况，老子、孔子、墨子、荀子、管子等思想家上究天文、下穷地理，广泛探讨人与人、人与社会、人与自然的真谛，提出了绚丽多彩、博大精深的关于治理国家和社会的思想。比如，道法自然、天人合一，天下为公、大同世界，自强不息、厚德载物，以民为本、本固邦宁，为政以德、政者正也，革故鼎新、与时俱进，知行合一、实事求是，经世致用、躬行实践，集思广益、群策群力，仁者爱人、以德立人，以诚待人、讲信修睦，清廉从政、勤勉为公，俭约自守、力戒奢华，和而不同、求同存异，

---

① 习近平：《在庆祝改革开放40周年大会上的讲话》，人民出版社，2018，第40页。

安不忘危、存不忘亡，治不忘乱、居安思危……如此等等。"中国优秀传统文化的丰富哲学思想、人文精神、教化思想、道德理念等，可以为人们认识和改造世界提供有益启迪，可以为治国理政提供有益启示，也可以为道德建设提供有益启发。"①

（四）从构建核心价值观的维度

价值观是文化的灵魂，价值观自信是最本质、最重要的文化自信。在数千年社会变革和文明传承中，中国人看待世界、看待社会、看待人生，形成了独特的价值体系，这是民族文化自信的核心要素，是保持民族精神自主性和独立性的重要支撑，是坚定中国特色社会主义道路自信、理论自信、制度自信、文化自信的基础和灵魂。习近平总书记深刻指出："价值观是人类在认识、改造自然和社会的过程中产生和发挥作用的。不同民族、不同国家由于其自然条件和社会发展历程不同，产生和形成的核心价值观也各有特点。一个民族、一个国家的核心价值观必须同这个民族、这个国家的历史文化相契合，同这个民族、这个国家需要解决的时代问题相适应。"② 中华民族自古就是一个富有独特而崇高价值追求的民族。以儒家思想为主体的中华优秀传统文化，蕴藏着丰富的关于调理社会关系、规范个体行为、劝人向上向善的价值文化，从而构成了以"仁"为核心内容的核心价值观。以"仁"来塑造社会、以"仁"来教化人生，是儒家文化的精神内核，也是民族文化自信的核心要素。中华传统文化赋予"仁"以十分丰富的价值内涵："仁"是国家层面核心价值目标，所谓"克己复礼为仁"；"仁"是崇高人生价值追求，所谓"不成功便成仁"；"仁"是调理人与人关系基本准则，所谓"仁者爱人"……正是这样一种以"仁"为核心内涵的封建主义核心价值观，使

① 习近平：《在纪念孔子诞辰 2565 周年国际学术研讨会暨国际儒学联合会第五届会员大会开幕式的讲话》，《人民日报》2014 年 9 月 25 日。

② 习近平：《在北京大学师生座谈会上的讲话》，载《习近平谈治国理政》第 1 卷，外文出版社，2014，第 171 页。

中国社会得以维系、变革和发展，形成至今仍具有重要现实意义的价值标准和价值规范，可以为培育社会主义核心价值观所积极吸纳与借鉴。

五、 中国制度之治中的 "人民性" 文化自信

人民是历史的创造者。人民创造历史，不仅表现为创造不断改善自身生活水平的社会物质财富，而且表现为创造能够引领客观世界改造和自身素质提升的社会观念文化。产生于人民群众伟大实践的观念文化，是创造先进文化形态的重要基础，是民族文化自信的重要支撑。马克思说：在新的社会实践中，"生产者也改变着，他炼出新的品质，通过生产而发展和改造着自身，造成新的力量和新的观念，造成新的交往方式，新的需要和新的语言。"[1] **中国特色社会主义文化自信，之所以是"更基础、更广泛、更深厚"的自信，从本质上说就是因为这一文化自信是一种"人民性"的文化自信，是在人民群众改造客观世界同时改造主观世界的创造性实践中逐步生成的，因而具有坚实的社会基础和强大的能动力量。**

中国共产党是中华民族和中国人民的忠实代表，也是人民群众改造主客观世界、创造先进文化的集中体现者。中国特色社会主义文化自信，从根本意义上说就是中国共产党人的政治自信。"当今世界，要说哪个政党、哪个国家、哪个民族能够自信的话，那中国共产党、中华人民共和国、中华民族是最有理由自信的。"[2] 中国共产党在近百年的光辉历程中为什么能够充满自信，不忘初心、牢记使命，不畏艰险、奋勇前进，取得无产阶级革命、社会主义建设和改革开放一个又一个伟大胜利？一个根本性原因就是我们党始终与最广大人民站在一起，人民是我们党强大

---

① 马克思：《〈政治经济学批判（1857—1858 年手稿）〉摘选》，载《马克思恩格斯文集》第 8 卷，人民出版社，2009，第 145 页。

② 习近平：《在庆祝中国共产党成立 95 周年大会上的讲话》，人民出版社，2016，第 12 页。

力量的根本源泉，人民也是我们党执政的最大底气。**正是中国共产党的先进理念、先进思想、坚强领导与人民群众的伟大实践、伟大创造、伟大精神的有机结合，铸就了中国特色社会主义文化自信的坚硬内核，使这一文化自信成为"更基础、更广泛、更深厚的自信"，成为"更基本、更深沉、更持久的力量"。这也是中国特色社会主义文化自信的重要生成逻辑和深入推进中国制度之治的强大文化力量。**

在中国革命和建设长期斗争实践中逐步形成的井冈山精神、长征精神、延安精神、西柏坡精神、沂蒙精神等革命精神，以及伟大民族精神、伟大改革开放精神，包括在 2020 年举国上下万众一心抗击新冠肺炎疫情中形成的"伟大抗疫精神"，都是中国共产党领导铸就的先进文化的集中体现，是中国特色社会主义文化自信的深刻彰显。这些革命文化和革命精神，都是在中国共产党直接领导下，紧紧依靠人民群众，在血与火的伟大斗争中凝练而成的，深刻彰显了"党性"与"人民性"有机融合的鲜明特质，深刻蕴含着"党的坚强领导"与"人民伟大创造"有机结合的内在逻辑，从而成为我们党领导全国各族人民实现中国之治、推进中国发展的宝贵精神财富和强大精神动力。这里我们谨以沂蒙精神的丰富内涵和生成轨迹为典型进行深入总结和阐发。

2013 年 11 月，习近平总书记考察山东临沂，对沂蒙精神给予了高度评价和深刻阐发。他动情地说："山东是革命老区，有着光荣传统，军民水乳交融、生死与共铸就的沂蒙精神，对我们今天抓党的建设仍然具有十分重要的启示作用。""水乳交融、生死与共"，这是对沂蒙精神本质特征的精辟总结，是对沂蒙精神所特有的"党性"与"人民性"有机融合的内在逻辑的生动揭示。

——沂蒙精神是在中国共产党直接领导的人民革命斗争实践中孕育形成的，人民群众听党指挥、坚信不疑，紧跟党走、坚定不移，是沂蒙精神所固有的"精神之魂"。

受中国传统文化尤其是儒家文化的深远影响，沂蒙地区人民历来具有淳朴善良、深明大义、追求光明、百折不挠的民族品格。沂蒙地区又是中国共产党比较早地建立党组织和根据地的红色区域，一代又一代中国共产党人服务人民的初心使命和忠于人民的赤子之心，与沂蒙人民的淳朴品格有机融合在一起，从而逐步培育成沂蒙人民对党所坚持的革命目标的自觉认同、对党所领导的革命事业的自觉参与，铸就了听党指挥、跟党前行的精神境界和优秀品格。这不啻是沂蒙精神的"灵魂"。这一精神之"魂"，渗透人心、穿透历史，成为一代又一代沂蒙儿女的精神世界和行动准则。在革命战争年代，党组织一声令下，五十万沂蒙父老乡亲奔赴前线，披星戴月，车轮滚滚，奋勇支前。中国革命的胜利，凝结着多少沂蒙人民的血与汗，融入了多少沂蒙人民的苦和累，历史难以计算！沂蒙人民为了党的号召和革命的胜利，抛家别业、牺牲自我，历经磨难、毫无怨言。中国共产党人的初心使命与沂蒙人民的自觉行动，在那个历经艰险而又充满激情的年代实现了完美的统一，这在中国共产党领导铸就的一系列革命文化和革命精神中堪称典范！正是这样一种"党性"与"人民性"有机融合、在党组织坚强领导下人民主体性不断升华的沂蒙精神，成为中国共产党人不畏艰险、奋勇前进、排除万难、夺取胜利的强大精神力量，成为在为中国人民谋幸福、为中华民族谋复兴的征途上永远充满坚定自信的最大底气。今天，在新的时代条件下，进一步弘扬沂蒙精神，最根本的就是要深入彰显沂蒙精神中所深蕴的"人民性"元素，着力增强中国特色社会主义文化自信的"人民性"内涵，不断坚固中国之治和中国发展的"人民性"根基。

——沂蒙精神是在血与火的考验与磨炼中不断升华的，人民群众以身许党、以身献国，不怕牺牲、无私奉献，是沂蒙精神所特有的"精神内核"。

在充满艰险与牺牲的革命战争年代，受中国共产党人危急时刻冲在前面、生死关头勇于牺牲精神的影响和熏陶，淳朴善良的沂蒙人民谱写出一首首感天动地、无私无畏的奋斗史诗。"最后一碗米，用来做军粮，最后一块布，用来做军装，最后一个儿郎，送他上战场"，生动诠释了沂蒙人民无私奉献的伟大精神境界；用乳汁抢救受伤小战士的红嫂，把青春奉献在支前第一线的"沂蒙六姐妹"，鲜活展示了沂蒙人民勇于牺牲的伟大精神品格；用全部心血抚育革命后代、革命胜利后却对党和国家无任何要求的沂蒙母亲，深刻彰显着沂蒙人民情比天高、爱比地厚的博大情怀……沂蒙精神中这些数不清、道不完的感人事例，雄辩证明了习近平总书记所揭示的真理：党的根基在人民，党的力量在人民；党与人民风雨同舟、生死与共，始终保持血肉联系，是党战胜一切困难和险阻的根本保证。沂蒙精神之所以如此感天动地，之所以如此源远流长，在革命、建设、改革的历史进程中具有永恒的魅力，在今天仍然具有巨大的时代价值，其全部奥秘正是在于它的"人民性"：人民以身许党、以身献国，人民不怕牺牲、无私奉献。沂蒙精神的"精神内核"无可辩驳地表明，中国特色社会主义文化自信，是以人民为主体的文化自信，是以人民为中心的文化自信；只要有了人民的主体创造性，只要我们党永远地依靠人民、真诚地为了人民，中国特色社会主义就会充满取之不尽、用之不竭的文化自信力量。

——沂蒙精神从本质上说是中国共产党人精神，中国共产党高度尊重人民的主体地位和创造精神，以人为本、人民至上，依靠人民、为了人民，是沂蒙精神所深蕴的"思想精髓"。

人民创造历史、改造世界的主体地位和主体作用，在中国共产党的理念与行动中得到了高度重视和充分彰显，这是中国共产党所以能由小到大、由弱到强、由胜利不断走向胜利的根本性因素。这一历史规律与发展逻辑，在沂蒙精神中得到了全方位的、最本质的体现。沂蒙精神作为中国共产党领导铸就的一种革命精神，所以能够穿透历史、穿越时空，在广泛的区域持续发展、在历史长河中不断发扬光大，一个决定性的因素就是中国共产党始终坚持以人民为主体、坚持以人民为中心。沂蒙山区在革命战争各个发展阶段，党组织深深扎根于沂蒙大地，发动群众、组织群众、武装群众，与人民群众同甘苦、共患难，为夺取革命胜利、实现人民解放付出了艰苦卓绝的奋斗，无数优秀共产党人的热血抛洒在这块红色大地上，无数革命烈士的忠魂长眠在这块人民厚土上。正是中国共产党人对人民的高度忠诚和为人民谋幸福的不懈奋斗精神，赢得了沂蒙人民的衷心爱戴和自觉认同，凝聚起听党指挥、一往无前的磅礴力量，铸就成"水乳交融、生死与共"的沂蒙精神。这样一种党群血肉相连、军民水乳交融的光荣传统，世世代代传承，在社会主义建设年代和改革开放时期继续发扬光大，成为沂蒙人民艰苦奋斗、改造山河、锐意改革、不断创新的坚固精神支柱，成为不断推进改革开放和经济社会发展、向着全面建成小康社会和中华民族伟大复兴中国梦奋勇前进的强大精神力量。

沂蒙精神所深蕴的党的坚强领导与人民群众伟大创造有机统一的内在逻辑，是中国共产党领导铸就的革命精神和革命文化的典型缩影，具有深刻的历史价值和普遍时代意义。正是这种深深扎根于人民群众的革命精神和革命文化，成为中国共产党人始终充满自信的最大底气，成为中国特色社会主义文化自信的内在逻辑，成为新时代中国特色社会主义开拓前进的强大动力。

六、 中国制度之治中的 "时代性" 文化自信

文化的先进性决定于它的时代性，即顺应时代、引领时代。任何一种能够引领时代前行的先进文化，无不是顺应时代潮流的产物。"中华文化既是历史的、也是当代的，既是民族的、也是世界的。"① 中国特色社会主义文化自信，所以是"更基础、更广泛、更深厚"的自信，从发展趋势上说，就是因为这一文化自信，不是一种封闭型、保守型的文化自

---

① 习近平：《坚定文化自信，建设社会主义文化强国》，《求是》2019 年第 12 期。

信，而是一种开放性、时代性的文化自信，是适应时代需求、回答时代之问、融入时代潮流的先进文化创造，因而具有走在时代前列、引领时代前行的文化自信力量，具有引领中国发展、推进中国之治的文化自信魅力。

时代是思想之母，时代是文化之魂。人类社会的精神生产，遵循着历史性与时代性相统一的生成规律，是一定历史阶段和时代条件下的产物。马克思说："要研究精神生产和物质生产之间的联系，首先必须把这种物质生产本身不是当作一般范畴来考察，而是从一定的历史的形成来考察。"[①] 恩格斯说："我们只能在我们时代条件下去认识，而且这些条件达到什么程度，我们就认识到什么程度。"[②] 纵观人类社会精神发展史，任何一种进步的精神形态，无不是民族性与时代性的有机统一；时代性寓于民族性之中，愈是民族的则愈是时代的。这可以说是人类先进文化和先进精神的生成逻辑，也是中国特色社会主义文化自信的生成逻辑。

在中国特色社会主义伟大进程中，我们所以具有坚定的文化自信，所以必须充分运用文化自信的力量推动中国发展、实现中国之治，从根本意义上说，就是因为我们所坚持的中国特色社会主义文化，是既具有民族性又具有时代性的先进文化形态，是既适应时代需要又引领时代前行的先进文化形态。 这一特殊文化形态，"源自于中华民族五千多年文明历史所孕育的中华优秀传统文化，熔铸于党领导人民在革命、建设、改革中创造的革命文化和社会主义先进文化，植根于中国特色社会主义伟大实践"；发展中国特色社会主义文化，坚定中国特色社会主义文化自信，就是要"以马克思主义为指导，坚守中华文化立场，立足当代中国现实，结合当今时代条件，发展面向现代化、面向世界、面向未来的，

---

① 马克思：《剩余价值理论》，载《马克思恩格斯全集》第 26 卷 I，人民出版社，1992，第296 页。

② 恩格斯：《自然辩证法》，载《马克思恩格斯文集》第 9 卷，人民出版社，2009，第 494 页。

民族的科学的大众的社会主义文化"①。这既是发展中国特色社会主义文化的本质规定，也是坚定中国特色社会主义文化自信的内在逻辑。

在中国人民长期奋斗进程中逐步形成起来的"伟大民族精神"和在改革开放新时期逐步生长起来的"伟大改革开放精神"，本质性地体现了中国特色社会主义文化自信的"时代性"逻辑。

2018年3月20日，在十三届全国人民代表大会第一次会议上再次当选国家主席的习近平，运用马克思主义唯物史观，站在历史与时代相交汇的制高点上，对"伟大民族精神"进行了精辟总结和深入阐发。他深刻指出："人民是历史的创造者，人民是真正的英雄。波澜壮阔的中华民族发展史是中国人民书写的！博大精深的中华文明史是中国人民创造的！历久弥新的中华民族精神是中国人民培育的！中华民族迎来了从站起来、富起来到强起来的伟大飞跃是中国人民奋斗出来的！""中国人民的特质、禀赋不仅铸就了绵延几千年发展至今的中华文明，而且深刻影响着当代中国人民的精神世界。中国人民在长期奋斗中培育、继承、发展起来的伟大民族精神，为中国发展和人类文明进步提供了强大精神动力。"

"伟大民族精神"集中表现为伟大创造精神、伟大奋斗精神、伟大团结精神、伟大梦想精神。**这样一种历史悠久、底蕴深厚而又充满时代气息的"伟大民族精神"，是我们党坚定文化自信的重要精神基因，是推进中国特色社会主义风雨无阻、高歌行进的强大精神力量。**

"伟大民族精神"在新时期、新时代的突出体现就是"伟大改革开放精神"。2018年12月18日，在庆祝改革开放40周年大会上的重要讲话中，习近平总书记进一步鲜明总结了"伟大改革开放精神"。他说："改革开放铸就的伟大改革开放精神，极大地丰富了民族精神内涵，成为当代中国人民最鲜明的精神标识！"② 中华民族精神的时代内涵、当代中国

① 习近平：《决胜全面建成小康社会，夺取新时代中国特色社会主义伟大胜利——在中国共产党第十九次全国代表大会上的报告》，人民出版社，2017，第41页。

② 习近平：《在庆祝改革开放40周年大会上的讲话》，人民出版社，2018，第14页。

人民最鲜明的精神标识——这样一种科学定位，深刻揭示了"伟大改革开放精神"作为中国特色社会主义文化自信的时代彰显的内在逻辑。"伟大改革开放精神"，正是在当代中国改革开放的时代大潮流中逐步生成的，是中国共产党对改革开放的坚强领导与人民群众首创精神有机融合的光辉结晶。**"伟大改革开放精神"，渗透于新时期改革开放的各个发展阶段，深刻反映了改革开放新时期党和人民从伟大觉醒到伟大创造、从伟大革命到伟大飞跃的时代足迹。**

从 1978 年党的十一届三中全会到 1989 年党的十三届四中全会，是我国改革开放重要开端和全面启动时期。这一时期，改革开放实践历史性地改变着长期封闭僵化的大地，从家庭联产承包到企业全面改革、从发展商品经济到放开市场经济、从创办经济特区到开放沿海城市，改革开放大潮势如破竹般地冲涤着人们传统的思维定式、生活习惯和生产方式，极大地唤醒和激发了人们的竞争意识、效率意识、能力本位意识和社会主体意识，敢闯敢冒、敢为人先的进取精神，时间就是金钱、效率就是生命的效率观念，先富带后富、大家共同富的利益价值取向，追求正当权益、维护个人权利的民主法治意识，成为这一时期"伟大改革开放精神"的丰富内涵和鲜活体现。

从 1992 年邓小平南方重要讲话到 2012 年党的十八大，是我国改革开放承前启后和攻坚克难时期。这一时期，以社会主义市场经济为改革目标和基本框架的经济体制改革的全面推进，以解决民生问题为核心任务的社会体制改革的深入展开，以发展党内民主和推进社会民主为价值取向的政治体制改革的渐进发展，进一步促进了全社会的思想解放和观念更新。市场经济意识、民主法治观念、以人为本理念和公平正义诉求，不啻是这一历史时期"伟大改革开放精神"的主体内容和突出体现。

党的十八大以来，是我国改革开放全面深化和全面提升时期。在以习近平同志为核心的党中央坚强领导下，我们党依靠改革开放将中国特色社会主义不断推进到新时代。新时代的"伟大改革开放精神"，既体现在对现行体制和制度进行全面改革和创新，又体现在更深层次地坚定道路自信、理论自信、制度自信、文化自信；既体现在愈益普遍自觉的竞争意识、主体意识、公平意识、共富意识，又体现在不断增强的政治意识、大局意识、核心意识、看齐意识；既体现在共同筑起中华民族伟大复兴的中国梦，又体现在大家都是追梦人、在追梦道路上人人出彩的追梦力量。

总之，新时代的"伟大改革开放精神"，既具有历史深度，又具有时代高度，是中华民族精神的时代彰显，是当代中国人民精神的时代标识，是坚定中国特色社会主义文化自信的时代内涵，是推进中国之治、实现中国发展的强大精神力量！

第十二讲

中国制度自信和制度之治的核心价值

制度的核心要素是人，任何制度都有其特定的核心价值；人的主体性和能动性，是决定制度价值的核心要素。价值是事物的本质属性，规定着事物的存在状态，决定着事物的发展方向。马克思说："'价值'这个普遍的概念是从人们对待满足他们需要的外界物的关系中产生的。"①任何制度价值，无不产生于一定的生产关系和社会政治关系，归根到底表现为一定阶级和社会群体在创立、执行、完善制度中所特有的历史传统、人文底蕴和价值取向。中国特色社会主义制度和国家治理体系，不是天上掉下来的，也不是外部力量强加的，而是在中国特有的社会土壤和文化传承中生长起来的，是中国共产党领导人民在革命、建设、改革的长期实践中形成起来的，是马克思主义基本原理同中国具体实际相结合的产物，是党和人民创造与智慧的结晶，具有深邃的历史逻辑、理论逻辑和实践逻辑，具有鲜明的核心价值。深入揭示和释放中国特色社会主义制度的核心价值，是把我国制度优势更好转化为国家和社会治理效能的重中之重。

① 马克思：《评阿·瓦格纳的〈政治经济学教科书〉》，载《马克思恩格斯全集》第19卷，人民出版社，1963，第406页。

一、坚持人民当家作主： 中国制度之治的核心价值主体

　　制度从本质上说是国家形态，是政治上层建筑的主体内容。恩格斯指出："国家是社会在一定发展阶段上的产物；国家是承认：这个社会陷入了不可解决的自我矛盾，分裂为不可调和的对立面而又无力摆脱这些对立面。而为了使这些对立面，这些经济利益互相冲突的阶级不致在无谓的斗争中把自己和社会消灭，就需要有一种表面上凌驾于社会之上的力量"，这种力量的最大效能就是"缓和冲突，把冲突保持在'秩序'的范围之内"。① 这种维护社会"秩序"的强制性力量，其最权威体现就是法律和制度。**谁是法律和制度的主人和主体？法律和制度为什么人服务？这是制度价值要回答和解决的首要问题。**在一切剥削阶级的社会，国家维护社会"秩序"的根本力量是专制和暴力，一切法律和制度服从于和服务于国家专制的需要；而在人民当家作主的社会主义社会，国家维护社会"秩序"的根本力量则是"民主的国家制度"。② 马克思在批判黑格尔唯心主义法哲学、酝酿创立科学社会主义学说过程中，精辟回答了谁是社会制度的价值主体的问题："不是国家制度创造人民，而是人民创造国家制度"；"不是人为法律而存在，而是法律为人而存在"；"人民是否有权来为自己建立新的国家制度呢？对这个问题的回答应该是绝对肯定的，因为国家制度如果不再真正表现人民的意志，那它就变成有名无实的东西了"。③

　　坚持人民当家作主在国家制度中的主体地位，正是中国共产党在领

---

① 恩格斯：《家庭、私有制和国家的起源》，载《马克思恩格斯文集》第 4 卷，人民出版社，2009，第 189 页。

② 恩格斯：《共产主义原理》，载《马克思恩格斯文集》第 1 卷，人民出版社，2009，第 685 页。

③ 马克思：《黑格尔法哲学批判》，载《马克思恩格斯全集》第 1 卷，人民出版社，1956，第 281 页、第 316 页。

导人民创立社会主义制度尤其是在改革开放中创新中国特色社会主义制度所一贯坚持的根本立场和核心价值。在筹划新中国成立过程中，毛泽东对人民共和国的国家性质（国体）和政治制度（政体）进行了本质规定，明确指出："总结我们的经验，集中到一点，就是工人阶级（经过共产党）领导的以工农联盟为基础的人民民主专政。"[①] 这一国家性质决定，我国国家制度的本质特征和根本内容就是"人民"："各级政府都要加上'人民'二字，各种政权机关都要加上'人民'二字，如法院叫人民法院，军队叫人民解放军，以示和蒋介石政权不同"。[②] 这一精辟论断和制度设计，深刻体现了马克思主义国家学说同中国国情相结合的内在逻辑，集中凝聚着中国共产党人在坚持社会主义制度价值上的政治立场和政治智慧。

在新中国 70 多年国家制度发展史上，尤其在改革开放 40 多年制度改革与创新辉煌历程中，正是由于我们党始终坚持人民当家作主的主体地位和核心价值，逐步形成并不断完善了包括根本制度、基本制度、重要制度在内的中国特色社会主义制度体系。正是这些根本制度、基本制度、重要制度以及与之相适应的体制机制的相互联系、相互作用、同向发力、相得益彰，共同构成了系统完备、科学规范、运行有效的现代国家治理体系，深刻彰显了国家制度和治理体系一切为了人民、一切依靠人民的根本立场和主体价值。正如习近平总书记精辟指出，"始终代表最广大人民根本利益，保证人民当家作主，体现人民共同意志，维护人民合法权益，是我国国家制度和国家治理体系的本质属性，也是我国国家制度和国家治理体系有效运行、充满活力的根本所在"[③]。进一步释放中国特色社会主义制度的内在优势，通过制度之治推进国家治理现代化、

---

① 毛泽东：《论人民民主专政》，载《毛泽东选集》第 4 卷，人民出版社，1991，第 1480 页。

② 毛泽东：《在中共中央政治局会议上的报告和结论》，载《毛泽东文集》第 5 卷，人民出版社，1998，第 136 页。

③ 习近平：《坚持和完善中国特色社会主义制度、推进国家治理体系和治理能力现代化》，《求是》2020 年第 1 期。

实现全面现代化，必须牢牢站稳人民当家作主的根本立场，始终坚持人民当家作主的核心价值，把"用制度体系保证人民当家作主"切实贯彻到各项根本制度、基本制度和重要制度建设的一切过程之中。

在当代中国制度建设、发展、完善的历史进程中，坚持人民当家作主与坚持中国共产党领导，是有机联系不可分割的统一整体。中国共产党是中国一切变革与进步的核心领导力量，坚持中国共产党领导，是中国特色社会主义最本质的特征，是中国制度的最大优势，是实现人民当家作主的最根本政治保障。人民是国家和社会的主人，一切权力属于人民，这一国家性质实现的根本路径，就是中国共产党在领导国家制度建设和推进国家治理中，坚定不移坚持人民在国家政治生活中的主体地位，坚定不移走中国特色社会主义政治发展道路，健全民主制度、丰富民主形式、拓宽民主渠道，依法实行民主选举、民主协商、民主决策、民主管理、民主监督，使各方面制度和国家治理更好体现人民意志、保障人民权益、激发人民创造，确保人民依法通过各种途径和形式管理国家事务、管理经济文化事业、管理社会事务。中国制度发展的历史进程和内在逻辑表明，坚持党的领导、人民当家作主、依法治国有机统一，既是中国特色社会主义制度优势的根本体现，又是实现中国特色社会主义制度价值的根本路径。

二、 坚持以人民为中心：中国制度之治的核心价值取向

作为社会生产关系和政治关系的集中体现，任何国家制度都有其特定的价值取向，制度价值取向的核心问题是坚持以谁为中心。马克思深刻指出，封建君主制度排斥人民在国家制度中的中心位置，"在君主制中是国家制度的人民"，人民"从属于他们存在的一种方式"，[①] 即专制政

---

① 马克思：《黑格尔法哲学批判》，载《马克思恩格斯全集》第 1 卷，人民出版社，1956，第 281 页。

治制度；"专制制度的唯一原则就是轻视人类，使人不成其为人"①。资产阶级政治制度虽然标榜为民主制，但这种"民主"是狭隘的"民主"，是排斥人民中心地位的"民主"，其实质是"通过私人立法独断地确立了对工人的专制"。② 资产阶级"共和国像其他任何政体一样，是由它的内容决定的；只要它是资产阶级的统治形式，它就同任何君主国一样敌视我们"③。只有社会主义民主制度，才真正是以人民为中心的民主国家制度。社会主义"民主制从人出发，把国家变成客体化的人。正如同不是宗教创造人而是人创造宗教一样，不是国家制度创造人民，而是人民创造国家制度"④。正是基于人民在国家制度中的中心位置这一核心价值判断，马克思对巴黎公社这一新型国家制度雏形给予了高度评价，认为"公社的真正秘密就在于：它实质上是工人阶级的政府"，"是人民群众获得社会解放的政治形式"⑤。

坚持以人民为中心，是中国共产党领导国家制度建设一贯坚持的核心价值原则，尤其是创立和发展中国特色社会主义制度的核心价值取向。 党的十八大以来，习近平总书记鲜明提出"坚持以人民为中心"的思想，强调"这是党的十八届五中全会首次提出来的，体现了我们党全心全意为人民服务的根本宗旨，体现了人民是推动发展的根本力量的唯物史观"。⑥ 党的十九大报告把"坚持以人民为中心"确立为新时代坚持和发展中国特色社会主义的一项基本方略。2020 年的防控新冠肺炎疫情的人

---

① 马克思：《摘自〈德法年鉴〉的书信》，载《马克思恩格斯全集》第 1 卷，人民出版社，1956，第 411 页。

② 马克思：《资本论》第 1 卷，载《马克思恩格斯文集》第 5 卷，人民出版社，2009，第 411 页。

③ 恩格斯：《致保尔·拉法格》，载《马克思恩格斯文集》第 10 卷，人民出版社，2009，第 671 页。

④ 马克思：《黑格尔法哲学批判》，载《马克思恩格斯全集》第 1 卷，人民出版社，1956，第 281 页。

⑤ 马克思：《法兰西内战》，载《马克思恩格斯文集》第 3 卷，人民出版社，2009，第 158 页、第 195 页。

⑥ 习近平：《在省部级主要领导干部学习贯彻党的十八届五中全会精神专题研讨班上的讲话》，人民出版社，2016，第 24 页。

民战争，深刻彰显了"坚持以人民为中心"的科学真理力量。习近平总书记反复强调，人民是战胜疫情的核心力量，人民才是真正的英雄；战胜这次疫情，给我们力量和信心的是中国人民；只要坚持以人民为中心，紧紧依靠人民，我们就一定能够战胜一切艰难险阻，实现中华民族伟大复兴。这些重要论述，着重从根本立场和价值理性的角度深刻揭示了"坚持以人民为中心"的现实价值意义和深远价值意蕴。

从国家制度本体论和价值论意义上说，中国特色社会主义制度是以人民为中心的国家制度，中国特色社会主义社会是以人民为中心的社会形态。在中国特色社会主义制度建设过程中，坚持以人民为中心，具有多维度核心价值意义：其一，中国特色社会主义制度凸显以人民为宗旨，把促进公平正义、增进人民福祉作为根本出发点和落脚点。其二，中国特色社会主义制度彰显以人民为主体，把尊重人民主体地位、激发人民主体意识、调动广大人民主体积极性作为根本依靠力量。其三，中国特色社会主义制度坚守以人民为中心，把不断实现好维护好发展好最广大人民的权利和利益作为根本价值目标。总之，中国特色社会主义制度不断发展完善的过程，也就是不断坚持和实践"以人民为中心"核心价值的过程。彰显中国特色社会主义制度优势，把制度优势更好转化为国家治理效能，进一步推进中国制度之治，必须牢牢把握"坚持以人民为中心"这一核心制度价值。

坚持以人民为中心和坚持人民当家作主，作为中国特色社会主义制度的固有价值，两者之间既不能简单等同，也不能互相取代，而是一个辩证统一的过程。坚持以人民为中心，是坚持人民当家作主的核心价值取向和价值升华；坚持以人民为中心，必须更好坚持人民当家作主这一制度价值主体。中国共产党是以实现人民当家作主为核心价值目标和初心使命的先进政党，中华人民共和国是以人民当家作主为国体和政体的新型国家，人民当家作主的国家制度价值定位，内在要求在制度变革和制度发展的一切领域、一切层面，都必须始终坚持以人民为中心的核心价值取向；而要确保一切制度变革和制度实践始终坚持以人民为中心，就必须始终坚守人民当家作主在一切制度变革和制度实践中的价值主体地位。党的十九大报告深刻指出："我国是工人阶级领导的、以工农联盟为基础的人民民主专政的社会主义国家，国家一切权力属于人民。我国社会主义民主是维护人民根本利益的最广泛、最真实、最管用的民主。发展社会主义民主政治就是要体现人民意志、保障人民权益、激发人民创造活力，用制度体系保证人民当家作主。"[①] 用制度体系保证人民当家作主，这一制度建设的核心政治价值定位，不啻是推进中国制度之治的最核心任务，是坚持以人民为中心制度价值取向的根本依据和全部基础。

三、 坚持制度优势向治理效能转化： 中国制度之治的核心价值逻辑

制度既是客观的，又是主观的，是人们的主观意志作用于客观世界的结晶，因而制度价值的生命力在于向制度执行力和治理效能转化。恩格斯说："一切政府，甚至是最专制的政府，归根到底都不过是本国状况的经济必然性的执行者。"[②] 问题的关键在于，国家制度是"按照合乎规律的经济发展的精神和方向发生作用"，从而促进经济快速发展和社会全面进步，还是违反经济社会发展规律而发生作用，从而阻碍经济社会发展乃至"在经济发展的压力下陷于崩溃"。[③] 制度价值转化的过程，也就是制度本质实现和优势彰显的过程。以坚持人民当家作主为核心价值主体、坚持以人民为中心为核心价值取向的中国特色社会主义制度，其生命力在于融化到经济社会发展的各个方面和全部过程，使制度优势更好转化为国家和社

---

① 习近平：《决胜全面建成小康社会，夺取新时代中国特色社会主义伟大胜利——在中国共产党第十九次全国代表大会上的报告》，人民出版社，2017，第35—36 页。

② 恩格斯：《致尼古拉·弗兰策维奇·丹尼尔逊》，载《马克思恩格斯文集》第 10 卷，人民出版社，2009，第 626 页。

③ 恩格斯：《反杜林论》，载《马克思恩格斯文集》第 9 卷，人民出版社，2009，第 190 页。

会治理效能。党的十九届四中全会《决定》明确要求："制度的生命力在于执行。各级党委和政府以及各级领导干部要切实强化制度意识，带头维护制度权威，做制度执行的表率，带动全党全社会自觉尊崇制度、严格执行制度、坚决维护制度。健全权威高效的制度执行机制，加强对制度执行的监督，坚决杜绝做选择、搞变通、打折扣的现象。"①

从国家制度内在逻辑来说，制度体系与制度执行力是一个问题的两个方面，它们既相互联系、相互作用，统一于制度本质实现和优势彰显之中；两者又各有其特定的功能与价值，不能顾此失彼，更不能相互取代。对此，习近平总书记早在党的十八届三中全会制定全面深化改革决定时就作出精辟阐述，指出，"国家治理体系和治理能力是一个国家的制度和制度执行能力的集中体现，两者相辅相成，单靠哪一个治理国家都不行。治理国家，制度是起根本性、全局性、长远性作用的。然而，没有有效的治理能力，再好的制度也难以发挥作用。同时，还要看到，国家治理体系和治理能力虽然有紧密联系，但又不是一码事，不是国家治理体系越完善，国家治理能力自然而然就越强。纵观世界，各国各有其治理体系，而各国治理能力由于客观情况和主观努力的差异又有或大或小的差距，甚至同一个国家在同一种治理体系下不同历史时期的治理能力也有很大差距。正是考虑到这一点，我们才把国家治理体系和治理能力现代化结合在一起提"。② 站在推进国家治理现代化、建成社会主义现代化强国的高度，习近平总书记对我国制度体系和制度执行力的状况作出精辟分析：一方面，必须看到，"我们的制度还没有达到更加成熟更加定型的要求，有些方面甚至成为制约我们发展和稳定的重要因素"，因此必须适应国家现代化总进程，不断完善和发展中国特色社会主义制度体

① 《中共中央关于坚持和完善中国特色社会主义制度、推进国家治理体系和治理能力现代化若干重大问题的决定》，人民出版社，2019，第42—43页。

② 习近平：《在省部级主要领导干部学习贯彻十八届三中全会精神全面深化改革专题研讨班上的讲话》，载中共中央文献研究室编《习近平关于全面深化改革论述摘编》，中央文献出版社，2014，第27—28页。

系；另一方面，"应该看到，制度执行力、治理能力已经成为影响我国社会主义制度优势充分发挥、党和国家事业顺利发展的重要因素。只有以提高党的执政能力为重点，尽快把我们各级干部、各方面管理者的思想政治素质、科学文化素质、工作本领都提高起来，尽快把党和国家机关、企事业单位、人民团体、社会组织等的工作能力都提高起来，国家治理体系才能更加有效运转"。① 在党的十九届四中全会上，习近平总书记更加突出强调严格遵守制度和执行制度的极端重要性。他指出："有的人对制度缺乏敬畏，根本不按照制度行事，甚至随意更改制度；有的人千方百计钻制度空子、打擦边球；有的人不敢也不愿遵守制度，甚至极力逃避制度的监督。"② 如此种种现象，都无不严重损害制度的信誉与威力，严重影响制度价值的实现和弘扬。因此，必须强化制度执行力，加强对制度执行的监督。各级党委和政府以及各级领导干部尤其要切实强化制度意识，带头维护制度权威，做制度执行的表率，带动全党全社会自觉尊崇制度、严格执行制度、坚决维护制度。只有这样，中国特色社会主义制度所蕴含的核心价值才能得到充分实现，转化为强大的国家治理效能，释放出推进经济社会发展的强大制度力量。

中国特色社会主义制度的本质特征和核心价值，正是在"执行"过程中得以深刻体现和充分彰显。从实践逻辑来看，中国特色社会主义制度逐步形成和不断完善的过程，也正是这一制度在付诸"执行"过程中不断促进我国经济快速发展和社会全面进步的过程。比如，党的集中统一领导制度作用的切实加强，有力确保了我国社会主义事业发展的正确方向；人民代表大会制度作用的充分发挥，有力确保了人民在国家和社会发展中的主人主体地位；社会主义协商民主制度作用的愈益彰显，有力确保了"有事

---

① 习近平：《在省部级主要领导干部学习贯彻十八届三中全会精神全面深化改革专题研讨班上的讲话》，载中共中央文献研究室编《习近平关于全面深化改革论述摘编》，中央文献出版社，2014，第28—29页。

② 习近平：《坚持和完善中国特色社会主义制度、推进国家治理体系和治理能力现代化》，《求是》2020年第1期。

好商量、众人的事情由众人商量"的中国式民主前进步伐；全面依法治国制度作用的空前推进，有力确保了科学立法、严格执法、公正司法、全民守法局面的日益形成；社会主义基本经济制度作用的持续发力，有力确保了社会主义市场经济繁荣发展；共建共治共享社会治理制度的深入人心，有力确保了社会治理共同体的愈益形成；公共权力制约与监督制度的健全完善，有力推进了党风廉政建设和反腐败斗争；生态文明制度的严格执行，有力确保了人与自然和谐共生；德才兼备、选贤任能人才制度的深入实施，有力确保了党和国家事业的蓬勃发展……如此等等制度建设实践和国家治理效能，深刻表明，只有坚定不移增强中国特色社会主义制度的执行力和影响力，突出把我国制度优势转化为国家治理效能，才能更加彰显中国特色社会主义制度的核心价值，坚定中国特色社会主义制度自信，有力推进中国现代化进程中的制度之治。

四、坚持由人民评判、让人民监督：中国制度之治的核心价值标准

制度有好坏、优劣之分，即便是好的优良的制度，也会有短板和不足，也需要不断健全与完善。邓小平在总结国际共产主义运动和我国社会主义制度建设经验教训时鞭辟入里地指出："制度好可以使坏人人无法任意横行，制度不好可以使好人无法充分做好事，甚至会走向反面。即使像毛泽东同志这样伟大的人物，也受到一些不好的制度的严重影响，以至对党对国家对他个人都造成很大的不幸"①。习近平总书记在阐述党的十九届四中全会《决定》时突出强调："决定稿回答了'坚持和巩固什么、完善和发展什么'这个重大政治问题，既阐明了必须牢牢坚持的重大制度和原则，又部署了推进制度建设的重大任务和举措，坚持根本

---

① 邓小平：《党和国家领导制度的改革》，载《邓小平文选》第 2 卷，人民出版社，1994，第332 页。

制度、基本制度、重要制度相衔接，统筹顶层设计和分层对接，统筹制度改革和制度运行，体现了总结历史和面向未来的统一、保持定力和改革创新的统一、问题导向和目标导向的统一"①。一场突如其来的新冠肺炎疫情，使我国制度体系和治理体系经受了一场严峻大考。在领导疫情防控伟大斗争中，习近平总书记反复强调，疫情防控所取得的重大成效，深刻彰显了中国共产党领导和中国特色社会主义制度的显著优势，同时在应对疫情过程中也暴露出某些制度性短板，要认真总结经验、吸取教训，抓紧补短板、堵漏洞、强弱项，使我们的制度体系和治理体系更加完善，运用制度威力应对风险挑战的冲击。历史与现实的实践反复表明，社会主义制度是一个不断改革不断完善的过程，只有在全面深化制度改革中坚持和巩固优良的制度、革除和摒弃带弊端的制度、弥补和完善某些制度中的短板，才能不断健全中国特色社会主义制度体系，充分彰显中国特色社会主义制度价值，把中国特色社会主义制度优势更好转化为国家和社会治理效能。

那么，什么是判断制度好坏优劣的核心价值标准呢？什么是弥补制度短板与不足的主体力量呢？制度逻辑表明，一种制度的核心价值判断、衡量制度优劣的核心价值标准，归根到底决定于这一制度的核心价值主体力量。**人民是真正的英雄，人民是社会主义制度的核心价值主体，人民也是判断制度好坏优劣的核心价值标准。**在彰显中国制度优势、推进中国制度之治中，必须始终坚持制度状况由人民来评判、制度效果让人民来监督，在人民受益不受益、满意不满意、高兴不高兴中推进制度体系不断走向健全完善，推动制度优势不断向治理效能转化。

（一）制度好坏优劣由人民评判

人民既是国家制度的创造主体，又是国家制度的服务对象。制度本

第十二讲　中国制度自信和制度之治的核心价值

①　习近平：《关于〈中共中央关于坚持和完善中国特色社会主义制度、推进国家治理体系和治理能力现代化若干重大问题的决定〉的说明》，《人民日报》2019年11月6日。

质及其运行与人民群众利益息息相关，人民群众对制度价值也最有体会、最有发言权。改革开放初期，邓小平就明确强调，我们的改革开放决策和政策好不好，归根到底要看人民群众高兴不高兴、满意不满意、放心不放心。在全面深化改革新阶段，习近平总书记进一步强调，党的决策和政策好不好，管不管用，要看人民群众是笑了还是哭了。这些重要论断，既是党的决策和政策的价值判断，也是国家制度体系的价值判断。我们说中国特色社会主义制度所以具有显著优势，所以能成为推进国家治理体系和治理能力现代化的根本依托和根本支撑，归根到底是因为这一制度体系在支撑和推进国家治理和社会发展中不断造福人民，深得人民的认同和拥护，是具有强大生命力和巨大优越性的制度和治理体系。实践雄辩说明，"在人类文明发展史上，除了中国特色社会主义制度和国家治理体系外，没有任何一种国家制度和国家治理体系能够在这样短的历史时期内创造出我国取得的经济快速发展、社会长期稳定这样的奇迹"①。也没有任何一种国家制度和国家治理体系能够在这样短的历史时期内获得十几亿人的拥护和支持而产生这样大的影响力和凝聚力。实践的检验、人民的评判，是我们进一步坚定中国特色社会主义制度自信、坚定不移推进中国制度之治的最大底气。

（二）制度治理效果让人民监督

作为公共权力的载体和象征，国家制度运行状况需要监督。人民是权力监督的主体，当然也是制度监督的主体。"加强对权力运行的制约和监督，让人民监督权力，让权力在阳光下运行，把权力关进制度的笼子"，"实现对所有行使公权力的公职人员监察全覆盖"，② 既是党的十八大以来全面从严治党的一条基本经验，也是加强中国特色社会主义制度

---

① 习近平：《坚持和完善中国特色社会主义制度、推进国家治理体系和治理能力现代化》，《求是》2020 年第 1 期。

② 习近平：《决胜全面建成小康社会，夺取新时代中国特色社会主义伟大胜利——在中国共产党第十九次全国代表大会上的报告》，人民出版社，2017，第 67—68 页。

体系建设的一项基本原则。进一步推进中国制度之治，把我国制度优势更好转化为国家治理效能，一个基本的方面就是必须进一步加强对制度治理效果的人民监督，促使制度优势实实在在地转化为坚持以人民为中心、确保人民当家作主的政治效益、经济效益、社会效益和生态效益，而切实防止和克服做表面文章甚至侵害人民群众权益的形式主义和官僚主义。坚决纠正"四风"，尤其杜绝形式主义和官僚主义，减轻基层和人民群众的负担，是以习近平同志为核心的党中央在领导推进国家治理现代化中反复强调的一个重大政治问题，是实现中国制度之治一个不可回避的重大现实问题，统筹推进疫情防控和经济社会发展新的形势和新的任务，把坚决反对形式主义和官僚主义提到更加突出位置。新形势下的形式主义和官僚主义有各种表现，诸如不敢担当、不愿担当，疲疲沓沓、拖拖拉拉，敷衍应付、作风漂浮，抓而不细、抓而不实，程序烦琐、文山会海，等等，其中一个"通病"和"痼疾"，就是把对上级负责和对人民负责割裂开来甚至对立起来，办了许多自以为让领导满意而严重损害人民群众情绪和利益的事情。形式主义和官僚主义所以屡禁不绝，甚至利用各种机会以各种面目反弹、作祟，一个根本性原因就是我们的制度和体制中还存在着某些弊端和漏洞。历史经验深刻启迪我们：制度好，形式主义和官僚主义没有市场、无"用武"之地；制度不好，形式主义和官僚主义则会大行其道，严重影响各级干部的思想和作风。加强以人民为主体的制度监督，是反对和克服形式主义和官僚主义的最有力武器。只有切实把人民的意志贯彻于制度监督的全过程、转化为制度监督的实际成效，才能增强制度监督的严肃性、协同性、有效性，形成决策科学、执行坚决、监督有力的权力运行机制，堵死形式主义和官僚主义藏身的漏洞，确保党和人民赋予的权力始终用来为人民谋幸福。

后 记

　　制度问题是带有根本性、全局性、稳定性和长期性的问题。中国特色社会主义制度，是中国共产党领导人民在长期实践探索中形成的科学制度体系。这一制度体系，以马克思主义为指导，植根中国大地，具有深厚的中华文化根基，具有深邃的理论逻辑、历史逻辑和实践逻辑，深得人民拥护和支持，具有强大生命力和巨大优越性。新中国成立70多年来，尤其改革开放40多年来，我们党依托中国特色社会主义制度体系推进国家治理和社会发展，创造了世所罕见的经济快速发展和社会长期稳定"两大奇迹"，中华民族迎来了从站起来、富起来到强起来的伟大飞跃。实践雄辩证明，中国特色社会主义制度和国家治理体系，是能够持续推动拥有十四亿人口大国进步和发展的制度和治理体系，是能够确保拥有5000多年文明史的中华民族实现"两个一百年"奋斗目标进而实现伟大复兴中国梦的制度和治理体系，也是深刻影响当今世界格局新变化、推进不同文明共融发展的制度和治理体系。

　　2020年初，一场突如其来的新冠肺炎疫情，使中国特色社会主义制度和国家治理体系面临严峻考验。这次新冠肺炎疫情，是新中国成立以来在我国发生的传播速度最快、感染范围最广、防控难度最大的一次重大突发公共卫生事件，也是第二次世界大战结束以来最严重的全球公共卫生突发事件。对我们来说，这是一次危机，也是一次大考。在以习近平同志为核心的党中央坚强领导下，我们用一个多月时间初步遏制了疫情蔓延势头，用两个月左右时间将本土新增病例控制在个位数以内，用三个月左右时间取得了疫情防控重大战略成果。举国上下齐心协力、万众一心、众志成城防控新冠肺炎疫情的伟大壮举，再一次彰显了中国特色社会主义制度的显著优势，再一次坚定了中国共产党和中国人民的制度自信。

总结历史、面对现实、着眼未来，党的十九届四中全会作出《关于坚持和完善中国特色社会主义制度、推进国家治理体系和治理能力现代化若干重大问题的决定》，明确制定了我国制度改革与制度建设的总体目标和重大任务，突出强调坚持和完善支撑中国特色社会主义制度的根本制度、基本制度、重要制度，着力固根基、扬优势、补短板、强弱项，突出强调把我国制度优势更好转化为国家治理效能，运用制度优势和制度威力应对风险挑战、推进中国发展。这一重大战略安排，深刻体现了以习近平同志为代表的当代中国共产党人高度的制度自觉和坚定的制度自信，深刻彰显了当代中国通过制度之治实现长治久安和全面发展的历史大趋势。发挥制度优势、补齐制度短板，是中国现代化进程中的重中之重；坚定制度自信、推进制度之治，是我们在前进道路上克服一切艰难险阻的最大底气。

作为长期从事政治学研究的社会科学工作者，中国特色社会主义制度改革与建设一直是我长期关注的重点课题。2012 年党的十八大召开至今，我在《人民日报》《求是》《光明日报》等中央权威报刊和《政治学研究》《马克思主义研究》《科学社会主义》《社会科学研究》《学习与探索》《山东社会科学》等学术名刊发表了 150 多篇学术文章，其中不少涉及制度改革和制度建设问题，有关论文被《新华文摘》《人大复印报刊资料》《中国社会科学文摘》等权威文摘刊物全文转载。这些论文涉及面虽广，但基本贯穿一条主线，这就是：运用政治学和科学社会主义研究视角，深入探索中国制度自信的基本规律，深入回答中国制度之治面临的重大理论和现实问题。在"宅家"防疫的日子里，我对近几年的研究成果进行了沉淀与梳理，形成了《制度自信与制度之治》一书。

中华民族是历经磨难而愈益坚强的伟大民族，中国共产党是历经艰险而愈益自信的伟大政党。经历了新冠肺炎疫情这场"大考"，我们的党更加坚强，我们的人民更加伟大，我们的祖国更加繁荣，我们的民族更加自信！谨以此书，奉献给我们所处的伟大的时代，奉献给正在实现中华民族伟大复兴中国梦征途上奋勇前行的党和人民！

包心鉴

2020 年 6 月 1 日于泉城

附　录

政治学研究领域不懈探索者
——社会科学名家包心鉴

包心鉴，1949 年生，江苏淮阴人。现任山东大学特聘教授、博士生导师，济南大学政法学院名誉院长、教授，济南大学"民主法治建设与国家治理现代化研究中心"主任，中国政治学会学术委员会副主任。

1965 年包心鉴考入江苏省淮阴中学高中部，这是一所有着百年悠久历史的著名中学。一场"文化大革命"打碎了包心鉴的"清华梦"。1968 年 3 月参军，先后在部队从事新闻报道和理论教育工作，曾任原济南军区政治部新闻干事，后担任专职理论干事。1976 年至 1978 年，在解放军政治学院（现国防大学）马克思主义哲学研究班学习。1981 年 9 月至 1987 年 3 月，在山东社会科学院从事研究工作，先后担任院情报研究所国内研究室主任、院理论研究室主任，1984 年被破格评聘为副研究员。1987 年 3 月至 1987 年 11 月，在中共山东省委宣传部担任《三不月刊》负责人。1987 年 11 月至 2009 年 3 月，在山东省社会科学界联合会工作，先后担任秘书长、副主席、党组副书记、巡视员（正厅级），1992 年被评聘为研究员。2003 年被山东大学遴选为政治学博士生导师。2009 年 12 月至 2016 年 2 月被济南大学特聘为政治与公共管理学院院长，2016 年起被济南大学特聘为政法学院名誉院长。2019 年 1 月起被山东大学聘请为马克思主义学院特聘教授。

包心鉴长期从事政治学和科学社会主义研究，是这一领域国内著名专家，在学术界有重要影响。1993 年被批准享受国务院特殊津贴，1994 年被评为山东省首届"十佳理论工作者"，1997 年被评为山东省科技拔尖人才，2004 年被评为山东省首届"有突出贡献的中青年专家"，2018 年被评为"山东社会科学名家"。曾长期担任中国政治学会副会长、中国科学社会主义学会副会长，现担任中国政治学会学术委员会副主任，中国大百科全书《政治学》（第三版）副主编，中共中央办公厅法规局党内法规顾问，南通大学"廉政论坛"学术委员会主任，山东省中国特色社会主义理论体系研究中心特邀研究员，山东省政协理论研究会顾问、山东省政协"习近平关于加强和改进人民政协工作重要思想研究中心"首席专家。

已出版《论无产阶级执政党党风建设》（1984 年）、《社会主义改革论》（1989 年）、《社会主义政治发展论》（1991 年）、《中国特色社会主义发展道路论纲》（1994 年）、《理论大厦：邓小平理论体系研究》（2000 年）、《"三个代表"重要思想与马克思主义理论创新》（2004 年）、《科学发展观·政治发展论》（2008 年）、《马克思主义中国化的基本规律与当代走向》（2011 年）等专著 15 部，在中央和省级报刊发表学术论文 1400 多篇，所发论文多篇被《新华文摘》《中国社会科学文摘》《人大报刊复印资料》等权威文摘刊物全文转载。主持过 3 项国家社会科学基金课题（其中重点课题 1 项，结项均为优秀），5 项山东省社会科学基金课题（其中重大课题 2 项）。16 项成果获省部级社会科学优秀成果奖，其中山东省社会科学优秀成果一等奖 6 项，中宣部"五个一工程奖" 2 项，教育部哲学社会科学优秀成果三等奖 1 项，中国社会科学院"张友渔政治学研究优秀成果奖" 1 项。

包心鉴的治学座右铭是："立时代之潮头，发思想之先声。扎实践之沃土，探学术之真谛。" 40 多年来，他紧跟时代、关注现实，刻苦钻研、笔耕不辍，在社会主义政治改革和政治发展、马克思主义中国化历史经验和基本规律、中国特色社会主义理论和实践等研究领域取得了丰硕成果，产生了较大学术和社会影响。研究成果主要涉及：（1）社会主义改革的历史地位和基本规律；（2）社会主义政治现代化的价值目标和内容构成；（3）经济社会转型中的政治改革和政治发展；（4）社会主义市场经济的政治发展要求和民主政治架构；（5）大众政治参与的制度化渠道和社会治理创新；（6）国家治理现代化的基本要素和制度逻辑；（7）全面从严治党和反腐倡廉制度化构建；（8）马克思主义中国化的基本规律和当代走向等。研究成果融学术性和现实性为一体，既具有较强的学术价值，又具有较大的社会影响。

"踏遍青山人未老。"积 40 余年学术生涯和治学经验，包心鉴深深感悟到：时代激活生命、学术使人年轻，只有紧跟大时代潮流、关注大变革实践，才能不断焕发学术生命力，使学术之树长青。

（原载《山东社会科学名家》一书，山东大学出版社 2019 年10 月出版）